Hans-Peter Kolb

Liebe, Macht und Sexualität

Wie können wir in diesem Spannungsfeld glücklich werden?

Hans-Peter Kolb

Liebe, Macht und Sexualität

Wie können wir in diesem Spannungsfeld glücklich werden?

Bibliografische Information der Deutschen Nationalbibliothek:
Die Deutsche Nationalbibliothek verzeichnet diese Publikation in
der Deutschen Nationalbibliografie; detaillierte bibliografische
Daten sind im Internet über dnb.dnb.de abrufbar.

© 2017 Hans-Peter Kolb
2018 überarbeitete Fassung
Herstellung und Verlag:
BoD – Books on Demand, Norderstedt

ISBN: 9783743191686

Inhaltsverzeichnis

Vorwort 7
1. Entwicklung einer Orthosprache der Daseinsanalyse 11
2. Die kindliche Entwicklung: 36
   2.1. Das physische Selbst 40
   2.2. Das soziale Selbst 50
   2.3. Das teleologische Selbst 57
   2.4. Das intentionale Selbst 62
   2.5. Das repräsentationale Selbst (1) 71
   2.6. Einschub: Verdrängung 83
   2.7. Das repräsentationale Selbst (2) 87
   2.8. Einschub: Erscheinungswelten 97
   2.9. Einschub: Sprechen und Denken 104
   2.10. Das geschlechtliche Selbst 109
3. Weibliche und männliche Ausübung der Macht 119
4. Sexualität vom männlichen Standpunkt aus betrachtet 148
5. Sexualität vom weiblichen Standpunkt aus betrachtet 159
6. Das Problem des freien Willens 166
7. Das Leib-Seele-Problem 180
8. Das Problem mit dem Bewusstsein 194
9. Die Existenz des Selbst 208

| 10. | Ethische Konsequenzen für Macht und Sexualität............ 220 |
| 11. | Vom Unglücklich-Sein zu einem geglückten Leben.......... 228 |

Nachwort 232

Abbildungen und Tabellen 235

Literaturverzeichnis 242

Vorwort

Beginnend mit einer Rekapitulation meiner Daseinsanalyse wende ich mich den Themen Macht und Sexualität zu, die ich mithilfe der Unterscheidung weiblich-männlich analysiere. Indem ich die philosophischen Themen der Willensfreiheit, des Leib-Seele-Problems und der Bewusstseinsproblematik mit den drei Problemen des gesellschaftlichen Zerfalls, der Sterblichkeit und der Einsamkeit verknüpfe, gelange ich zu einer Ethik der Liebe mit entsprechenden Konsequenzen für die Praxis von Macht und Sexualität, sodass wir zwar nicht immer glücklich sein, aber am Ende auf ein geglücktes Leben zurückblicken können.

Bei der Darstellung der Wissenschaftlichkeit meiner interexistenzialen Daseinsanalyse aus „Dasein, um zu lieben" (Kolb, 2017a) habe ich die Erfüllung bestimmter Kriterien der Wissenschaftlichkeit aufgezeigt und die wichtigsten Begriffe und Theorien meiner Daseinsanalyse reformuliert, soweit es mir für deren Wissenschaftlichkeit nötig erschien. Bei der Beschreibung der Entwicklung des menschlichen Daseins verbinde ich die fünf Entwicklungsebenen der englischen Psychoanalytiker Fonagy et al. mit der aristotelischen Theorie der fünf dianoietischen Tugenden, mit den fünf Gegensätzlichkeiten im Umgang mit der Realität aus einem Artikel von Nishida, einem der beiden Gründer der Kyôto-Schule in Japan, und mit dem Gebrauch der fünf Sinne in alltagssprachlichen Redewendungen. Dabei veranschaulichen der anhand der Gedächtnisbildung entwickelte Kreis des klugen Handelns und der umgekehrte Kreis des verantwortlich-reflektierten Handelns einen prinzipiellen Unterschied zwischen Mensch und Tier und erklären die verschiedenen Verdrängungsmechanismen bei Menschen, sowie das Phänomen, dass diese unter einer posttraumatischen Belastungsstörung leiden können, Tiere aber nie.

Ausgehend von der Entwicklung des Daseins, bei dem sich in der Pubertät ein männliches und ein weibliches Daseinsprinzip herauskristallisiert, geht es mir dann um das Thema der Machtausübung mit den beiden entsprechenden Formen weiblich und männlich und darum, wie in einer Gemeinschaft Entscheidungen getroffen werden, wenn entweder das männliche oder das weibliche Prinzip der Machtausübung vorherrschen. In der Anwendung auf den Einzelnen wird das Problem der Akrasia (Unbeherrschtheit, Machtlosigkeit über sich selbst) genauer beleuchtet. Schließlich betrachte ich spezifische Beispiele männlicher und weiblicher Machtausübung beim Strafen, beim Militär und bei der Erziehung. Beide Formen der Machtausübung prägen insbesondere die sexuelle Praxis, so dass man von einer weiblichen und einer männlichen Sexualität jeweils im Sinne eines Umgangs mit sexuellen Bedürfnissen sprechen kann.

In einer Gemeinschaft mischen sich jeweils beide Formen der Praxis von Macht und Sexualität, wobei meist eine der beiden Praxisformen, die männliche oder die weibliche, dominiert, in Athen zur Zeit von Platon und Aristoteles z.B. die männliche, aber mit der Tendenz zur weiblichen Machtausübung und Sexualität, im Urchristentum der ersten 2-3 Jahrhunderte die weibliche, was allerdings ausschließlich für die Familie galt, während sich nach dem Konzil von Nicäa in der klerikalen Führung die männliche Art der Machtausübung so stark etablierte, dass man meiner Meinung nach hier von einem Sündenfall reden kann, weil in der Folge Menschen aus religiös-ideologischen Gründen von Menschen aus derselben Gemeinschaft, die sich als „Brüder und Schwestern im Herrn" verstanden, getötet wurden wie Abel von Kain, beide ebenfalls Brüder.

Die folgenden vier Kapitel behandeln (1) das Problem der Willensfreiheit, nicht nur als philosophisches, sondern auch als soziales Problem, verknüpft mit dem Problem des Umgangs mit aggressiven Emotionen, (2) das Leib-Seele-Problem, auch als individuelles Problem der Sterblichkeit und dem des Umgangs mit Emotionen von Angst und Furcht, (3) das Problem des Bewusstseins und (4) das der Existenz des Selbst, beides, (3) und (4) zusammen, auch als spezifisches Problem der Einsamkeit und dem des Umgangs mit Emotionen von Schmerz, Leid und Trauer. Meine methodische Herangehensweise an diese vier Probleme zeichnet sich dadurch aus, dass ich nicht von Einzelheiten ausgehe, deren Konstellationen analysiere, um dann das Ganze zu erklären und womöglich noch zu rekonstruieren, wie es das Ziel und die Vorgehensweise in den Naturwissenschaften ist, sondern dass ich das Gesamtphänomen des menschlichen Daseins betrachte, von da aus die einzelnen Phänomene analysiere und verschiedene spezifische Zusammenhänge aufzeige. Gegenüber bestimmten als materialistisch zu bezeichnenden Positionen wird die Behauptung, der Mensch sei eine Maschine, widerlegt und die Existenz des Selbst als Phänomen verteidigt, welches dem menschlichen Dasein erst Grund und Sinn gibt, und analog, dass der Natur als Phänomen ebenfalls etwas wesentlich zu Grunde liegt und ihr Sinn gibt, nämlich eine Höhere Macht bzw. Gott. Die Lösung der oben aufgeführten drei emotionalen Problemkomplexe führt dann zu meiner Definition von Spiritualität und meiner Interpretation der christlichen Dreieinigkeit.

In den beiden abschließenden Kapiteln werden die Grundzüge einer Ethik und Wege in ein geglücktes Leben entworfen, die einen entsprechenden Umgang mit den zuletzt genannten Problembereichen empfehlen, woraus sich dann auch entsprechende Konsequenzen für die Machtausübung und den Umgang mit sexuellen Bedürfnissen ergeben. Der letzte Abschnitt des Kapitels über die Ethik umreißt und begründet noch einmal die drei wichtigsten Bedingungen für eine Ethik, in der Liebe, Macht und Sexualität weise und menschlich verbunden sind, und im vorletzten Abschnitt des Kapitels über ein geglücktes Leben werden die diesen drei Bedingungen entsprechenden notwendigen und hinreichenden Voraussetzungen genannt, um immer mehr aus dem Unglücklich-Sein herauszukommen.

In einem Nachwort konnte ich dann aufzeigen, wie im Leben von Etty Hillesum eine ethische Praxis und ein entsprechend geglücktes Leben verwirklicht wurden, was diesen drei Bedingungen genügte bzw. wobei diese Voraussetzungen erfüllt wurden und, was Etty Hillesum durch die Liebe eines anderen, nämlich Julius Spier, vermittelt wurde, so dass sie mit Macht und Sexualität immer liebevoller und damit immer menschlicher und weiser umgehen konnte. Liebe kann eben nur durch Liebe vermittelt werden.

Die Abbildungen und Tabellen am Ende veranschaulichen die wichtigsten Zusammenhänge meiner Daseinsanalyse, sodass die vorangegangenen Inhalte in ihrer Komplexität besser erfasst werden können.

1. Entwicklung einer Orthosprache der Daseinsanalyse

Den Begriff <u>Orthosprache</u> habe ich dem Buch von Dirk Hartmann entnommen (Hartmann, 1998, S. 14). Es geht dabei um die <u>Rekonstruktion</u> von Begriffen und Ausdrücken, die in der Alltagssprache nicht so klar und eindeutig verwendet werden, um einem produktiven wissenschaftlichen Diskurs zu genügen. Die Alltagssprache wird in allen Bereichen des menschlichen Lebens verwendet, sodass ihre Begriffe und Ausdrücke oft ganz verschieden gebraucht werden. Der freie Raum in der Mitte der Wendel eines Korkenziehers wird beispielsweise Seele genannt, was aber kaum etwas mit demselben Begriff zu tun hat, wie er in der Philosophie oder der Psychologie verwendet wird. Es kommt also auf den Bereich an, in dem wir eine Sprache verwenden, und auf die Ziele, die wir dort verfolgen.

Für mich und bei meiner Daseinsanalyse geht es darum, was Lieben ist, wie sich das menschliche Dasein immer mehr der vollkommenen Liebe nähern kann und wie wir unsere Liebesfähigkeit immer vollkommener machen können (Kolb, 2017a). In „Dasein, um zu lieben" habe ich als Grundfrage der Philosophie die Seinsfrage von Heidegger (Heidegger, 2006, S. 2 ff.) oder die von Rentsch umformulierte Grundfrage »Wie ist eine menschliche Welt überhaupt möglich?« (Rentsch, 1999, S. 61) entsprechend gefasst als »Was ist Lieben?« (Kolb, 2017a, S. 276). Was ich mit dem Begriff der vollkommenen Liebe meine, habe ich dort dargestellt (ebenda, S. 29 f.) als das Ideal, wenn alle Täuschungen vollkommen überwunden sind. Als <u>Individuum</u> würden wir dann echt und unmittelbar unsere jeweilige Ergriffenheit, das Worumwillen unseres Daseins verstehen, hätten also ein vollkommenes und <u>ganzheitliches Selbstverständnis</u>, als <u>Spezies</u> (handelnde Subjekte) wären wir absolut autonom und effektiv, wobei jede Tat kategorisch im Sinne von Kant bzw. absichtslos (Tun im Sein) im Sinne des Taoismus wäre, und als Genus (Gemeinschaftswesen) würde vollkommene Harmonie mit uns selbst und mit anderen herrschen, es bestünde eine absolute Gleichheit mit allen anderen und die absolute Freiheit jedes einzelnen, sodass die kommunikative Solidarität (Brüderlichkeit) vollkommen wäre (ebenda).

Wie wir uns diesem wenn auch utopischen Ziel bzw. seinen spezifizierten Momenten (Selbstverständnis, Autonomie und Solidarität), deren einzelne allmähliche Verwirklichung sich jeweils entsprechend positiv auf die Verwirklichung aller anderen Momente und damit auf die der vollkommenen Liebe auswirkt, immer mehr nähern können, ist daher die Formulierung des erkenntnisleitenden Interesses meiner Daseinsanalyse, und als entsprechende Unterdisziplinen lassen sich anhand der drei Momente jeweils eine Daseinsanalyse des Individuums, der Spezies und des Genus begründen. Hier gibt es entsprechende Überschneidungen mit den Wissenschaften der Philosophie, Psychologie, Soziologie, Politologie, Medizin und Neurobiologie, wie in „Dasein, um zu lieben" (Kolb, 2017a) und „Rhythmus, Intuition und Liebe" (Kolb, 2017b) zum großen Teil schon ausgeführt, sodass sich die in diesen Wissenschaften schon etablierten Forschungsmethoden auch für die Daseinsanalyse rechtfertigen lassen. Da die Daseinsanalyse sämtliche Aspekte des menschlichen Daseins sowohl im Einzelnen als auch im Zusammenhang analysieren will, kann man sie von der Systematik her sowohl als Geistes- als auch als Naturwissenschaft bezeichnen. Damit diese Daseinsanalyse die Anforderungen an eine exakte Wissenschaft (Hartmann, 1998, S. 19) erfüllen kann, gilt es noch, eine adäquate rationale Rekonstruktion ihrer Grundbegriffe und der bisher schon entwickelten Theorien zu leisten, d.h. es geht um die Entwicklung einer Orthosprache für die menschliche Daseinsanalyse.

So wie ich die Konstruktion bzw. die Rekonstruktion anhand einer Orthosprache verstehe, geht es darum, durch eine Bündelung von Begriffen und Ausdrücken der Alltagssprache deren Verwendungsweise etwas schärfer zu bestimmen, damit möglichst für jeden klar ist, was ich meine. Dies kann aus zwei Gründen nur näherungsweise gelingen, sodass eine <u>ideale Orthosprache</u> immer eine <u>Utopie</u> bleiben wird. Zum einen können wir die Realität niemals vollkommen genau und vollständig erfassen, zum anderen können wir selbst das, was wir näherungsweise erfassen, niemals vollkommen exakt sprachlich abbilden. Als Beispiel für eine derartige Bündelung möchte ich <u>die Begriffe »Leben« und »lebendig«</u> anführen. Lebendig soll alles das heißen, was <u>eine Beziehung zu sich selbst und zu seiner Umwelt</u> hat, und diese Beziehung soll sein Leben genannt werden. Hier werden diese Begriffe mit dem Ausdruck »eine Beziehung zu sich selbst und zu seiner Umwelt« gebündelt.

Eine weitere Strategie der Rekonstruktion der Alltagssprache, um eine Orthosprache zu bekommen, ist die Bildung einer <u>Hierarchie</u>, bei der man von allgemeineren und somit <u>grundlegenderen Begriffen</u> und Ausdrücken ausgeht, die in der Alltagssprache in möglichst vielen Bereichen einheitlich verwendet werden, um dann davon ausgehend weitere Begriffe und Ausdrücke zu definieren. In dem Beispiel ist »eine Beziehung zu sich selbst« und »eine Beziehung zu seiner Umwelt« hierarchisch betrachtet grundlegender bzw. allgemeiner als die spezifischeren Begriffe »Leben« und »lebendig«. Man könnte diesen grundlegenderen Ausdruck in seiner Bedeutung etwa so beschreiben, dass etwas dann eine Beziehung zu sich selbst und zu seiner Umwelt habe, wenn es mit seiner Umgebung derart in Wechselwirkungen tritt, dass es dabei in ähnlicher Weise weiter existiert, d.h. dass es in ähnlicher Weise erhalten bleibt, u.U. auch als Abkömmlinge. Wenn man davon ausgeht, dass das Sein von allem immer auch ein in seiner Umgebung Sein ist, ist jede Beziehung zu sich selbst und zu seiner Umwelt eine Beziehung zu seinem Sein, sodass man abkürzend sagen kann, lebendig ist alles, was eine Beziehung zu seinem Sein hat.

Wenn etwas als lebendig von Nichtlebendigem unterschieden worden ist, dann sollen alle seine Bewegungen als <u>Regungen</u> bezeichnet werden. <u>Wählbare Regungen</u> bezeichne ich als <u>Aktivitäten</u>, alle anderen als <u>Verhalten</u>. Der Ausdruck »Es regt sich« ist dann äquivalent mit dem Ausdruck »Es ist lebendig«. Damit, dass Lebendiges eine Beziehung zu seinem Sein hat, ist allerdings nicht ausgesagt, dass es allem Lebendigen auch um sein Sein geht (Heidegger behält dies ausschließlich für unser menschliches Dasein vor (Heidegger, 2006)). Wenn wir davon ausgehen, dass die Begriffe »Umgebung«, »in Wechselwirkungen treten«, »in ähnlicher Weise«, »existieren«, »Sein« und »erhalten bleiben« in der Alltagssprache hinreichend einheitlich gebraucht werden, können wir mit unserer Rekonstruktion zufrieden sein. Wir können natürlich diesen Prozess der Rekonstruktion unendlich weiterführen, denn eine vollkommene Begriffsklärung wird aus den beiden oben genannten Gründen nie erreichbar sein.

Eine <u>besondere Form</u> der Begriffsbestimmung ist die <u>rekursive</u>, wenn man z.B. den Begriff »Mensch« folgendermaßen definiert (Kolb, 2017a, S. 13, dort etwas ausführlicher): Irgendwann einmal stand fest, wer ein Mensch war und wer nicht, und seitdem sind alle diejenigen Menschen, die Menschen als Vorfahren haben. Der bei dem Begriff der Lebendigkeit verwendete Ausdruck des Seins muss als Entwicklung in Raum und Zeit verstanden werden, sodass darin eine Rekursivität enthalten ist. Wenn man Lebendigkeit und »eine Beziehung zu seinem Sein« genau bestimmen will, muss man eine rekursive Abgrenzung hinzunehmen. Wenn man von der Evolution aller Lebewesen ausgeht, muss man fordern, nur das lebendig zu nennen, was von Lebewesen abstammt. Da Lebewesen mit ihrer Umgebung derart in Wechselwirkungen treten, dass sie bzw. ihr Sein dabei jeweils in ähnlicher Weise erhalten bleibt, können wir durch die <u>Bündelung beider Definitionen</u>

noch mehr Klarheit erreichen, wobei in dieser Bündelung die Evolutionstheorie implizit enthalten ist. Prinzipiell steckt in jeder rekursiven Begriffsbestimmung eine Entwicklungs- oder Abstammungstheorie. Da wir es bei Lebewesen immer mit verschiedenen Entwicklungen zu tun haben, denn keines bleibt auf Dauer unverändert, muss jede Wissenschaft, die sich mit Lebewesen beschäftigt, bestimmte Annahmen über deren Entwicklung als Einzelne, als Spezies und als Gesamtheit zu Grunde legen. In der heutigen Wissenschaft der Psychologie haben sich an dieser Stelle verschiedene Lerntheorien etabliert. Man unterscheidet normalerweise die Lernformen Habituation, Prägung, klassische Konditionierung, operante Konditionierung und Modellernen (Hartmann, 1998, S. 53 ff.).

Weil diese Art des Lernens ursprünglich an Tieren erforscht wurde, halte ich diese Entwicklungstheorien für das menschliche Dasein nicht für ausreichend, obwohl viele Forschungsergebnisse, die dadurch gewonnen wurden, durchaus nutzbringend für uns Menschen angewandt werden können. Diese tierischen Lernformen kann man weitgehend auch als implizite Lernformen bezeichnen im Unterschied zu expliziten, bei denen der Lernende explizit alle seine Bewegungen mit anderen Bewegungen vergleicht, seien es eigene Bewegungen oder solche von anderen. Wie ich im 8. Kapitel ausführen werde, ist Bewusstsein ein Zustand ständigen Vergleichen-Könnens, so dass man explizites Lernen auch bewusstes Lernen nennen kann. Explizites Lernen findet bei Tieren in deutlich geringerem Maße als bei Menschen statt. Insbesondere gibt es keinen Austausch, kein gemeinschaftliches bzw. kommunikatives Lernen oder Unterricht mit Lehrenden, die etwas vermitteln wollen, und Lernenden, die etwas vermittelt bekommen wollen, jedes Tier lernt nur für sich, ob explizit bzw. bewusst oder implizit.

Meiner Meinung nach sollte zur Fundierung der von mir vorgestellten Daseinsanalyse (Kolb, 2017a) die Entwicklung des Menschen von Geburt an betrachtet werden, und dazu habe ich mich an einem Buch von Fonagy et al. (Fonagy, Gergely, Jurist, & Target, 2008) orientiert. Ausgehend von der Beobachtung, dass schon sehr kleine <u>Kinder</u> praktisch von Geburt an ein großes <u>Interesse an sozialem Spiegeln</u> zeigen, also daran, wenn andere irgendwelche Regungen des Kindes kontingent nachahmen, nehmen die Verfasser dieses Buches an, dass ein Kind praktisch von Anfang an eine <u>Kontingenzentdeckungsfähigkeit</u> mitbringt. Im Laufe seiner Entwicklung bezieht ein Kind dann immer mehr auf sich, sodass sich diese Fähigkeit immer weiterentwickelt. Eine gewisse Eigenständigkeit bzw. ein Bewusstsein seiner selbst lässt sich schon nach drei Monaten feststellen, Eigenes und Fremdes wird unterschieden und das Fremde wird immer interessanter, was daran erkennbar wird, „dass bei einem normalen menschlichen Säugling nach etwa drei Lebensmonaten der Kontingenzentdeckungsmechanismus auf ein anderes Zielsetting »umgeschaltet« wird, so dass er fortan nach hohen, aber unvollkommenen [statt perfekten] Kontingenzgraden sucht." (Fonagy, Gergely, Jurist, & Target, 2008, S. 195) Wie sich das Lernen eines Kindes in der Regel weiterentwickelt bzw. welche Lernformen jeweils erkennbar werden, soll weiter unten dargestellt werden, wenn ich mich auf die fünf Entwicklungsebenen des Selbst nach Fonagy et al. beziehe. Dabei will ich mich <u>von dem Interesse leiten lassen</u>, wie man sich immer mehr dem <u>utopischen Ziel der vollkommenen Liebe</u> annähern oder seine Liebesfähigkeit immer mehr vervollkommnen kann bzw. wie man immer mehr ein <u>ganzheitliches Selbstverständnis</u> für sich selbst bekommt, immer mehr <u>Autonomie und Effektivität</u> im Umgang mit seiner Umwelt und immer mehr <u>kommunikative Solidarität</u> mit immer mehr anderen Menschen.

Wie ich in „Dasein, um zu lieben" bereits zeigen konnte, ist dies gleichbedeutend damit, dass man sich immer wieder entschlossen bemüht um eine möglichst <u>echte und unmittelbare Auskunft</u> <u>über die Herkunft</u> der augenblicklichen Situation, <u>über die Zukunft</u>, was bei den Möglichkeiten des

Seinkönnens in der augenblicklichen Situation auf einen zukommen bzw. wohin man kommen kann, und über die Ankunft, bei was man in der augenblicklichen Situation bzw. welche Situation gerade angekommen ist (Kolb, 2017a, S. 62). Eine Situation, in der etwas Lebendiges sich in einem bestimmten Moment befindet, ist ein raumzeitlich bezüglich eines Zieles begriffener Zusammenhang, in dem dieses Lebewesen innerhalb bestimmter räumlicher und zeitlicher Grenzen bzw. Horizonte materielle Gegensätze unterscheiden bzw. wahrnehmen, Aussichten beurteilen (was auf es zukommen kann) und praktische Zusammenhänge sowohl induktiv als auch deduktiv als auch conduktiv schlussfolgernd sich erschließen kann, wo etwas im Allgemeinen herkommt, wo etwas im Speziellen hinführen bzw. was speziell auf einen zukommen kann und womit man im Einzelnen gerade zusammengekommen ist.

Je mehr man sich der vollkommenen Liebe annähert, desto unwichtiger wird die eigene frühere Existenz, es entsteht immer mehr die Bereitschaft, seine zukünftige Existenz hinzugeben und die momentane dankbar anzunehmen (ebenda). Diese zugegebenermaßen noch recht abstrakten und philosophischen Formulierungen, Ausdrücke und Begriffe, die in „Dasein, um zu lieben" zwar schon klar umrissen sind, sollen anhand der Betrachtung der kindlichen Entwicklung anschaulicher und noch deutlicher gefasst werden.

Da jede Wissenschaft ein erkenntnisleitendes Interesse hat, will sie etwas bewirken, d.h. ihre Begriffe und Ausdrücke müssen sich auf Unterschiede beziehen, sodass man in dem für die betreffende Wissenschaft interessanten Bereich Unterscheidungen treffen kann. In diesem Sinne geht es jeder Wissenschaft um die Wirklichkeit, nämlich um Unterschiede von Wirkungen. Dass wir überhaupt unterscheiden können, dass wir nach der Definition von Hartmann (Hartmann, 1998, S. 82) überhaupt wahrnehmen können, habe ich als den körperlich-materiellen Aspekt unseres Daseins bzw. als die Materie bezeichnet (Kolb, 2017a, S. 16). Von daher ist von allen Begriffen und Ausdrücken zu fordern, dass wir damit etwas Unterscheidbares bezeichnen. Wir müssen nur entscheiden können, ob der betreffende Begriff bei einer bestimmten Wahrnehmung uns hilft, Unterscheidungen zu treffen, oder nicht. Wir müssen dazu sonst nichts weiter darüber wissen oder in besonderer Weise mit dem umgehen können, was wir wahrnehmen bzw. unterscheiden. Dieses methodische Kriterium der Unterscheidbarkeit kann man als materielle Verankerung bezeichnen.

Wahrnehmung ist ein grundlegender materieller Begriff. Wenn wir etwas wahrnehmen, also etwas von etwas anderem unterscheiden, dann ist dies immer mit einer Regung bzw. Erregung verbunden. Regungen sind, wie oben bereits ausgeführt, Bewegungen von Lebewesen. Wenn sich bei uns etwas regt, dann kann man sagen, es macht uns an, es ist ein Affekt (von lat. afficere, anmachen). Eine Wahrnehmung ist also immer mit einem Affekt verbunden, macht uns an bzw. erregt uns und versetzt uns dadurch in einen anderen Zustand. Der Affekt bzw. die Erregung kann uns sogar in einen deutlich anderen Zustand bringen, z.B. vom Schlaf- in den Wachzustand.

Wenn wir bei uns irgendeine Zustandsänderung wahrnehmen, nehmen wir etwas von uns wahr, finden etwas von uns und empfinden. Der Affekt bzw. die Regung wird bei dieser Art der Wahrnehmung zur Empfindung. Neurobiologisch betrachtet wird der Affekt der Sinneserregung oder der vegetativen Erregung aufgrund eines weiteren Verarbeitungsschrittes in unserem Gehirn (genauer in den subkortikalen Schichten in Verbindung mit kortikalen Bereichen unseres Gehirns) zur Sinnesempfindung oder vegetativen Empfindung. Die Erregung des Affekts wird zur Betroffenheit bzw. zur Ergriffenheit, wir unterscheiden verschiedene Regungen bei uns selbst, nehmen etwas an oder bei uns selbst wahr und werden dadurch bewegt bzw. in irgendeiner Weise motiviert (von lat. movere, bewegen), wie ich es nennen möchte. Dass wir überhaupt motiviert werden können, habe ich den psychisch-motivationalen Aspekt unseres Daseins bzw. die Psyche oder die Seele genannt (Kolb, 2017a, S. 17). Empfindung, Betroffenheit und Ergriffenheit sind also grundlegende psychische Begriffe.

Da sich das menschliche Dasein niemals allein entwickelt, können wir nur aufgrund des Zusammenseins mit anderen unterscheiden bzw. wahrnehmen und herausfinden, ob unsere Unterscheidungen adäquat sind oder nicht, d.h. ob wir uns täuschen oder nicht. Hartmann bezeichnet Täuschungen als inadäquate Wahrnehmungen (Hartmann, 1998, S. 110) und führt aus, dass sie letztlich auf inadäquaten Sinnesempfindungen beruhen (ebenda, S. 117 f.). Nur durch die Praxis und durch die Kommunikation (wird weiter unten jeweils genauer spezifiziert) mit anderen können wir Täuschungen von adäquaten Wahrnehmungen unterscheiden. Damit erweisen sich der Begriff der Wahrnehmung und alle oben davon abgeleiteten Begriffe als interexistenzial. Was wir bei allen Begriffen und Ausdrücken der Daseinsanalyse daher beachten müssen, ist ihre Interexistenzialität. Der Empfindung auf der psychischen Ebene, d.h. unter dem psychischen Aspekt unseres Daseins betrachtet, entspricht der Affekt, während dem Wahrnehmen und Unterscheiden auf der materiellen Ebene das im Austausch mit anderen wurzelnde Begreifen auf der psychischen Ebene entspricht, was dann zur eigenen Meinung (es ist meins) des Individuums führt. Wenn wir etwas wahrnehmen und dabei zusätzlich noch unterscheiden, dass das Wahrgenommene uns ergriffen hat, dass unsere jeweilige Empfindung etwas damit zu tun hat, indem wir z.B. unterscheiden, ob es auf uns eine Wirkung hat bzw. uns betrifft oder nicht, dann will ich dies Begreifen nennen. So wie das Wahrnehmen immer mit einem Affekt verbunden ist, so ist das Begreifen immer mit einer Empfindung verknüpft.

Da wir als Lebewesen im Kontakt mit unserer Umwelt erhalten bleiben wollen (Seinserhaltung, s.o.), bleiben wir beim Begreifen einer Situation nicht stehen, sondern entwickeln spezifische Aktivitäten (wählbare Regungen, wird unten gleich genauer aus der Entwicklung des Kindes hergeleitet), die diesen Kontakt mit der Umwelt beeinflussen, um die Absicht der Seinserhaltung zu erfüllen. Dazu werden wir aktiv, indem wir entweder spezifisch agieren (spezifische Aktivitäten werden weiter unten genauer erklärt), oder aber indem wir zuerst Möglichkeiten unseres Seinkönnens entwerfen und planen, d.h. wir stellen uns mehrere Möglichkeiten vor und entscheiden uns dann für eine solche, bei der wir uns als Folge eine hinsichtlich der Seinserhaltung verbesserte Lage oder Situation vorstellen können. Hartmann definiert Vorstellungen als imitierte Wahrnehmungen (Hartmann, 1998, S. 146). Dass wir uns überhaupt etwas vorstellen können, habe ich den <u>geistig-idealen Aspekt</u> unseres Daseins bzw. <u>Geist</u> genannt (Kolb, 2017a, S. 16). Um sich aber etwas vorstellen zu können, also die Wahrnehmung davon zu imitieren, muss man etwas Ähnliches schon einmal wahrgenommen haben und es sich irgendwo herholen, d.h. es muss eine Art Speicher geben, was man gemeinhin als <u>Gedächtnis</u> bezeichnet, und das Herholen als <u>Sich-Erinnern</u>. Beides braucht man schon beim Wahrnehmen bzw. Unterscheiden, denn dazu muss man etwas vergleichen, was nicht immer gleichzeitig geschieht. Auch diese Begriffe müssen und sollen weiter unten anhand der kindlichen Entwicklung näher erläutert werden.

Sich Katastrophen und Idealsituationen so vorzustellen, dass wir Pläne entwickeln und ausführen können, um die Katastrophen zu meiden und unsere Ideale zu erreichen, das will ich <u>Verstehen bzw. Verständnis</u> nennen. Wenn ich also eine Situation verstehe, kann ich auch sagen, ich verstehe mich auf sie, und das bedeutet, dass ich verschiedene Möglichkeiten, wie ich sein kann, <u>erwäge</u> (kann ich das wagen?), sie miteinander vergleiche, also bildlich gesprochen übereinander lege und somit <u>überlege</u>, wobei ich diese Möglichkeiten hinsichtlich der von mir vorgestellten bzw. erwarteten Ergebnisse, die aus der Zukunft auf mich zukommen können, vergleiche oder vorfühle, welche Erwartung sich am besten anfühlt, wobei sich dies daraus ergibt, welchen Affekt ich mir vorstelle und somit empfinde, wenn die imitierte Wahrnehmung der Erwartung eine tatsächliche wäre, bis ich mich entschließen oder für die Möglichkeit entscheiden kann, bei der ich das beste Gefühl hinsichtlich meiner Erwartung habe. Aus dem <u>Unterschieden-Haben</u> bei der Wahrnehmung wird vermittelt durch das <u>Bescheid-Wissen</u> oder <u>Meinen</u> (das gehört zu mir, ist mein: daher meinen) beim Begreifen das <u>Entschiedenhaben und Erwarten</u> beim Verstehen und aus dem <u>Affekt</u> das <u>Gefühl</u> vermittelt durch die <u>Empfindung</u>. Indem ich mir vorstelle, was aus der Zukunft noch auf mich zukommen kann, erwarte ich das Eintreten dieser Vorstellungen, habe also entsprechende <u>Erwartungen</u>. Erwartungen bilden also eine bestimmte Klasse von Vorstellungen. Auf der geistigen Ebene entspricht das Verstehen daher dem Wahrnehmen auf der materiellen und dem Begreifen auf der psychischen Ebene. Wenn ich mir etwas vorstelle, das Wahrnehmen also imitiere, dann stellt sich bei mir eine entsprechende Regung ein, ähnlich wie beim Wahrnehmen und beim Begreifen, und diese Regung habe ich <u>Gefühl</u> genannt (s.o.). Es wird durch Affekte (Erregung) und Empfindungen (Ergriffenheit oder Betroffenheit bei der jeweiligen Vorstellung) vermittelt, und gleichzeitig vermittelt das Gefühl zusammen mit dem Affekt die Empfindungen (zu meiner Vorstellung gehörend vermittelt das Gefühl die Betroffenheit bzw. die Ergriffenheit) und zusammen mit der Empfindung den Affekt (Gefühl und Ergriffenheit machen mich an, affizieren mich). Aus der Neurobiologie wissen wir, dass nachdem die Erregung zur Empfindung geworden ist, erneut kortikale Strukturen des Gehirns eingeschaltet werden, die dann wieder zurückwirken auf die entsprechenden subkortikalen Bereiche, die dadurch wieder beruhigt oder noch mehr erregt werden können.

Dass die Wahrnehmung bzw. das Unterscheiden mit dem Affekt, das Begreifen mit der Empfindung und das Sich-auf-etwas-Verstehen mit dem Gefühl verknüpft sind, hat damit zu tun, dass die jeweilige Erregung durch den Affekt, die Empfindung und das Gefühl notwendig sind, damit wir einen genügend starken Impuls bekommen, um zu unterscheiden, zu begreifen und uns auf etwas zu verstehen. Dieser Sachverhalt lässt sich neurobiologisch folgendermaßen erklären bzw. begründen: Unterscheiden, Begreifen und Sich-auf-etwas-Verstehen (oder Differenzieren, Integrieren und Regulieren, was in der OPD als grundlegende psychische Funktionen bezeichnet wird) sind Aktivitäten, die vom Kortex aus jeweils gesteuert werden. Dieser ist ein sich selbst organisierendes System verschiedener sogenannter Module (Boessmann, 2013, S. 88), die bestimmte einzelne Fähigkeiten und Fertigkeiten ausführen oder leiten können, die aber nur in einer konzertierten Aktion selbstorganisiert zu derartigen Aktivitäten fähig sind wie Unterscheiden, Begreifen und Sich-auf-etwas-Verstehen. Zuerst kommt ein Sinnesreiz im entsprechenden Kortexbereich an, wodurch in den subkortikalen Schichten die aufgrund der Wachheit schon vorhandene Erregung derart verstärkt wird, dass mit diesem affektiven Impuls es zu der konzertierten Aktion des Unterscheidens kommt. Dies kann dann die Erregung aufrechterhalten oder steigern, sodass mit diesem empfindungsmäßigen Impuls die konzertierte Aktion des Begreifens sich entwickelt. Wenn im weiteren Verlauf dann die Erregung bleibt oder sich steigert, kommt es zu weiteren konzertierten Aktionen durch entsprechende gefühlsmäßige Impulse, bei denen es zu unterschiedlichen Vorstellungen von Möglichkeiten des Seinkönnens kommt. Damit ein solches System kortikaler Module sich jeweils selbst organisiert, muss der Impuls, der das System anregt, groß genug sein. Man kennt das z.B. vom

Laser-Licht, dass die elektrische Spannung und damit der Impuls, der davon abhängig ist, groß genug sein muss, damit das System der Lichtblitze sich selbst zur kohärenten Sinus-Welle, dem Laser-Licht organisiert. Entsprechendes gilt für ein klatschendes Publikum, bei dem sich ein gemeinsamer Klatschrhythmus herausbildet. Hier ist der Impuls die freudige Begeisterung aufgrund einer hervorragenden Darbietung. Im Gehirn gibt es dabei ein optimales Impuls- oder Erregungsniveau für optimale Leistungen. Ist dieses Niveau zu hoch, wird der Kortex blockiert, und wir sagen, wir hätten „ein Brett vor dem Kopf". Der Dreiteilung in affektive Wahrnehmung, empfindungsmäßiges Begreifen und gefühlsmäßiges Sich-auf-etwas-Verstehen entspricht neurobiologisch u.U. die Einteilung in primären, sekundären und tertiären (motorischen, sensorischen, auditorischen und visuellen) Kortex (Boessmann, 2013, S. 109, Abbildung).

Wenn ich Unterschieden-, Begriffen- und Verstanden-Haben zusammenfasse und als das Aufgenommen-Haben bzw. als die Rezeption von Teilen oder Bereichen meiner Umwelt bezeichne, dann hat diese Rezeption den materiellen Aspekt des Unterscheidens, den psychischen Aspekt des Begreifens und den geistigen Aspekt des Verstehens. Wenn ich die mit der Rezeption verbundenen spontanen Regungen, die bildlich gesprochen sich aus mir herauszubewegen scheinen, als Emotionen (wörtlich übersetzt bedeutet Emotion Bewegung aus etwas heraus) bezeichne, so haben diese den materiellen Aspekt der Affekte, den psychischen Aspekt der Empfindungen und den geistigen Aspekt der Gefühle.

Wahrnehmen und Affekt sind generell, materiell und akzentuiert (an- und abschwellend über und unter unsere Wahrnehmungs- bzw. Unterscheidungsgrenze), entsprechen also dem Daseinsmodus des Genus oder Gemeinschaftswesens, dem Daseinsaspekt der Materie, der Wahrnehmungsstruktur der Rhythmik (der des An- und Abschwellens) und damit der Daseinsstruktur der Wirklichkeit, der Wirkung der

Rhythmik auf unser Dasein als Aufforderung, zu leben bzw. in unserer Beziehung zu unserem Sein unser Sein zu erhalten, d.h. lebendig zu bleiben.

Begreifen und Empfindung sind individuell, psychisch und insofern räumlich, weil wir einen entsprechenden Raum brauchen, um uns auf das Wahrgenommene einzulassen, uns darauf einzustellen und dann schließlich zu begreifen. Sie entsprechen also dem Modus des Individuums, dem Aspekt der Psyche, der Wahrnehmungsstruktur des Raums und damit der Daseinsstruktur der Räumlichkeit, der Wirkung des Raums auf unser Dasein als Aufforderung, sich einzulassen und eine entsprechende Auskunft über uns und unsere Situation anzunehmen und zu geben.

Verstehen und Gefühl sind spezifisch, geistig und insofern zeitlich, weil jede damit verbundene Entscheidung für ihre Umsetzung Zeit braucht, entsprechen also dem Modus der Spezies, dem Aspekt des Geistes, der Wahrnehmungsstruktur der Zeit und damit der Daseinsstruktur der Zeitlichkeit, der Wirkung der Zeit auf unser Dasein als Aufforderung, uns hineinzuversetzen in die Herkunft, Zukunft und Ankunft einer Situation.

Emotionen beruhen auf etwas, was mir widerfährt, und sind Regungen, die keine Aktivitäten sind, weil ich sie nicht direkt wählen kann. An dieser Stelle möchte ich auf einen entscheidenden Unterschied zwischen Empfindung und Gefühl aufmerksam machen: Eine Empfindung beruht auf einem Begreifen einer bestimmten Wahrnehmung und kann daher durch den Austausch mit anderen, die ebenfalls in der entsprechenden oder einer ähnlichen Situation gewesen sind, geändert werden, über Empfindungen kann man reden, aber ein Gefühl wird durch alle einschlägigen Erfahrungen bestimmt, die jemand persönlich gemacht hat, darüber lässt sich nicht diskutieren, Gefühle kann ein anderer nur verstehen, indem er sich in entsprechend einschlägige Situationen hineinversetzt bzw. sie sich vorstellt, sonst sollte er passen. Empfindungen sind durch eine einzige Situation bestimmt und daher <u>allgemein begreiflich</u>, Gefühle aber hängen mit einer ganzen Menge einschlägiger Situationen eines einzelnen zusammen und sind daher <u>nur individuell verstehbar</u>. Dies wird häufig verwechselt, sodass manche Menschen versuchen, einem anderen seine Gefühle wegzudiskutieren, man kann aber nur Empfindungen im Gespräch beeinflussen. Wir können z.B. jemandem seine Empfindung der Angst in einer bestimmten Situation ausreden (der andere wäre beinahe in einen Abgrund gestürzt, und wir beruhigen ihn damit, dass er jetzt in Sicherheit ist), wenn wir dann aber glauben, wir hätten ihm sein Gefühl der Furcht vor etwas genommen, werden wir enttäuscht, wenn der andere aus Furcht dann doch nicht tut, was wir erwarten (er wird unsere gemeinsame Bergwanderung nicht mehr fortsetzen aus Furcht, dass er dann tatsächlich abstürzen könnte, da ihm durch dieses Ereignis noch andere kritische und gefährliche Erlebnisse eingefallen sind).

In „Dasein, um zu lieben" habe ich dargestellt, wie sich Materie, Psyche und Geist in einer so genannten absoluten Dialektik vermitteln (zwei der drei werden gegenseitig durch das dritte vermittelt und vermitteln beide zusammen dieses dritte (Kolb, 2017a, S. 36 ff.)) und entsprechend besteht eine absolute Vermittlung zwischen jeweils Wahrnehmen, Begreifen und Verstehen sowie Affekten, Empfindungen und Gefühlen (Letzteres wurde oben schon explizit gezeigt). <u>Rezeption</u> und <u>Emotionen</u> führen schließlich zu <u>spezifischen Aktivitäten</u>, um das Sein zu erhalten, – spezifische Aktivitäten sind im Unterschied zum Wahrnehmen, Begreifen und Verstehen solche, bei denen es zu einer wahrnehmbaren Veränderung im Verhältnis der betreffenden Person zu ihrem Umfeld kommt – und je nachdem, wie die weitere Rezeption mit entsprechenden Emotionen ausfällt, kommt es zur Wahl von weiteren spezifischen Aktivitäten oder auch nicht. Diese Abfolge will ich Umgang mit der Realität oder auch <u>Praxis</u> bzw. <u>Lebensvollzug</u> nennen.

Sowohl beim Begreifen als auch beim Verstehen bzw. sowohl bei dem Begriffenen (unserer Meinung, was es bedeutet, wo es herkommt) als auch bei dem Verstandenen (unserer Erwartung, was auf uns zukommen kann) handelt es sich um etwas, was wir einer Situation bzw. den Aspekten einer Situation, die wir wahrnehmen bzw. unterscheiden, subjektiv unterlegen (lat. subicere, etwas unterlegen oder unterstellen), wovon wir subjektiv glauben, dass wir uns nicht täuschen, wenn wir danach handeln. Kausale Zusammenhänge zwischen einem Geschehen und unseren Aktivitäten, die auf unserem Begreifen und Verstehen beruhen, sind abhängig von der Bedeutung, die wir dem Geschehen subjektiv geben, und von den Erwartungen, die wir subjektiv vom Ergebnis des Geschehens und unserer Aktivitäten haben. In diesem Sinne ist <u>alles Begriffene und Verstandene</u> <u>etwas Geglaubtes und nichts Gewusstes</u>, sodass wir hier mit Sokrates sagen müssen: „Ich weiß, dass ich nichts weiß." Da Glaube wie <u>alles Subjektive</u> nur durch Sprache vermittelt werden kann, ist der Zusammenhang zwischen einem Geschehen und unseren auf Begreifen und Verstehen beruhenden Aktivitäten <u>nicht empirisch</u>, sondern <u>semantisch</u>, wobei man hier noch zwischen <u>bezeichnend und symbolisch</u> unterscheiden kann. Semantisch bedeutet nicht, dass die Erfahrung bzw. die <u>Empirie</u> keine Rolle bei diesem Zusammenhang spielt, sie wird aber im Austausch mit anderen sprachlich und damit <u>semantisch vermittelt</u>.

Jeder <u>Begriff</u>, den ich mir gebildet habe, beruht auf einer Wahrnehmung bzw. Unterscheidung von mir als Objekt der Materie (s. S. 77 f.), die ich mir als Gemeinschaftswesen im Austausch mit anderen aufgrund verschiedener Hinweise von ihnen darüber, was sie begriffen haben, welche Begriffe sie sich gebildet haben und wie sie das Begriffene und die entsprechenden Begriffe verwenden, selbst <u>angeeignet</u> habe als <u>psychisches Subjekt</u> (s. S. 77 f.). Ob ich diesen Begriff dann auch theoretisch und praktisch angemessen <u>verwenden</u> kann, zeigt sich mir dadurch, dass ich als <u>geistiges Subjekt</u> (s. S. 78

f.) beim Entwerfen bestimmter Möglichkeiten (<u>Theorie</u>), bei denen ich den betreffenden Begriff zusammen mit dem von mir Begriffenen verwende, und als <u>materielles Subjekt</u> (s. S. 77 f.) beim <u>praktischen</u> Aktiv-Sein aufgrund einer entsprechenden Entscheidung für eine dieser Möglichkeiten mich hinsichtlich der Erwartungen über das konkrete Ergebnis meines Handelns möglichst wenig täusche, was mir im Austausch mit anderen durch entsprechende Hinweise bestätigt werden muss, damit ich keiner Selbsttäuschung erliege. Beim Erlernen eines Begriffs und der Überprüfung, ob ich ihn auch angemessen verwenden kann, bin ich immer auch auf den Austausch mit und die Hinweise von anderen angewiesen. Insofern ein Begriff mir bei der <u>Unterscheidung von Phänomenen</u> hilft, ist er <u>bezeichnend</u>, seine <u>Bedeutung</u> aber erhält er erst dadurch, wie ich ihn <u>verwende</u>. Seine Verwendung kann <u>bezeichnend bleiben</u>, oder aber <u>auch symbolisch</u> sein. Was die Bedeutung eines Begriffs betrifft, so schreibt auch Wittgenstein: „Die Bedeutung eines Wortes ist sein Gebrauch" (Wittgenstein, 2001, S. 771, § 43) und „..., wenn man ihm die Bedeutung des Wortes »Absicht« erklärt. Es heißt dann nämlich: so gebrauchen wir es." (Wittgenstein, 2001, S. 873, § 247)

 Nun zu dem <u>Unterschied</u> zwischen einem bezeichnenden und einem symbolischen Zusammenhang von Geschehnissen und Aktivitäten: Wenn ich mir einen Hammer hole, um einen Nagel in die Wand zu schlagen, dann ist der Zusammenhang zwischen dieser Aktivität und meiner Absicht bezeichnend, denn das Hammer-Holen ist ein Zeichen dafür, dass ich den Nagel in die Wand hauen möchte. Die so <u>bezeichnete</u> Aktivität <u>verändert die materielle Ebene</u>, denn die Gegensätzlichkeit bzw. das Verhältnis zwischen meinen Fähigkeiten, einen Nagel in die Wand zu bekommen, und meiner entsprechenden Absicht wird durch das Hammer-Holen deutlich verändert (mit einem Hammer bin ich fähig, den Nagel in die Wand zu bekommen, mit bloßen Händen nicht). Wenn dagegen ein Vater seinen Sohn segnet, der vor einer schwierigen Aufgabe steht, dann ist der Zusammenhang zwischen dem Segnen und der schwierigen Aufgabe des Sohnes symbolisch, und die materielle Ebene wird nicht direkt berührt. Der Vater hilft seinem Sohn durch das Segnen nicht materiell, er ändert dadurch nicht direkt etwas an der Gegensätzlichkeit bzw. dem Verhältnis zwischen den Fähigkeiten seines Sohnes und den Anforderungen der Situation für die schwierigen Aufgabe, aber er beeinflusst die psychische und die geistige Ebene, indem er seinen Sohn einerseits motiviert (Psyche) und dessen Zuversicht stärkt (Geist), sodass der Sohn ganz anders an die Aufgabe herangeht, und erst dadurch wird die materielle Ebene berührt, wenn auch nur indirekt. Auf den Unterschied zwischen Zeichen und Symbol werde ich weiter unten in Kapitel 2.9 noch einmal genauer eingehen. Um die Aktivität eines anderen zu begreifen und sich darauf zu verstehen, muss man die Zeichen und die Symbole, die er verwendet, also seine Kommunikationsweise und Kultur bzw. seine Erscheinungswelt kennen. Dieses und das von jemandem Geglaubte sind abhängig von dessen Haltung, dessen Einstellung und dessen Stimmung. Diese drei Phänomene, die ich gleich erklären werde, beeinflussen alle Aktivitäten.

Haltung bezieht sich zuerst einmal auf das Körperliche, die Körperhaltung, welche unsere Wahrnehmung und damit unsere Affekte beeinflusst, denn, wenn ich z.B. eine nach unten geneigte Kopfhaltung einnehme, kann ich ab einer bestimmten Höhe nichts mehr sehen. Verallgemeinernd kann man nun sagen, dass eine Haltung eine andauernde spezifische Aktivität ist, die einmal gewählt und für eine bestimmte Dauer aufrechterhalten wird, und wodurch bestimmte Wahrnehmungen und Affekte, also bestimmte Wirkungen auf mich, bevorzugt und andere vernachlässigt werden. Haltung ist daher ein genereller, materieller und wirklichkeitsbezogener Begriff.

Einstellung bezieht sich auf das Psychisch-Motivationale und ist eine dauerhafte Ergriffenheit von etwas, was entweder erreicht oder vermieden werden soll und wodurch bestimmte Arten des Begreifens und der damit verbundenen Empfindungen bevorzugt und andere vernachlässigt werden. Ich bin aufgrund vergangener Erfahrungen entsprechend ergriffen und darauf eingestellt, bestimmte Geschehnisse auf eine bestimmte Art zu begreifen. <u>Einstellung</u> ist daher ein <u>individueller, psychischer und räumlich bezogener Begriff</u>, wobei das Räumliche sich darauf bezieht, dass man die frühere Erfahrung vermeiden oder wieder in die Gegenwart holen möchte, man will sich auf etwas von früher einlassen oder nicht, ihm Raum geben oder nicht.

<u>Stimmung</u> bezieht sich auf das Geistig-Ideale und ist eine auf ein oder mehrere Ziele ausgerichtete Erwartung (z.B. „ich schaffe es nicht" oder „mir gelingt alles"), die bestimmte Arten des Verstehens und der damit verbundenen Gefühle bevorzugt und andere vernachlässigt, ich bin auf eine bestimmte Art gestimmt, spezifische Aktivitäten zeitlich so zu planen, dass ich bestimmte Ereignisse entsprechend in der Zukunft erwarten kann. <u>Stimmung</u> ist also ein <u>spezifischer, geistiger und zeitlich bezogener Begriff</u>.

Man kann dies insgesamt mit einem Musiker vergleichen, der mit seinem Instrument eine Einheit bildet: Zuerst nimmt er eine bestimmte Haltung ein, sodass sein Instrument eine bestimmte Wirkung auf ihn bekommt und er den Klang und die Töne möglichst gut hören kann. Dann ändert er je nachdem bestimmte Einstellungen an seinem Instrument, bis er mit dessen Klang im Raum zufrieden ist. Nun besitzt sein Instrument die entsprechende Stimmung, sodass der Musiker darauf spielen kann und will, weil er ein entsprechend gutes Klangspiel seines Instruments erwartet.

<u>Haltung, Einstellung und Stimmung</u> vermitteln sich in einer <u>absoluten Dialektik</u>, d.h. zwei der drei werden gegenseitig durch das dritte vermittelt und vermitteln beide zusammen dieses dritte, man kann sie also zusammenfassen unter dem

Begriff der <u>Disposition</u>, bei der bestimmte Arten der Rezeption, der Emotionen und dadurch spezifische Aktivitäten bevorzugt und andere vernachlässigt werden. Die jeweilige Disposition legt einen Rahmen fest, innerhalb dessen ich wahrnehme, begreife und Aktivitäten entwerfe und durchführe. Innerhalb dieses Rahmens sind Wahrnehmen und Begreifen und die Möglichkeiten meines Entwerfens und Umsetzens nur begrenzt wählbar. Dadurch aber, dass ich meine Disposition wählen kann, ist auch mein Wahrnehmen, Begreifen und Entwerfen deutlich freier wählbar und damit eine Aktivität. Dieser Punkt, den ich hier nur relativ oberflächlich abhandeln kann, wird im 6. Kapitel über das Problem des freien Willens noch genauer beleuchtet. Sinn und Zweck einer Disposition und letztlich der Grund, warum wir eine bestimmte Haltung einnehmen, uns auf etwas Bestimmtes einstellen und uns in einer bestimmten Erwartung und Stimmung befinden, ist es, dass wir uns auf eine bestimmte Weise und in einer bestimmten Hinsicht nicht mehr täuschen oder täuschen lassen wollen. Wir probieren aus, weil wir nicht wissen.

Nun können wir auch den Begriff der <u>Liebe</u> in diesem Begriffssystem einordnen: die entsprechende Erwartung und das Sich-Ausrichten (Ergriffenheit und Aktiv-Werden) auf die Entwicklung unserer Liebesfähigkeit ist eine Disposition, einen bestimmten Lebensvollzug, der diese Entwicklung fördert, zu bevorzugen, indem unsere Rezeption, unsere Emotionen und unsere Aktivitäten immer liebevoller werden, und die vollkommene Liebe ist die Utopie eines Lebensvollzugs, bei der es keine Dispositionen mehr gäbe, weil wir uns nicht mehr täuschten, sondern nur noch wüssten. Eine weitere Verknüpfung des Begriffs Liebe mit den verschiedenen Aspekten unseres Daseins besteht darin, dass die <u>Materie</u> als Aspekt der <u>Entfremdung</u> von der vollkommenen Liebe betrachtet werden kann, der <u>Geist</u> als Aspekt der <u>Rückkehr</u> zur vollkommenen Liebe und die <u>Psyche</u> als Aspekt der <u>Dynamik</u> der vollkommenen Liebe (Kolb, 2017a, S. 31).

Begriffe bilden wir immer aus einem bestimmten Lebensvollzug heraus, den wir dann mithilfe dieser Begriffe derart zu erfassen versuchen, dass wir uns immer wieder daran erinnern und auch andere daran teilhaben lassen bzw. ihn anderen mitteilen können (die Begriffe Erinnerung und Mitteilung bzw. Kommunikation werden weiter unten definiert). In diesem Fall bin ich der Lehrende, der andere in dem betreffenden Lebensvollzug unterweist. Umgekehrt kann natürlich auch mir ein Begriff von anderen beigebracht werden. Dadurch ist jede Begriffsbildung immer mit einer Entwicklung verbunden, sodass es mir aus diesem weiteren Grund (siehe oben) sinnvoll erscheint, die Begriffe und Ausdrücke für das menschliche Dasein so weit wie möglich anhand unserer Entwicklung von Beginn unseres Daseins an zu rekonstruieren. Zu diesem Zweck ziehe ich jetzt wie angekündigt die Beobachtungen von Fonagy et al. (Fonagy, Gergely, Jurist, & Target, 2008) und ihre Einteilung des kindlichen Entwicklungsprozesses in die fünf Entwicklungsebenen des physischen, sozialen, teleologischen, intentionalen und repräsentationalen Selbst heran, um die grundlegenden Begriffe der Regungen, des Lernens und der Gedächtnisbildung des menschlichen Daseins von ihrer Entstehung her zu bestimmen.

Das Interessante an diesen fünf Entwicklungsebenen des Selbst ist, dass ich in ganz unterschiedlichen kulturellen Traditionen ähnliche Gedankengänge gefunden habe. Zum einen in der japanischen Kyôto-Schule in einem Beitrag von Nishida (Nishida, 2011), der bei der Frage, wie jemand identisch mit sich selbst bleiben kann, obwohl er sich doch ständig ändert, zu der Antwort kommt, dass dafür fünf Gegensätze im Lebensvollzug überwunden werden müssen, die ich im nächsten Kapitel den fünf Entwicklungsebenen nach Fonagy et al. mit genauer Erklärung zuordnen werde, und zwar der Ebene des physischen Selbst den Gegensatz aktiv-passiv von Nishida, der Ebene des sozialen Selbst den Gegensatz objektiv-subjektiv, der Ebene des teleologischen Selbst den Gegensatz kontinuierlich-diskontinuierlich, der Ebene des intentionalen Selbst den Gegensatz linear-zirkulär und der Ebene des repräsentationalen Selbst den Gegensatz räumlich-zeitlich. Die zweite kulturelle Tradition, bei der es eine ähnliche Einteilung gibt, ist die der griechischen Antike, wenn man die fünf dianoietischen Tugenden von Aristoteles heranzieht (Aristoteles, 1985). Der Ebene des physischen Selbst entspricht die Verstandestugend, bei der es um grundlegende Prinzipien geht wie »Von nichts, kommt nichts«, und die ein Kind mit dem Gegensatz aktiv-passiv zu begreifen lernt, der Ebene des sozialen Selbst die Tugend der Wissenschaft, bei der es um Wenn-Dann-Regeln geht und damit um den Gegensatz objektiv-subjektiv, der Ebene des teleologischen Selbst die Tugend der Kunstfertigkeit, kontinuierlich eine Sache zu Ende zu bringen statt diskontinuierlich zu scheitern, der Ebene des intentionalen Selbst die Tugend der Klugheit, damit man seine Ziele erreicht und sich nicht im Kreis dreht (Gegensatz linear-zirkulär), und der Ebene des repräsentationalen Selbst die Tugend der Weisheit, so dass man reflektiert-verantwortlich handelt und sich sowohl räumlich als auch zeitlich orientieren kann, wie ich in den Unterkapiteln 2.5 und 2.7 ausführen werde. Wenn drei verschiedene kulturelle Traditionen, die der griechischen Antike, die japanische der Kyôto-Schule und die psychoanalytisch orientierte englische Tradition, ganz ähnliche Gedankengänge haben, dann scheint mir dies ein stabiles Fundament zu sein, um darauf aufbauend die Entwicklung des menschlichen Daseins zu rekonstruieren. Über die Unabhängigkeit dieser drei Traditionen kann man natürlich streiten, denn aller Wahrscheinlichkeit nach haben sowohl Nishida als auch Fonagy et al. die fünf dianoietischen Tugenden von Aristoteles gekannt. Aber selbst, wenn es hier eine Verbindung gibt, dann zeigt die Übernahme der Gedanken von Aristoteles, dass diese von zwei doch sehr unterschiedlichen Kulturen jeweils anerkannt worden sind.

Auch in unserer Alltagssprache ist implizit eine Entwicklungstheorie enthalten, z.B., wenn man die fünf Sinne in ihrer übertragenen Bedeutung in Beziehung zu den fünf Entwicklungsebenen des Selbst setzt. Der wichtigste Sinn am Anfang des Lebens ist der Geschmackssinn, damit ein Kind Nahrung zu sich nimmt, wobei es schon nach der Geburt seine Mutter am Geschmack erkennt (das Fruchtwasser und die Muttermilch der jeweiligen Mutter schmecken ähnlich). Je nachdem, ob das Kind im übertragenen Sinne „Geschmack findet" oder nicht, wird es aktiv oder bleibt passiv, das ist die Ebene des physischen Selbst. Der nächste Sinn, der im Laufe der Entwicklung immer wichtiger wird, ist der Geruchssinn. „Das kann ich doch nicht riechen!", also berücksichtigen und „Es stinkt mir!" bei Ärger und Überforderung – diese alltagssprachlichen Redewendungen haben viel mit der Entwicklung des sozialen Selbst zu tun, wie ich im nächsten Kapitel aufzeigen werde. Je mehr das Kind seine nähere Umgebung erforscht, desto wichtiger wird der Tastsinn. „Sich vorsichtig und teils ängstlich an etwas herantasten", ist die entsprechende Redewendung. Dies bezieht sich deutlich auf die Entwicklungsebene des teleologischen Selbst. Wer „den Schuss nicht gehört hat", ist dumm, „wer nicht hören will, muss fühlen", also etwas erleiden – der Gehörsinn hat mit Klugheit und mit dem intentionalen Selbst zu tun. Wenn ich dagegen „alles in Betracht gezogen habe", dann handle ich weise, umsichtig und verantwortlich und bin gut mit meinen Unzulänglichkeiten umgegangen – das ist das Thema auf der Entwicklungsebene des repräsentationalen Selbst und wird alltagssprachlich auf den Gesichtssinn bezogen. Diese Ausführungen belegen deutlich, dass die Alltagssprache nicht nur beschreibend, sondern auch erklärend ist, aber dort wird die übertragene Bedeutung ganz klar unterschieden von dem sinnlichen Erlebnis selbst. Wenn ich sage, ich hätte Geschmack am Tauchsport, dann wird niemand auf die Idee kommen, ich würde den Tauchsport essen oder trinken, und er würde mir schmecken. Wenn manche Wissenschaftler die Konstrukte ihrer Wissenschaft vergegenständlichen, dann begehen sie genau diesen Fehler, den Hartmann als „zweiten naturalistischen Fehlschluss" bezeichnet (Hartmann, 1998, S. 325).

Bei meiner Analyse der Entwicklung eines Kindes wird sich herausstellen, dass der psychisch-motivationale Aspekt bzw. die Empfindungen und die verschiedenen Arten des Lernens durch gemeinsame Einsicht, Rücksicht, Vorsicht, Aussicht und Umsicht (s.u.) allgemein menschlich sind und daher meine Analyse frei von ethnozentrischen Fehlschlüssen ist. Damit ist auch eine gemeinsame Basis für alle möglichen Erscheinungswelten gefunden, ohne dass wir auf eine Welt an sich im Sinne von Kants Ding an sich (Kant, Critik der reinen Vernunft, 1781 (A), zweite Auflage 1787 (B)) zurückgreifen müssen.

An dieser Stelle möchte ich klarstellen, dass die theoretische Position meiner Daseinsanalyse weder materialistisch noch idealistisch noch psychologistisch ist. Dadurch, dass ich im letzten Abschnitt das Phänomen der Erscheinungswelten ohne Rückgriff auf eine Welt an sich in den Vordergrund gestellt habe, scheidet eine rein materialistische Position von vornherein aus, man kann mir höchstens aufgrund dessen einen zu starken Idealismus vorhalten. Weil ich aber den psychisch-motivationalen Aspekt als gemeinsame Basis für alle möglichen Erscheinungswelten betrachte, ist meine Position auf jeden Fall auch psychologisch geprägt. Dass aber das, was uns rein objektseitig in der Welt begegnet, keine Rolle bei meiner Daseinsanalyse spielt, muss ich ganz klar von mir weisen, denn die Täuschungen in unseren Erwartungen, die wir wahrnehmen und als Enttäuschungen empfinden, hängen nicht nur mit unseren Erwartungen zusammen, sondern genauso mit dem, was uns vollkommen unabhängig von uns und anderen Menschen begegnet. Wie sich bei der folgenden Entwicklungsanalyse zeigen wird, ist ein Kind mit dieser „Widerständigkeit der Welt an sich" (Hoyningen-Huene, 1989, S. 259) zum ersten Mal auf der Entwicklungsebene des sozialen Selbst konfrontiert (s. nächstes Kapitel).

2. Die kindliche Entwicklung

Das Selbst ist phänomenal in allen unseren Wechselwirkungen mit unserer Umgebung enthalten und zeigt sich indirekt darin. Um zu begreifen, dass es selbst in bestimmte Wechselwirkungen mit seiner Umwelt tritt, braucht ein Kind die Interaktion mit seiner Mutter. Alle folgenden Begriffe, die etwas vom menschlichen Dasein beschreiben, sind daher interexistenzial, d.h. ihre Bildung ist schon in der Alltagssprache an einen sozialen Zusammenhang gebunden, ohne den sie nicht verständlich sind. Um den Begriff des Begreifens, wie er oben definiert wurde, plausibel zu machen, möchte ich den Ursprung seines Gebrauchs näher betrachten. In der Alltagssprache bedeutet »begreifen« ursprünglich das Betasten und Anfassen eines Gegenstandes von verschiedenen Seiten her, wodurch das Wahrnehmen umfassender wird, näher an einen herankommt und damit die Betroffenheit bzw. Ergriffenheit spürbarer macht. »Begreifen« wird auf diese Weise so verwendet, dass man aufgrund verschiedener Perspektiven und der erreichten Nähe besser unterscheiden kann, was das entsprechend Wahrgenommene am eigenen Körper über die entsprechenden Sinne verändert. Dies bekommt man nur in der Praxis und durch die Interaktion mit anderen mit, wobei die soziale Interaktion insofern primär bzw. ursprünglicher ist, als dass die Mutter als primäre Bezugsperson erst zum praktischen und näheren Umgang mit den Dingen anregt, allein schon dadurch, dass sie die Umwelt ihres Kindes gestaltet. Wie wichtig die soziale Interaktion ist, wird noch verständlicher, wenn man die kindliche Entwicklung insgesamt betrachtet. Ohne die Interaktion mit anderen Menschen, insbesondere mit der ersten primären Bezugsperson, in der Regel der Mutter, würden wir wahrscheinlich noch nicht einmal aufrecht gehen.

Das erste Lebenszeichen spürt eine werdende Mutter, wenn sich der Fetus im Mutterleib regt, so dass der grundlegende Begriff für alle Lebensäußerungen als das Sich-Regen

Die kindliche Entwicklung

bzw. als Regungen bezeichnet werden kann. Entsprechend können alle sich regenden Dinge, die von Lebewesen abstammen, Lebewesen genannt werden. Das Reflexivpronomen zeigt hier an, dass etwas, was *sich* regt, eine Beziehung zu seinem Sein hat. Eine Bewegung ist nur für denjenigen eine Regung, der das Subjekt dieser Bewegung als lebendig wahrnimmt, d.h. der unterscheiden kann, ob dieses von Lebewesen abstammende Subjekt sein Sein aufrechterhält oder nicht (die Biologen machen dies phänomenal am Stoffwechselprozess fest). Den Gegensatz lebendig-tot kann man als die materielle Verankerung des Begriffes der Regung bezeichnen. Die Bedeutung der Sichtweise des Betrachters macht deutlich, dass der Begriff der Regung interexistenzial ist. Wenn aus meiner Sicht sich etwas regt, dann ist es für mich lebendig, und solange es sich in meiner Wahrnehmung immer wieder regt, ist es lebendig für mich. In diesem »immer wieder« ist mir die Wahrnehmungsstruktur der Rhythmik erschlossen – die Entdeckung des Lebens ist also ursprünglich mit der Wahrnehmungsstruktur der Rhythmik verknüpft, sodass man sagen kann, am Anfang des Lebens ist der Rhythmus[1] – und damit „der springende Punkt"[2], dass etwas die Wirkung der Lebendigkeit oder des Toten auf mich hat. Aus der Wirkung der Rhythmik ergibt sich die Daseinsstruktur der Wirklichkeit bzw. der Lebendigkeit als Aufforderung zu leben (siehe oben).

---

[1] Etymologisch wird Rhythmus meistens hergeleitet aus dem indogermanischen Wort „ri", „die Zahl", „der Verlauf", woher auch die griechischen Wörter „arithmos" für „Zahl" und „rhein" für „fließen" oder im Englischen „River" für „Fluss" kommen, sowie das Wort „Ritual" als Handeln nach einer vorgegebenen, sich ähnlich oder identisch wiederholenden Ordnung. Die poetische Form Rhysmôs von Rhythmus wird im Griechischen auch in der Bedeutung von Charakter verwendet. Im Deutschen sagen wir auch: „wie jemand tickt". „Ticken" kommt von „Takt", und das wiederum von lateinisch „tangere", „berühren".
[2] Wenn man ein Hühnerei durchleuchtet und dabei einen springenden Punkt entdeckt, dann weiß man, dass dieser Punkt das Herz eines werdenden Kükens ist, dass in dem Ei sich also etwas Lebendiges befindet.

Wenn zwei Lebewesen sich berühren, dann sind sie im Kontakt (von lat. contangere, sich berühren), d.h. sie entwickeln dabei einen gemeinsamen Takt, einen gemeinsamen Rhythmus. In dem Ausdruck »solange es sich regt« ist mir die Lebensdauer und damit die Wahrnehmungsstruktur der Zeit erschlossen. So, wie mit dem Gegensatz lebendig-tot die Struktur der Rhythmik verbunden ist, so ist die materielle Verankerung der Zeit der Gegensatz werden-vergehen.

Rhythmus und Zeit als zeitweise sich ereignendes An- und Abschwellen vermitteln zwar den Raum, aber anfänglich ist ein Kind nicht unbedingt in der Lage, zwischen einem eigenen abgegrenzten Raum, den ein anderer als solchen wahrnehmen kann, und anderen Räumen zu unterscheiden. Dies gelingt ihm erst im Kontakt mit seiner Mutter: wenn eine Mutter ihr Kind berührt und mit ihm spricht, dann werden beim Kind zwei unterschiedliche Klassen von Sinnesorganen gleichzeitig erregt, nämlich die Klasse derjenigen Sinne, die auf den unmittelbaren Raum des eigenen Körpers des Säuglings ausgelegt sind (er spürt die Berührung, vielleicht auch die Veränderung seines Herzschlages und andere intrazeptive Veränderungen), und die Klasse derjenigen, die zur Unterscheidung von weiter entfernten Objekten benötigt werden (Gehör- und Gesichtssinn). Sobald das Kind diese beiden unterschiedlichen Klassen von Sinneseindrücken in einem Gesamteindruck integrieren kann, kann es zwischen seinem eigenen Körper und der Umwelt unterscheiden, es kann mit der Zeit seinen Körper und seine Regungen und Erregung immer mehr auf der materiellen Ebene wahrnehmen, ihn als eigenen Körper mit einer entsprechenden Ergriffenheit und bestimmten Empfindungen immer mehr auf der psychisch-motivationalen Ebene begreifen und mit entsprechenden Erwartungen und Gefühlen ihn immer mehr auf der geistig-idealen Ebene verstehen, ob und wie es selbst über seinen eigenen Körper verfügen kann. Der Gegensatz innen-außen bzw. nah-fern kann als die materielle Verankerung des Begriffes des eigenen Körpers bezeichnet

Die kindliche Entwicklung 39

werden. Damit ist einem Kind die <u>Wahrnehmungsstruktur des Raums</u> erschlossen. Insgesamt haben wir jetzt die drei Wahrnehmungsstrukturen der <u>Rhythmik</u>, der <u>Zeit</u> und des <u>Raums</u> entdeckt mit den drei Gegensätzlichkeiten <u>lebendig-tot</u>, <u>werden-vergehen</u> und <u>nah-fern</u>, und wie man leicht zeigen kann, besteht zwischen ihnen eine <u>absolute Dialektik</u>, d.h. zwei von ihnen vermitteln das Dritte und dieses zwischen den beiden. Keine der drei Wahrnehmungsstrukturen besitzt also einen Vorrang vor den anderen.

Wenn ein Erwachsener in Bezug auf die Wahrnehmungsstruktur des Raums, also bezüglich Nähe und Ferne bzw. innen und außen verwirrt wird, kann er sich hinsichtlich seines eigenen Körpers täuschen. Eine derartige Verwirrung entsteht z.B., wenn mithilfe von mehreren Spiegeln die Wahrnehmung erzeugt wird, dass er seinen eigenen Körper, also sich selbst, ein paar Meter vor sich sieht und gleichzeitig eine Hand über seinen Rücken streichelt, was er ebenfalls in dem Bild vor sich erkennen kann. Unter derartigen Umständen kann es geschehen, dass die betreffende Person die visuelle und die taktile Wahrnehmung dadurch in einem Gesamteindruck zusammenbringt, dass sie glaubt, ihr eigener Körper befinde sich vor ihr, dass sie also eine so genannte außerkörperliche Erfahrung hat.

<u>Trancephänomene und Körperschemastörungen</u> (bei Essstörungen) lassen sich ebenfalls mithilfe derartiger Verwirrungen erklären. Wenn bei einer Trance der Betreffende sich auf seine Körperwahrnehmung und/oder auf bestimmte Vorstellungen konzentriert, sein Gesichtssinn eingeschränkt ist (er starrt vor sich hin oder hat die Augen geschlossen) und seine auditive Wahrnehmung ganz in die Ferne oder auf einen Hypnotiseur gerichtet ist, kann er in Verwirrung geraten, was Nähe und Ferne oder innen und außen betrifft, und so in einen dissoziativen Zustand, d.h. er nimmt gewisse Unterschiede an seinem Körper und in seinem Umfeld nur bruchstückhaft und da-

her entweder verzerrt oder gar nicht wahr. Wenn eine essgestörte Patientin sich zu stark mit ihrer Mutter verbunden oder von ihr eingenommen fühlt, dann liegt auch hier eine Verwirrung bezüglich Nähe und Ferne vor, sodass diese Patientin der Täuschung unterliegt, dass sie zu dick sei, obwohl sie ganz abgemagert ist, denn, wenn man den Körper ihrer Mutter noch mit einbezieht, dann ist sie tatsächlich zu dick. Der Drang, gleichzeitige Sinneseindrücke in einem Gesamteindruck zu integrieren, scheint mir die angeborene Grundlage des von Fonagy et al. postulierten Kontingenzentdeckungsmechanismus zu sein.

2.1. Das physische Selbst

Auf der Entwicklungsebene des physischen Selbst scheint ein Kind das erste Mal zu begreifen, dass durch bestimmte seiner Regungen in seiner physischen Umwelt etwas verändert wird. Für einen Beobachter wird dies dadurch sichtbar, dass ein Kind bestimmte Regungen ziemlich oft wiederholt, sich deren Wirkungen zuwendet und sie beobachtet oder anderweitig sinnlich wahrnimmt. Dem Kind wird seine Selbstbeteiligung allerdings erst in der Interaktion mit seiner Mutter klar, die ihrem Kind dabei vermittelt, was es in seiner Umwelt so treibt (Kolb, 2017a, S. 72 ff.). Diese spezifische Vermittlung, die während der gesamten Entwicklung eine entscheidende Rolle spielt, funktioniert aufgrund einer besonders markierten Verhaltensweise der Mutter, die ihr Kind spiegelt, und einer irgendwie schon im Vorhinein vorhandenen Kontingenzentdeckungsfähigkeit des Kindes (siehe 1. Kapitel und Ende des vorigen Abschnitts). Kinder reagieren schon sehr früh auf soziales Spiegeln, d.h. wenn jemand sie kontingent nachahmt. Wenn das Kind sich dann selbst als treibende Kraft begreift, hat es den Unterschied zwischen aktiv (etwas wählen und betreiben, aktiv kommt von lat. agere, treiben, handeln) und passiv (beobachten und treiben lassen, passiv kommt von lat. pati, leiden, erdulden) begriffen. Diese spezifischen Aktivitäten bzw. dieses Treiben und Beobachten, wie ich diese Regungen nennen will, die nicht nur aus den eigentlichen, die Umwelt verändernden Regungen, sondern auch aus dem nachträglichen gezielten Wahrnehmen der Veränderung bestehen, werden in der Literatur als Handlungen bezeichnet, deren hervorstechendes Merkmal es ist, dass man wählen kann, was man betreibt und beobachtet oder jeweils unterlässt, und alle anderen Regungen als Verhalten. Ich möchte aber den Begriff der Handlungen für höher entwickelte Formen wohlüberlegten Treibens und Beobachtens reservieren. Aktivitäten sind also alle wählbaren Regungen, wobei es solche gibt, die im Modus des Genus (allgemeine Aktivitäten) gewählt werden können, also, was alle tun, oder gemeinschaftliche Aktivitäten wie z.B., sich mit anderen auszutauschen oder zu begreifen suchen (wenn man dann begriffen hat und entsprechend noch empfindet, ist dies keine Aktivität, sondern ein Verhalten), solche, die individuell, im Modus des Individuums wählbar sind wie z.B., zu erwägen, zu überlegen, zu entwerfen oder sich auf etwas zu verstehen suchen (wenn man dann verstanden und entschieden hat und erwartend schon fühlt, ist dies wiederum ein Verhalten), und spezifische Aktivitäten im Modus der Spezies wie jede Art von Treiben oder Beobachten[3] bzw. gezieltes Wahrnehmen (wenn man dann wahrgenommen bzw. unterschieden hat und entsprechend „angemacht" ist, einen Affekt oder Reiz spürt, liegt ein Verhalten vor). Bei gemeinschaftlichen Aktivitäten sind der materielle Aspekt des Affekts als Anlass bzw. Verhalten und der psychische Aspekt der Neugier oder Ungewissheit, also des Begreifen-Wollens als treibende Kraft im Vordergrund, bei individuellen der psychische Aspekt der Empfindung als Verhalten oder Anlass und der geistige Aspekt des Strebens nach Idealen oder des Vermeiden-Wollens von

---

[3] Auch das Beobachten führt zu einer von anderen wahrnehmbaren Veränderung im Verhältnis des Beobachters zu seiner Umwelt und ist damit eine spezifische Aktivität.

Katastrophen, also des Sich-darauf-Verstehen-Wollens als treibende Kraft stärker betont, und bei spezifischen der geistige Aspekt der mit Erwartungen verbundenen Gefühle als veranlassendes Verhalten und der materielle Aspekt der beabsichtigten Veränderung in seinem Verhältnis zur Umwelt, also des Anders-Wahrnehmen-Wollens als treibende Kraft am wichtigsten.

Bei meinen Begriffsdefinitionen muss man sich davor hüten, von psychischen oder geistigen Aktivitäten unreflektiert zu sprechen, denn dann besteht die Gefahr, dass man die betreffenden Aspekte verdinglicht. Es gilt dabei zu bedenken, dass damit nur gemeint sein kann, dass der psychische oder geistige Aspekt im Vordergrund steht, denn prinzipiell spielen alle drei Aspekte bei allen Aktivitäten eine Rolle. Der Ausdruck „materielle Aktivität" erscheint ja auch seltsam. Eine Regung ist nur für den ein Treiben oder Beobachten, der ihr subjektiv eine treibende Kraft bzw. etwas Treibendes oder Beobachtendes unterstellt (lat. subicere = unterstellen, unterlegen), deren Einsatz gewählt werden kann, womit auch diese Begriffe als interexistenzial anzusehen sind. Die materielle Verankerung der Begriffe des Treibens und Beobachtens ist der Gegensatz <u>aktiv-passiv</u>. Bei einem Kind auf dieser Entwicklungsstufe, welches ein Treiben und Beobachten oft wiederholt, sagt man alltagssprachlich, es habe Geschmack daran gefunden, so dass der <u>Geschmackssinn</u> im übertragenen Sinn als Erklärung für das Treiben des Kindes herangezogen wird.

Wie und was hat ein Kind auf dieser Entwicklungsebene gelernt, und woran kann man erkennen, dass sich ein Gedächtnis gebildet hat, und welche Gedächtnisfunktionen sind vorhanden? Inhaltlich hat das Kind gelernt, dass und wie es in der Praxis bzw. im Umgang mit seiner physischen Umwelt <u>aktiv oder passiv</u> sein kann, und dass in der Regel etwas geschieht, wenn es aktiv ist, wobei es hier immer wieder Überraschungen gibt, wenn es neue Möglichkeiten entdeckt, aktiv zu sein und etwas zu bewirken. Man kann dies daran erkennen, dass es sehr unterschiedlich reagiert, wenn auf ein Treiben von ihm etwas geschieht oder nicht. Dies zeigt auch, dass es so etwas wie ein Gedächtnis haben muss, sonst könnte es nicht unterscheiden, was ein Treiben ist, auf das etwas geschieht, und was kein solches Treiben ist. Da das Kind das Treiben, auf das hin es wahrgenommen hat, dass etwas geschieht, ganz oft wiederholt, ist davon auszugehen, dass dies die Art und Weise ist, wie und wodurch ein Kind in seinem Gedächtnis speichert, welches Treiben welche Veränderung in seiner Umwelt bewirkt. Es hat gelernt wahrzunehmen (zu unterscheiden), dass es etwas verändern kann, wobei es vom <u>Affekt</u> her anfänglich Überraschung und dann eine entsprechende Erregung und <u>Faszination</u> zeigt, die in seiner Mimik sichtbar und teilweise auch in Lautäußerungen hörbar ist. Es lernt dann zu begreifen, dass es selbst die Veränderung herbeiführt und dass es wählen kann, ob es aktiv wird oder nicht, wobei die <u>Empfindung</u>, wenn es die Herbeiführung der Veränderung begreift, als positiv, als <u>Freude</u> bezeichnet werden kann, da es dabei meistens lächelt. Wenn nichts geschieht, sind auch kein Affekt der Faszination und keine Empfindung der Freude wahrnehmbar. Wenn es in seiner physischen Umwelt ein Objekt wahrnimmt, an dem es schon einmal Veränderungen vorgenommen hat und sich dabei daran erinnert (aufgrund ausreichend häufiger Wiederholungen ist es im Gedächtnis gespeichert und kann von dort geholt werden), zeigt es ein positives <u>Gefühl</u>, was ich als <u>Spaß</u> bezeichnen möchte, es erwartet bzw. stellt sich wohl vor, dass es die Möglichkeit hat, eine Veränderung zu bewirken. Wenn ein Kind auf dieser Entwicklungsstufe dann aber wahrnimmt, dass ihm diese Möglichkeit doch nicht zur Verfügung steht (das Objekt ist z.B. zu weit entfernt) dann zeigt es bald kein Interesse mehr an dem betreffenden Objekt, d.h. das Gefühl verschwindet, der Spaß hört auf.

Somit ist also schon einmal geklärt, was ein Kind auf dieser Entwicklungsstufe hinsichtlich des Wahrnehmens, Begreifens und Verstehens lernt, und dass es schon ein Gedächtnis gibt bzw. eine Möglichkeit, die Wahrnehmung bestimmter Objekte, ein damit verknüpftes mögliches eigenes Treiben und die damit verbundenen beobachteten Veränderungen mit seiner freudigen Empfindung zu speichern (dass es diese Speicherfunktion und auch ein Gedächtnis im Gehirn gibt, konnte in der Neurobiologie nachgewiesen werden), indem es das entsprechende Treiben sehr oft wiederholt. Bei entsprechender Wahrnehmung eines dieser Objekte erinnert es sich an das mögliche eigene Treiben mit der entsprechenden beobachteten Veränderung seiner physischen Umwelt und seiner Freude daran, die es bei dieser Erinnerung, die ja eine Vorstellung bzw. eine Erwartung ist, als Spaß fühlt. Bestimmte Sinnesreize oder vegetative Reize, also Affekte lösen eine Erinnerung an ein Treiben und Beobachten aus, die mit (bis jetzt nur positiven) Empfindungen verknüpft sind, wodurch entsprechende Gefühle entstehen, und das Kind wird in dieser Hinsicht aktiv oder bleibt passiv. Wenn keine entsprechenden Affekte vorhanden sind, gibt es auf dieser Entwicklungsstufe keine Erinnerung (aus den Augen, aus dem Sinn). Später können auch Empfindungen oder sogar Gefühle Erinnerungen auslösen, jetzt aber noch nicht.

Neben einem Aktivitätsgedächtnis, in welchem anfänglich ein implizites, später teilweise auch ein explizites Gewusst-Wie[4] gespeichert ist, gibt es wohl schon von Geburt an ein Gedächtnis für Sinnesreize und vegetative Reize, ein Affektgedächtnis, was wir daran erkennen können, dass jedes Neugeborene ganz schnell beruhigt ist, wenn es die erste Muttermilch schmeckt, denn diese hat denselben Geschmack wie das Fruchtwasser in der Gebärmutter, was der Säugling ganz offensichtlich von anderen Arten des Geschmacks unterscheidet, weil er darauf anders reagiert. Von den Lernformen her, die wir von Tieren kennen, scheint hier die der Habituation zu

---

[4] Explizit im Gegensatz zu implizit bedeutet hier, dass man die betreffende Aktivität in allen Einzelheiten anderen zeigen kann.

passen, denn als Fetus hatte sich das Neugeborene schon eine ganze Zeitlang an diesen Geschmack gewöhnt. Die Bildung des Aktivitätsgedächtnisses durch ständige und häufige Wiederholungen ein und desselben Treibens kann man am ehesten mit der tierischen Lernform der Prägung vergleichen, ein Kind prägt sich ein bestimmtes Treiben ein, wobei es im Unterschied zu Tieren nicht nur einmal, sondern immer wieder sensible Zeiten gibt, in denen es zu einer Prägung kommen kann, und eine Prägung muss nicht unbedingt durch einen Umwelteinfluss erfolgen, sondern kann von einem selbst initiiert werden. Dass wir immer wieder geprägt werden oder uns selbst etwas einprägen können, hat ihr Pendant in der Erkenntnis der Neurobiologie von der Plastizität unseres Gehirns.

Das Physische besteht auf der einen Seite darin, dass das Kind sich körperlich immer weiterentwickelt (Physis bedeutet Eigenwüchsigkeit) und daher immer mehr spezifische Aktivitäten betreiben kann, und dass auf der anderen Seite seine Mutter immer mehr darauf achten muss und daher auch physisch gefordert ist, dass ihr Kind mit seinen wachsenden Fähigkeiten nicht zu Schaden kommt. Bei der Mutter findet auch eine Eigenwüchsigkeit ihrer Fähigkeiten statt, das Worumwillen ihres Kindes zu begreifen und sich entsprechend darauf zu verstehen, mit ihrem Kind umzugehen.

Jetzt ist nur noch offen, unter welchen Umständen und wie das Kind dies alles lernt, denn Habituation und Prägung erklären nur einen sehr geringen Teil seines Lernens. Hier spielen zwei grundlegende Dinge eine Rolle, die sich durch die ganze kindliche Entwicklung hindurchziehen, und ohne die es auch später keine Entwicklung und kein Lernen geben kann. Zum einen ist dies der Kontakt und die Kommunikation mit einer Bezugsperson (in der frühen Kindheit normalerweise die Mutter) und zum andern, dass es wie und wodurch auch immer zu einem Perspektivwechsel kommen muss, damit neue Aspekte entdeckt werden und sich neue Möglichkeiten des Wahrnehmens bzw. des Unterscheidens ergeben können.

„Der Begriff des Aspekts ist dem Begriff der Vorstellung verwandt" (Wittgenstein, 2001, S. 1058, PU 551), d.h., wenn man etwas wahrnimmt und sich dabei vorstellt, dass zwischen den unterschiedlichen Objekten der Wahrnehmung ein bestimmtes Beziehungsmuster besteht, dann nimmt man das Ganze unter dem Aspekt bzw. aus der Perspektive dieses Beziehungsmusters wahr. Ein Perspektivwechsel ist daher ein Wechsel im Beziehungsmuster der Wahrnehmung. Zum Begriff der Wahrnehmung ist an dieser Stelle daher zu ergänzen, dass wir uns implizit oder explizit immer an irgendwelche Beziehungsmuster erinnern und eines dieser Muster auswählen, um anhand dieses Musters zu unterscheiden bzw. wahrzunehmen. Beziehungsmuster werden im Affektgedächtnis gespeichert. Das erste Beziehungsmuster ist das der Ähnlichkeit zwischen unterscheidbaren Reizen, z.B. die Ähnlichkeit des Geschmacks des Fruchtwassers und der Muttermilch. Dem Muster der Ähnlichkeit entspricht die Wahrnehmungsstruktur der Rhythmik, da bei einem Rhythmus sich immer wieder Ähnliches wiederholt, und die daraus sich entwickelnde Systematizität kann man als rhythmische Ordnung mit nur einer Dimension bezeichnen.

Grundlegende Beziehungsmuster werden auch als Prinzipien bezeichnet, z.B., dass auf eine Bewegung eine Veränderung erfolgen kann und, wenn ich nicht wähle, aktiv zu sein, dann verändert sich auch nichts, d.h. von nichts kommt nichts. Dieses Prinzip lernt ein Kind auf der gerade behandelten Entwicklungsebene des physischen Selbst. Der Wahrnehmungsstruktur des Raums entspricht das Prinzip einer räumlichen Geordnetheit von Reizen mit zwei bis drei Dimensionen und der Struktur der Zeit das Prinzip der Entwicklung bestimmter Reize, sodass sich insgesamt vier Dimensionen ergeben (links-rechts, oben-unten, vorne-hinten und vorher-nachher). Entsprechend haben sich auch viele Wissenschaften in der Neuzeit entwickelt, z.B. die Biologie, bei der zuerst das Prinzip der Ähnlichkeit im Vordergrund stand, dann wurden tableauartige Ordnungssysteme eingeführt (z.B. Linné), und seit Darwin hat das Prinzip der Entwicklung immer mehr an Bedeutung gewonnen.

Wir werden nicht mit Beziehungsmustern geboren, sondern wir lernen sie im Laufe unserer Entwicklung durch entsprechende Wechsel der Perspektive bzw. durch den Kontakt mit einer Bezugsperson, die uns neue Aspekte bzw. Beziehungsmuster aufzeigt. Grundlegende Prinzipien zu verstehen, hat Aristoteles als die <u>dianoietische Tugend des Verstandes</u> bezeichnet (Aristoteles, 1985), was wir hier schon rudimentär auf der Ebene des physischen Selbst antreffen. Der Grund, warum ich den Kontakt mit einer Bezugsperson und die Notwendigkeit eines Perspektivwechsels so betone, ist der, dass es ohne diese beiden Dinge keine Entwicklung unserer Liebesfähigkeit geben kann, und das ist ja das Hauptinteresse dieser Daseinsanalyse. Die allgemeine Bedeutung dieser beiden Dinge zeigt sich meines Erachtens auch darin, dass von ihnen der Erfolg jeder Psychotherapie abhängt.

Der Kontakt mit der Mutter hat schon von Geburt an einen beruhigenden Einfluss auf das Kind, wie man allein an dem Begriff des Stillens erkennen kann. Wenn die Erregung zu groß, die Affekte zu stark sind, dann kann ein Kind sich weder entwickeln noch etwas lernen. Neurobiologen haben entsprechend herausgefunden, dass es bei einer zu starken Erregung, die in den Amygdallae sichtbar wird, zu keiner weiteren Verarbeitung kommt, erkennbar daran, dass der Hippocampus inaktiv bleibt und daher nichts an den Cortex weitergeleitet wird, d.h. es findet keine weitere Verarbeitung bzw. Lernen statt. Daher ist die <u>Basis für alles Lernen</u> und für jede Entwicklung des menschlichen Daseins der Kontakt zu einer Bezugsperson, die einen <u>beruhigenden Einfluss</u> hat. Die erste Möglichkeit der Mutter, ihr Kind zu beruhigen, ist das Stillen. Neben der allgemeinen Versorgung, die ebenfalls beruhigend wirkt, sind weitere beispielhafte Möglichkeiten zur Beruhigung eines Kindes in den ersten Lebensmonaten das Wiegen, mit dem Kind zu sprechen oder ihm etwas vorzusingen.

Bevor ein Kind begreift, dass es selbst durch ein bestimmtes Treiben in seiner physischen Umwelt etwas verändert, unterscheidet es noch nicht zwischen seiner Mutter und ihm selbst, man kann es wahrscheinlich am besten so beschreiben, als ob das Kind eine Erweiterung seiner Mutter sei (Freud meinte zwar, das Kind sehe seine Mutter als eine Erweiterung von ihm selbst, bisherige Forschungen legen aber eher das Umgekehrte nahe). Von daher nimmt ein Kind zuerst noch nicht wahr, ob es selbst oder ob seine Mutter eine Änderung in der physischen Umwelt hervorruft. Dadurch aber, dass die Mutter ihr Kind durch eine markierte spezifische Aktivität (hohe Stimme, unbeholfenen Bewegungen u.ä.) nachahmt, regt sie ihr Kind, welches ja auf soziales Spiegeln stark reagiert (siehe oben), zu einem Perspektivwechsel an, bis es begreift, dass es selbst durch die spezifische Aktivität, die seine Mutter nachgeahmt hat, dieselbe Veränderung in seiner physischen Umwelt hervorrufen kann wie seine Mutter.

Das Markieren der Mutter, die sich dabei auf eine andere Art und Weise verhält wie sonst, kann man als konditionierten Reiz auffassen, der bald allein schon für das Kind eine Aufforderung darstellt, die Perspektive seiner Mutter einzunehmen, sodass wir hier von einer klassischen Konditionierung sprechen können. Da seine Mutter sich darüber freut, dass ihr Kind etwas gelernt hat, womit es seine Umwelt beeinflussen kann, was sie daran merkt, dass ihr Kind dieselbe spezifische Aktivität wiederholt, bekommt auch das Kind freudige Empfindungen, sodass hier über operantes Lernen der Prozess des Begreifens verstärkt und die Gedächtnisbildung vorangetrieben wird. Verstärkend wirkt hier das soziale Spiegeln der Mutter, weil das Kind sich vermutlich mit ihr wieder ähnlich verbunden fühlt wie als Fetus im Mutterleib. Manche psychologischen Forscher meinen, dass die verstärkende Wirkung daher komme, dass das Kind seine Mutter zu beeinflussen glaubt, also eine gewisse Macht über sie habe, meiner Meinung nach ist es aber in dieser Entwicklungsphase noch zu früh, von Macht und Einfluss zu sprechen, stattdessen ist die Verbundenheit als Verstärker die angemessenere Vermutung. Das Kind prägt sich auf diese Weise den Sinnesreiz und die spezifische Aktivität ein. Wenn die klassische Konditionierung des Markierens der Mutter gelungen ist, kann es auch zu einem <u>Modelllernen</u> des Kindes kommen, indem die Mutter eine bestimmte spezifische Aktivität auf markierte Art und Weise vormacht und das Kind sie nachahmt. Man findet hier also alle tierischen Formen des Lernens, sie funktionieren aber nur dann, wenn sie eingebettet sind in den Kontakt und in die Beziehung mit der Mutter bzw. mit einer Bezugsperson, die einen <u>beruhigenden Einfluss</u> auf das Kind besitzt und es zu einem <u>Perspektivwechsel</u> anregt. Indem die Mutter die Perspektive ihres Kindes einnimmt und es nachahmt, erreicht sie schließlich, dass ihr Kind seine Perspektive wechselt und auf diese Weise etwas Neues wahrnehmen, anders in ein Geschehen hineinsehen, etwas Neues einsehen kann, dass es nämlich selbst genauso wie seine Mutter wählen kann, aktiv zu sein, sodass sich in seiner Umwelt etwas ändert. Diese Lernform kann man als <u>Lernen durch gemeinsame Einsicht</u> in grundlegende Prinzipien bezeichnen (nach Aristoteles die dianoietische Tugend des Verstandes), denn durch seine veränderte Perspektive kann das Kind eine neue Sichtweise entwickeln bzw. eine zuerst gemeinsame und dann eigene Einsicht gewinnen, einen anderen Aspekt sehen, die Dinge aufgrund eines veränderten Beziehungsmusters anders unterscheiden bzw. wahrnehmen.

Diese Lernform geht über die bisher erwähnten tierischen Lernformen hinaus, was aber nicht heißt, dass es bei höher entwickelten Tieren das Lernen durch Einsicht nicht gibt, es findet aber <u>keine gemeinsame Einsicht</u> statt, Tiere lassen sich nicht so detailliert unterrichten wie Menschen, sie ahmen zwar nach, indem sie z.B. ein Werkzeug benutzen, entwickeln aber die Einzelheiten für sich, nämlich wie sie das Werkzeug am besten benutzen können (Boessmann, 2013, S. 218 f.). Wenn man etwas eingesehen hat, eine Einsicht bekommen hat, dann gewöhnt man sich auch daran, es findet also eine Habituation statt. Im Unterschied zur reinen Habituation kommt es hier vorher zu einer Einsicht.

Was die Beziehungsstruktur zwischen Mutter und Kind betrifft, so kann das Kind auf dieser Entwicklungsstufe seine Selbstständigkeit als physischer Akteur wahrnehmen, es kann sich selbst von seiner Mutter als physischer Akteur unterscheiden und ist in dieser Hinsicht nicht mehr eine Erweiterung seiner Mutter. Von den oben erwähnten Beziehungsmustern der Wahrnehmung bzw. von den Wahrnehmungsstrukturen hat das Kind bisher folgende Prinzipien gelernt: es gibt <u>absolute Augenblicke</u>, in denen es wählen kann, aktiv oder passiv zu sein, und <u>absolute Orte</u>, an denen es aktiv sein kann, d.h. unsere Struktur der <u>Zeit</u> wird von ihm bei der Wahrnehmung nur als eine Menge isolierter Zeitpunkte und unsere Struktur des <u>Raumes</u> nur als eine Menge von verschiedenen Orten verwendet. Bezüglich der Wirkungen bzw. deren Wiederholungen gibt es nur Ja oder Nein bzw. auf unser Zahlensystem übertragen nur die 1 und die 0. Die Wahrnehmungsstruktur der <u>Rhythmik</u> bzw. der Wiederholungen hat für das Kind also nur diese beiden diskreten Werte (ähnlich oder unähnlich) und damit nur sehr <u>einfache Regelmäßigkeiten</u>.

2.2. Das soziale Selbst

Nachdem ein Kind sich daran gewöhnt hat, dass es spezifische Aktivitäten wählen kann und sich daraufhin etwas in seiner physischen Umwelt verändert, führt die Wahrnehmung, dass etwas nicht mehr so geschieht, wie es das gewohnt ist (Habituation), erst wieder zum Affekt der Überraschung und dann zu entsprechend negativen Affekten und Empfindungen.

Auf der nun folgenden Ebene des sozialen Selbst begreift ein Kind zum ersten Mal, dass es noch andere gibt, die wählen können, ob sie aktiv oder passiv sein wollen, und die selbst bestimmen, ob sie für das Kind etwas tun und es machen lassen oder ob sie selbst etwas machen und das Kind nichts machen kann oder etwas tun oder über sich ergehen lassen muss. Hier sind also einerseits ein Subjekt, welches die Macht hat zu machen, und andererseits ein Objekt, das sich fügen kann oder entsprechende Konsequenzen ertragen muss. Wir haben hier also die spezifischen Aktivitäten des Machens als Subjekt und des Sich-Fügens als Objekt (auch ein Sich-Fügen ist wählbar und damit eine Aktivität), wie ich es nennen möchte. Wenn jemand aufgrund des Machens eines anderen keine Wahl hat, dann kann er sich auch nicht fügen, sondern muss als Objekt etwas mit sich geschehen lassen, was ihm widerfährt. Ein Kind kann hier zum ersten Mal begreifen, was Macht bedeutet und wie es damit umgehen kann. Eine spezifische Aktivität ist nur für den ein Machen oder ein Sich-Fügen (Interexistenzialität), der ihr ein bestimmendes Subjekt und ein dazugehöriges Objekt unterstellt, das u.U. eine Wahl hat, sich zu fügen. Die materielle Verankerung der Begriffe des Machens und Sich-Fügens ist der Gegensatz objektiv-subjektiv, wie ich ihn in Anlehnung an Nishida (Nishida, 2011) nennen möchte.

Inhaltlich hat das Kind gelernt, dass und wie es in der Praxis bzw. im Umgang mit seiner Mutter einmal subjektiv bestimmen kann, was sie für das Kind tun soll, und einmal objektiv von ihr bestimmt wird und sich fügt oder keine Wahl hat. Man kann dies daran erkennen, dass es sehr unterschiedlich reagiert, wenn die Mutter bestimmt oder es selbst bestimmen kann. Dies zeigt auch, dass es dafür ein Gedächtnis haben muss, sonst könnte es nicht unterscheiden, wann wer bestimmt. Da das Kind die spezifischen Aktivitäten, auf die hin es wahrgenommen hat, dass seine Mutter reagiert und sich so von ihm bestimmen lässt, so oft wiederholt, bis seine Mutter sich nicht mehr bestimmen lässt (es wirft einen Ball weg, den seine Mutter ein paar Mal holt und dann nicht mehr), ist davon auszugehen, dass dies die Art und Weise ist, wie und wodurch ein Kind in seinem Gedächtnis speichert, bis zu welchen Grenzen es seine Mutter bestimmen kann. Es hat gelernt wahrzunehmen (zu unterscheiden), ab welcher <u>Grenze</u> es seine Mutter nicht mehr bestimmen kann oder dass es <u>Zeiten</u> gibt, in denen die Mutter über das Kind bestimmt, und wenn es sich nicht fügt, zeigt es dann vom <u>Affekt</u> her eine entsprechende negative vegetative Erregung, die man als <u>Widerwillen oder Aggression</u> bezeichnen kann, und die in seiner Mimik sichtbar und teilweise auch in Lautäußerungen hörbar ist. Alltagssprachlich sagt man dann auch, dass es dem Kind „stinkt" oder dass es die Grenze „nicht riechen" konnte, weil es davon überrascht wurde, d.h. hier wird der <u>Geruchssinn</u> in seiner übertragenen Bedeutung als Erklärung des Begreifens und der Emotionen des Kindes herangezogen. Es hat gelernt zu begreifen, dass seine Macht, die es auf der Ebene des physischen Selbst mit der Zeit vielleicht als so genannte „infantile Omnipotenz" empfand, ihre Grenzen hat und tatsächlich keine Omnipotenz ist, wobei die <u>Empfindung</u>, wenn es begriffen hat, dass es eine bestimmte spezifische Aktivität nicht mehr wählen kann bzw. etwas über sich ergehen lassen muss, als <u>Wut bzw. Ekel</u> bezeichnet werden kann, da es dabei meistens das ganze Gesicht und insbesondere seine Augenbrauen zusammenzieht. Wenn es bei seiner Mutter etwas wahrnimmt, was schon öfter dem vorausging, dass sie dann bestimmt hat, und es sich dabei daran erinnert (aufgrund ausreichend häufiger Wiederholungen wie bei einer klassischen Konditionierung), zeigt es ein negatives <u>Gefühl</u>, was ich als <u>Zorn oder Abscheu</u> bezeichnen möchte, es erwartet bzw. stellt sich wohl vor, dass es gleich von seiner Mutter bestimmt wird.

  Somit ist also schon einmal geklärt, was ein Kind auf dieser Entwicklungsstufe hinsichtlich des Wahrnehmens, Begreifens und Verstehens lernt, so dass weitere Daten ins Gedächtnis aufgenommen werden. Es speichert die Wahrnehmung bestimmter Eigentümlichkeiten seiner Mutter und damit verknüpfte unmögliche eigene spezifische Aktivitäten und die damit verbundenen Grenzen seiner Möglichkeiten mit seiner entsprechend negativen Empfindung, indem es die entsprechenden Grenzen sehr oft austestet, und bei entsprechender Wahrnehmung eines der vorausgehenden Zeichen erinnert es sich an die jeweilige Grenze und seine Wut bzw. seinen Ekel deswegen, die es bei dieser Erinnerung, die ja eine Vorstellung ist, als Zorn bzw. Abscheu fühlt. Die Erinnerung an bestimmte Sinnesreize und/oder vegetative Reize, also die Erinnerung an Affekte löst eine Erinnerung an spezifische Aktivitäten aus. Andererseits löst die Erinnerung an bestimmte Empfindungen (Freude oder Wut/Ekel) die Erinnerung an bestimmte Bedingungen aus, ob das Kind deswegen wählen konnte, aktiv zu sein, oder nicht. Die Erinnerung an bestimmte Bedingungen führt zur Wahrnehmung bzw. Unterscheidung, ob diese Bedingungen erfüllt sind oder nicht, und damit zu bestimmten Sinnesreizen und vegetativen Reizen, also zu Affekten, die mit den gespeicherten Affekten verglichen werden, um zu unterscheiden, ob die Bedingungen erfüllt sind oder nicht. Neben einem Aktivitätsgedächtnis und einem Affektgedächtnis gibt es nun auch ein Empfindungsgedächtnis und ein Gedächtnis für Zusammenhänge, unter welchen Bedingungen das Kind oder seine Mutter bestimmen können. Letzteres will ich daher als Bedingungsgedächtnis bezeichnen, das was es als Bedingungen begriffen und wovon es sich einen Begriff gemacht hat, sodass man das Bedingungsgedächtnis auch Begriffsgedächtnis nennen kann. Im Begriffsgedächtnis sind später nicht nur eigene Erfahrungen gespeichert, sondern auch die von anderen Menschen, welche sie dem Betreffenden mitgeteilt haben, oder allgemeine Überlieferungen, Überzeugungen und Meinungen. So, wie bestimmte Affekte eine Erinnerung an spezifische Aktivitäten auslösen, so bestimmte Empfindungen eine Erinnerung an Bedingungen bzw. an Begriffe. Ferner kann die Erinnerung an Bedingungen oder an Begriffe zu Erinnerungen an Affekte führen. So gelangt ein Kind vom Empfindungsgedächtnis zum Bedingungs- bzw. Begriffsgedächtnis, vom Begriffsgedächtnis zum Affektgedächtnis und vom Affektgedächtnis zum Aktivitätsgedächtnis. Zuerst betreffen die Bedingungen nur die Mutter, die für das Kind anfänglich die ganze Welt bzw. die ganze Realität darstellt. Später begreift es auch Bedingungen, die nichts mit ihr oder anderen Menschen zu tun haben, weil auch die Mutter diese Bedingungen berücksichtigen muss.

Bis jetzt haben wir noch nicht geklärt, wie und wodurch ein Kind Bedingungen dafür wahrnimmt, ob es wählen kann, aktiv zu sein, oder nicht, und es wird noch nicht mit allen möglichen Bedingungen konfrontiert, denn hier ist es Aufgabe seiner Mutter, die Bedingungen der Realität so zu filtern, dass ihr Kind nicht überfordert ist, sondern allmählich lernen kann, mit immer mehr Bedingtheiten umzugehen. Das Soziale bei dieser Entwicklungsstufe besteht also auf der einen Seite darin, dass das Kind wahrzunehmen lernt, dass auch seine Mutter wählen kann, aktiv oder passiv zu sein, und dass auf der anderen Seite seine Mutter sich sozial, d.h. rücksichtsvoll ihrem Kind gegenüber verhält und es entsprechend gegenüber seiner Umwelt abschirmt. Wenn ein Kind an Grenzen stößt und bestimmte Bedingtheiten nicht begreift und nicht damit umgehen kann, also überfordert ist, dann kann seine Mutter dies am Ausdruck seiner Wut oder seines Ekels wahrnehmen. Mit dem entsprechenden Verständnis entscheidet sie dann, ob sie ihrem Kind die betreffenden Bedingtheiten begreiflich macht oder selbst für irgendeine Art der Abhilfe sorgt, indem sie entweder Grenzen beseitigt und Bedingungen herstellt, die ihrem Kind wieder die gewünschten Möglichkeiten geben, oder aber die Wahrnehmung ihres Kindes auf etwas anderes lenkt. Wenn sie für Abhilfe sorgt, dann beruhigt sich ihr Kind ohnehin, wenn sie ihm aber etwas begreiflich machen will, dann muss sie es ebenfalls erst einmal beruhigen, wie oben schon erläutert wurde. Der durch die Überforderung entstandene Affekt der Aggression oder des Widerwillens, weil das Kind trotz aller Anstrengungen eine bestimmte spezifische Aktivität nicht wählen bzw. eine bestimmte Wirkung nicht erzielen kann, die aufgrund dieser Ergriffenheit bzw. begriffenen Überforderung entstandene Empfindung der Wut bzw. des Ekels und das durch die vorgestellte Frustration (Erwartung) bei der konkreten wahrgenommenen Situation hervorgerufene Gefühl des Zorns bzw. der Abscheu müssen erst einmal reguliert werden, und dies gelingt der Mutter umso besser, je echter und unmittelbarer sie ihr Kind versteht, d.h. je näher sie an das Ideal der vollkommenen Liebe herankommt und dadurch ihr Kind umso besser spiegeln und durch teilweise humorvolle Demonstrationen von Lösungsmöglichkeiten (humorvoll heißt in diesem Falle, dass sie ihr Kind zum Lachen bringt, weil es sich darüber freut, dass seine Mutter es sozial spiegelt – durch die spezifische Aktivität seines Wutausbruchs hat das Kind die Veränderung bewirkt, dass seine Mutter reagiert, und jede Art von Wirkung kann das Kind erfreuen und somit beruhigen) einerseits beruhigen und andererseits zu einem Perspektivwechsel verhelfen kann, sodass es immer besser die verschiedenen Bedingtheiten seiner spezifischen Aktivitäten begreifen kann. Dabei begreift es zuerst seine Mutter und dann sich selbst immer mehr in ihrem bzw. in seinem Bedingt-Sein, also welchen Bedingungen sie jeweils ausgesetzt sind. Das Kind lernt so immer mehr, dass auch seine Mutter vielen Bedingungen ausgesetzt ist, sodass man dieses Lernen auch als <u>Lernen durch gemeinsame Rücksicht</u> bezeichnen kann. Rücksicht ist hier in doppelter Weise zu verstehen, einmal die Rücksicht aufeinander, zum andern die Rück-Sicht, woher es kommt, dass eine spezifische Aktivität einmal gemacht werden kann und ein andermal nicht. Sich dort hineinzuversetzen, habe ich als die <u>Ekstase der Herkunft</u> bezeichnet (Kolb, 2017a, S. 55). Ein wichtiges <u>Prinzip</u>, welches das Kind dadurch immer besser begreifen lernt, ist, dass es Regeln gibt von der Form Wenn-

Dann, sodass es beginnt, die dianoetische Tugend der Wissenschaft nach Aristoteles zu entwickeln.

Diese Lernform geht ebenfalls über die bisher erwähnten tierischen Lernformen hinaus, was aber nicht heißt, dass es bei höher entwickelten Tieren das Lernen durch Rücksicht nicht gibt, es findet aber keine gemeinsam geteilte Rücksicht statt. Beim Lernen durch gemeinsame Rücksicht prägt sich das Kind die Bedingungen, bei denen es gelernt hat, Rücksicht zu nehmen, immer mehr ein. Im Unterschied zur reinen Prägung kommt es hier vorher zu einer Rücksicht im oben erwähnten doppelten Sinn.

Was die Beziehungsstruktur zwischen Mutter und Kind betrifft, so kann das Kind auf dieser Entwicklungsstufe seine Selbstständigkeit als sozialer Akteur wahrnehmen, indem es zwischen seiner Mutter und sich selbst als sozialer und damit rücksichtsvoller Akteur unterscheidet, so dass es auch in dieser Hinsicht seine Mutter und sich selbst als verschieden wahrnimmt. Von den oben erwähnten Beziehungsmustern der Wahrnehmung bzw. von den Wahrnehmungsstrukturen her hat das Kind folgende Prinzipien dazugelernt: es gibt bei der Menge absoluter Augenblicke, in denen es aktiv sein kann, eine Aneinanderreihung, bei denen sich diese Augenblicke mehr oder weniger häufig wiederholen (z.B. den Ball, den das Kind wegwirft, bringt die Mutter ihm ein paar Mal zurück und dann nicht mehr), und bei der Menge absoluter Orte Teilmengen von Orten, an denen es aktiv sein kann, und andere Teilmengen von Orten, an denen seine Mutter bestimmt (z.B. zuhause darf es auf dem Boden spielen, draußen auf der Straße nicht), d.h. unsere Struktur der Zeit wird von ihm bei der Wahrnehmung schon als eine Menge teilweise zusammenhängender und dabei diskret aneinandergereihter Zeitpunkte und unsere Struktur des Raumes schon als eine Menge mit klassifizierten Teilmengen verschiedener Orte verwendet (die „Mengenlehre" des Kindes hat schon gewisse mathematische Qualitäten). Bezüglich der Wirkungen und Wiederholungen, also der Rhythmik hat das Kind die Regel des Nachfolgenden begriffen, es beginnt nun zu zählen und kann sich so immer mehr die Menge der natürlichen Zahlen (Arithmetik, das Rechnen mit Zahlen, und Rhythmik sind wortverwandt) erschließen und induktiv schlussfolgern, wo etwas im Allgemeinen herkommt. Die Struktur der Rhythmik bekommt für das Kind bei dessen Wahrnehmung schon bestimmte Wiederholungsmuster und damit immer mehr Regelmäßigkeiten.

2.3. Das teleologische Selbst

Auf der Ebene des teleologischen Selbst begreift das Kind zum ersten Mal, dass seine spezifischen Aktivitäten sich auch aneinanderreihen lassen, indem vorangegangene Aktivitäten die Bedingungen für die nächste herstellen, und dass diese Reihe von Aktivitäten einen Anfang und ein Ende haben kann und damit abgeschlossen und fertig ist, so dass derartige Aktivitätsreihen den Charakter des Fertigens bekommen, wie ich es nennen will. Es geht dem Kind dabei nicht um das Ergebnis an sich – es verfolgt noch keine Absichten –, sondern darum, dass es spezifische Aktivitäten kontinuierlich aneinanderreihen kann, die ein vorhersehbares Ende haben. Hier kann sich eine Geschicklichkeit oder Kunstfertigkeit entwickeln (eine dianoietische Tugend nach Aristoteles), es lernt in dieser Zeit z.B. das Laufen. Dafür bedarf es der Übung bzw. des Sich-Einprägens durch häufiges Wiederholen der Aktivitätsreihen. Eine spezifische Aktivität ist nur für den ein Fertigen (Interexistenzialität), der ihr subjektiv das konsequente Aneinanderreihen von spezifischen Aktivitäten unterstellt. Die materielle Verankerung des Begriffs des Fertigens ist der Gegensatz kontinuierlich-diskontinuierlich, weil manchmal die entsprechende Aktivitätsreihe kontinuierlich zu Ende gebracht werden kann und manchmal diskontinuierlich unterbrochen wird.

Inhaltlich hat das Kind gelernt, dass seine spezifischen Aktivitäten bzw. Aktivitätsreihen manchmal ganz kontinuierlich ablaufen, aber manchmal auch nicht. Man kann dies daran erkennen, dass es sehr unterschiedlich reagiert, wenn es kontinuierlich seine Aktivitäten aneinanderreihen und zu Ende bringen kann oder wenn nicht. Dies zeigt auch, dass es dafür ein Gedächtnis haben muss, sonst könnte es nicht unterscheiden, wann seine Aktivitäten allesamt aneinandergereiht werden konnten und wann nicht. Da das Kind solche Aktivitätsreihen so oft wiederholt, bis es sie immer geschickter durchführen kann, ist davon auszugehen, dass dies die Art und Weise ist, wie und wodurch ein Kind in seinem Gedächtnis speichert, welche spezifischen Aktivitäten es in welcher Reihenfolge aneinanderreihen kann. Es lernt dabei immer besser wahrzunehmen (zu unterscheiden), wie es eine gewisse Kontinuität aufrechterhalten kann, wobei es dann, wenn ihm dies trotz Berücksichtigung aller möglichen Bedingtheiten plötzlich und unvorhergesehen nicht gelingt und etwas Unangenehmes geschieht, vom Affekt her neben Widerwillen bzw. Aggression eine neue negative vegetative Erregung zeigt, die man als Schreck bezeichnen kann, und die in seiner Mimik sichtbar und teilweise auch in Lautäußerungen hörbar ist. Es lernt dabei zu begreifen, dass seine Aktivitäten manchmal zu unangenehmen Überraschungen führen können oder dass etwas Unvorhergesehenes dazwischenkommt, wobei die Empfindung, wenn es das begriffen hat, als Angst bezeichnet werden kann, da es dabei meistens einen entsprechenden Gesichtsausdruck mit weit geöffneten Augen hat. Wenn es sich dann an den entsprechenden Vorfall erinnert, zeigt es ein negatives Gefühl, was ich als Furcht bezeichnen möchte, es erwartet bzw. stellt sich vor und hat damit ein Verständnis dafür, dass so etwas sich entsprechend wiederholen kann. Diese Emotionen werden alltagssprachlich mit dem Tastsinn in seiner übertragenen Bedeutung erklärt, wenn man etwa sagt, man taste sich vorsichtig oder auch ängstlich an etwas heran.

Somit ist also schon einmal geklärt, was ein Kind auf dieser Entwicklungsstufe hinsichtlich des Wahrnehmens, Begreifens und Verstehens lernt, so dass weitere Daten ins Gedächtnis aufgenommen werden. Es speichert bestimmte Gefühle der Furcht und damit verknüpfte gefährliche Möglichkeiten, auf die es stoßen kann. Bestimmte Gefühle lösen die Erinnerung an zukünftige Möglichkeiten aus. Neben einem Aktivitätsgedächtnis und einem Affektgedächtnis, sowie einem Begriffsgedächtnis und einem Empfindungsgedächtnis gibt es nun auch ein Gefühlsgedächtnis und ein Gedächtnis für Zusammenhänge, bei welchen Aktivitäten man auf welche Möglichkeiten weiterer Aktivitäten oder auf etwas Unangenehmes stoßen, wohin man in der Zukunft kommen kann. Letzteres will ich daher als Möglichkeitsgedächtnis bezeichnen. So, wie bestimmte Affekte eine Erinnerung an spezifische Aktivitäten auslösen und bestimmte Empfindungen eine Erinnerung an Bedingungen, so auch bestimmte Gefühle eine Erinnerung an zukünftige Möglichkeiten (Erinnerungen an die Zukunft!?). Ferner können spezifische Aktivitäten, je nachdem ob sie sich aneinanderreihen lassen oder nicht, zur Erinnerung an Erwartungen und damit verbundene Gefühle führen. Ein Kind gelangt vom Empfindungsgedächtnis zum Begriffsgedächtnis, zum Affektgedächtnis, zum Aktivitätsgedächtnis, zum Gefühlsgedächtnis und zum Möglichkeitsgedächtnis. Die Lücke zum Empfindungsgedächtnis bleibt aber noch offen.

Bevor ein Kind mit allen möglichen Gefahren konfrontiert wird, ist es auch hier die Aufgabe seiner Mutter, diese Gefahren so zu filtern, dass ihr Kind ihnen nicht hilflos ausgeliefert ist und Schaden nimmt, sondern allmählich lernen kann, mit immer mehr Möglichkeiten umzugehen, auf die es stoßen kann oder die über es hereinbrechen können. Das Teleologische (Ablauforientierte von Ziel zu Ziel, griech. Telos, das Ziel) bei dieser Entwicklungsstufe besteht also auf der einen Seite darin, dass das Kind wahrzunehmen also zu unterscheiden lernt, bei welchen Abläufen es möglichst vorsichtig sein sollte und bei welchen es in Sicherheit ist, und dass auf der anderen Seite seine Mutter ihr Kind konsequent und ablauforientiert beschützt und es entsprechend gegenüber seiner Umwelt abschirmt. Wenn ein Kind bestimmte Möglichkeiten nicht vorhersehen und/oder nicht damit umgehen kann, also erst einmal hilflos ist, dann kann seine Mutter dies am Ausdruck seines Schrecks, seiner Angst und/oder seiner Furcht wahrnehmen. Mit dem entsprechenden Verständnis entscheidet sie dann, ob sie ihrem Kind es begreiflich macht, zu welchen Möglichkeit aufgrund von bestimmten spezifischen Aktivitäten des Kindes es kommen kann, oder ob sie selbst für irgendeine Art Lösung sorgt und die betreffende Gefahr abwendet.

Wenn sie von vorne herein die Situation entschärft, dann wird ihr Kind erst gar nicht beunruhigt, wenn sie ihm aber eine entsprechende Gefahr begreiflich machen will, indem sie es (natürlich in begrenzter Weise) dieser Gefahr aussetzt, dann muss sie es erst einmal beruhigen, wie oben schon erläutert wurde. Der durch die Überraschung entstandene Affekt des Schrecks, weil das Kind trotz aller Rücksicht auf Bedingungen und trotz aller bisherigen Übung den Ablauf seiner spezifischen Aktivitäten nicht vorhergesehen hat, die aufgrund seiner begriffenen Hilflosigkeit entstandene Empfindung der Angst und das durch die vorgestellte Bedrohlichkeit (Erwartung) der konkreten wahrgenommenen Situation hervorgerufene Gefühl der Furcht müssen erst einmal reguliert werden, und dies gelingt der Mutter umso besser, je echter und unmittelbarer sie ihr Kind versteht, d.h. je näher sie an das Ideal der vollkommenen Liebe herankommt und dadurch ihr Kind umso besser spiegeln und durch teilweise humorvolle (sie bringt ihr Kind z.B. zum Lachen, siehe oben) Demonstrationen von Lösungsmöglichkeiten einerseits beruhigen und andererseits zu einem Perspektivwechsel verhelfen kann, sodass es immer besser die verschiedenen Möglichkeiten, auf die es aufgrund seiner spezifischen Aktivitäten stoßen kann, verstehen kann.

Dabei versteht es zuerst seine Mutter und dann sich selbst immer mehr in ihren bzw. in seinen Möglichkeiten, die auf sie oder es jeweils zukommen können. Das Kind lernt so immer mehr, dass seine Mutter ebenfalls vorsichtig sein muss, sodass man dieses Lernen auch als <u>Lernen durch gemeinsame Vorsicht</u> bezeichnen kann. Vorsicht ist hier in doppelter Weise zu verstehen, einmal die Vorsicht im Sinne der Sorge um Sicherheit (das Kind sichert sich z.B. durch die Nähe zur Mutter ab oder dadurch, dass es auf sie hört und gehorcht), zum andern die Vor-Sicht, auf was man stoßen kann, wenn man bestimmte spezifische Aktivitäten aneinanderreiht.

Sich dort hineinzuversetzen, habe ich mit Bezug auf Heidegger (Heidegger, 2006) als die <u>Ekstase der Zukunft</u>[5] bezeichnet (Kolb, 2017a, S. 58 f.). Diese Lernform geht ebenfalls über die bisher erwähnten tierischen Lernformen hinaus, was aber nicht heißt, dass es bei höher entwickelten Tieren das Lernen durch Vorsicht nicht gibt, es findet aber <u>keine gemeinsam geteilte</u> Vorsicht statt. Lernen durch gemeinsame Vorsicht hat große <u>Ähnlichkeit mit der klassischen Konditionierung</u>, bestimmte wahrnehmbare Zeichen, die mit einer Gefahr verknüpft sind, lösen Schreck, Angst und/oder Furcht aus und lassen das Kind bestimmte Vorsichtsmaßnahmen ergreifen, der wesentliche Unterschied ist allerdings, dass es hier vorher zu einer Vorsicht im oben erwähnten doppelten Sinne kommt und erst dann die Konditionierung beginnt.

Was die Beziehungsstruktur zwischen Mutter und Kind betrifft, so kann das Kind auf dieser Entwicklungsstufe seine Selbstständigkeit als teleologischer Akteur wahrnehmen, indem es zwischen seiner Mutter und sich selbst als teleologischer bzw. vorsichtig-ablauforientierter Akteur unterscheidet und sich in dieser Hinsicht ebenfalls als verschieden von seiner Mutter wahrnimmt. Von den oben erwähnten Beziehungsmus-

---

[5] Heidegger leitet das Wort Zukunft davon ab, was auf jemanden zukommen kann, hier muss es aber heißen, auf was jemand zukommen kann.

tern der Wahrnehmung bzw. von den Wahrnehmungsstrukturen hat das Kind folgende Prinzipien dazugelernt: Es gibt bei der Menge der Zeitpunkte ein Vorher, ein Jetzt und ein Nachher bzw. einen Anfang, ein Dazwischen und ein Ende, wodurch diese Zeitpunkte miteinander verbunden sind, sodass sie nicht mehr absolut oder diskret sind und es eine Herkunft und eine Zukunft gibt, und bei der Menge der Orte gibt es Richtungen, wohin verschiedene spezifische Aktivitäten führen können, d.h. unsere Struktur der Zeit wird von ihm bei der Wahrnehmung schon als eine Menge teilweise voneinander abhängiger Zeitpunkte und unsere Struktur des Raumes schon als eine Menge mit vom Kind strahlenförmig ausgehender Richtungen zu verschiedenen Orte verwendet (mathematisch kann man schon von Vektoren oder besser von Strahlen sprechen, diese sind aber nicht umkehrbar und besitzen noch keine Länge, man erhält also noch nicht die Struktur eines Vektorraums, sondern die eines Strahlenraums). Bezüglich der Wirkungen und Wiederholungen hat das Kind die Regel des Vorher und Nachher bzw. des Mehr und Weniger begriffen, es beginnt nun zu addieren und subtrahieren (wenn ich vorher zwei Äpfel hatte und dann zwischendrin einen esse, werde ich danach nur noch die Möglichkeit haben, einen Apfel zu essen) und kann sich so mathematisch ausgedrückt immer mehr den Ring der ganzen Zahlen erschließen und deduktiv schlussfolgern, wo etwas im Speziellen vom Ablauf her hinführt. Die Struktur der Rhythmik bekommt für das Kind bei dessen Wahrnehmung neben den Wiederholungsmustern auch Ergänzungs- bzw. Erwartungsmuster.

2.4. Das intentionale Selbst

Auf der Ebene des intentionalen Selbst wird ein Kind zum ersten Mal produktiv (von lat. producere, etwas für etwas vollführen), indem es für ein bestimmtes End-Ziel eine Aktivität des Fertigens ausführt, weswegen ich diese spezifischen

Aktivitäten Ausführungen nennen will. Für das Ausführen braucht ein Kind kurzfristige Pläne und Ziele, die es sich vorstellen kann. Ein Fertigen ist nur für denjenigen eine Ausführung (Interexistenzialität), der diese Aktivitätsreihe subjektiv als Zeichen für eine bestimmte Absicht auslegt bzw. ihr eine Absicht unterstellt, die damit verfolgt werden soll. Die materielle Verankerung des Begriffs der Ausführung ist der Gegensatz linear-zirkulär, denn das direkte Erreichen eines Ziels oder einer Absicht durch bestimmte Ausführungen kann man als linearen Prozess bezeichnen, während man bei einem Misserfolg oder bei mehreren Versuchen, bis man erfolgreich ist, wieder von vorne anfangen muss oder sich im Kreis dreht. Inhaltlich hat das Kind gelernt, dass seine spezifischen Aktivitäten bzw. Aktivitätsreihen manchmal linear und mehr oder weniger direkt zum Ziel führen, aber manchmal auch nicht. Man kann dies daran erkennen, dass es sehr unterschiedlich reagiert, je nachdem ob es mit seinen Ausführungen seine Absichten erreicht oder nicht. Dies zeigt auch, dass es dafür ein Gedächtnis haben muss, sonst könnte es nicht unterscheiden, ob seine Intentionen erfüllt sind oder nicht. Es ist das Möglichkeitsgedächtnis, in welchem seine Absichten aus all den Möglichkeiten bestehen, die es entweder primär erreichen bzw. mit denen es (conduktiv) zusammenkommen möchte, oder die sekundäre Zwischenziele bilden, um eine entsprechende Aktivitätsreihe zu entwickeln, die über diese Zwischenziele zu einem primären Ziel führt. Damit wird das Möglichkeitsgedächtnis zu einem conduktiven Planungsgedächtnis, das einen leitet (Konduktion kann auch Wärmeleitung bedeuten) und in welchem die Möglichkeiten mit entsprechenden spezifischen Aktivitäten oder Aktivitätsreihen verknüpft werden und so zu Möglichkeiten des Seinkönnens werden, die man sich als Ziele aussuchen kann, um diese geplanten Aktivitätsreihen oder Entwürfe auszuführen.

Ein Kind lernt dabei immer besser wahrzunehmen (zu unterscheiden), wie es seine Ziele immer besser erreichen kann, wobei es dann, wenn ihm dies trotz Berücksichtigung aller möglichen Bedingtheiten und aller Vorsichtsmaßnahmen, um Gefahren zu vermeiden, nicht gelingt und es von seinem Ziel unverändert getrennt bleibt, vom <u>Affekt</u> her u.a. eine neue negative vegetative Erregung zeigt, die man als <u>Schmerz</u> bezeichnen kann, und die in seiner Mimik sichtbar und teilweise auch in Lautäußerungen hörbar ist. Es lernt dabei zu <u>begreifen</u>, dass seine Ausführungen manchmal nicht zu dem gewünschten Ziel führen, wobei die <u>Empfindung</u>, wenn es das begriffen hat, als <u>Leid</u> bezeichnet werden kann, da es dabei meistens einen entsprechenden Gesichtsausdruck mit herabgezogenen Mundwinkeln hat. Wenn es sich dann an den entsprechenden Vorfall erinnert oder sich seine begriffene <u>Hoffnungslosigkeit</u> vorstellt, zeigt es ein negatives <u>Gefühl</u>, was ich als <u>Trauer</u> bezeichnen möchte, es erwartet bzw. stellt sich vor und hat damit ein <u>Verständnis</u> dafür, dass so etwas sich entsprechend wiederholen kann. Diese Emotionen werden alltagssprachlich mit dem <u>Gehörsinn</u> in seiner übertragenen Bedeutung erklärt, wenn man etwa sagt, „wer nicht hören will, muss fühlen", wobei sich Letzteres auf die Emotionen von Schmerz, Leid und Trauer bezieht. Am Schmerzlaut kann man hören, dass es einem weh tut. Von der Neurobiologie her weiß man, dass körperlicher und seelischer Schmerz dieselben Gehirnregionen aktiviert.

Somit ist also schon einmal geklärt, was ein Kind auf dieser Entwicklungsstufe hinsichtlich des Wahrnehmens, Begreifens und Verstehens lernt, sodass weitere Daten ins Gedächtnis aufgenommen werden. Es speichert bestimmte Gefühle der Trauer und damit verknüpfte hoffnungslose Zustände des Getrennt-Seins, bei denen es angekommen ist. Ein Zustand ist etwas Bezeichnendes für eine Situation, zu der ich auf eine bestimmte Weise stehe, wie hier, dass ich von einem Ziel getrennt bin. Bestimmte Gefühle lösen die Erinnerung an entsprechende Pläne aus. Die Erinnerung an solche Pläne führt zu einer entsprechenden Ergriffenheit, weswegen ja versucht wurde, die Pläne auszuführen. Das Möglichkeitsgedächtnis hat sich wie oben schon erwähnt in ein <u>Planungsgedächtnis</u> umgewandelt, und dieses Planungsgedächtnis ist mit dem Empfindungsgedächtnis verbunden. <u>Der Kreis ist nun geschlossen</u>, und ein Kind gelangt von Empfindungen zum Begriffsgedächtnis, zum Affektgedächtnis, zum Aktivitätsgedächtnis, zum Gefühlsgedächtnis, zum Planungsgedächtnis und zum Empfindungsgedächtnis.

Die Bedeutsamkeit dieses geschlossenen Kreises und die der verschiedenen Gedächtnisfunktionen insgesamt lässt sich wie folgt demonstrieren: Wenn ein Kind auf diesem Entwicklungsstand etwas wahrnimmt mit einem entsprechenden Affekt, sei es ein Sinnesreiz (es nimmt etwas Besonderes wahr) oder ein vegetativer Reiz (z.B. Hunger oder Durst), wovon es derart angemacht bzw. affiziert ist, d.h. der Unterschied, ob dieser Reiz vorhanden ist oder nicht, ist in seiner Wahrnehmung so groß, dass es sich an eine spezifische Aktivität erinnert, die eine entsprechende Veränderung hervorgerufen hat, die es sich jetzt vorstellen kann und dadurch ein positives Gefühl bekommt, sich also an dieses Gefühl erinnert, sodass die <u>Absicht entsteht</u>, die betreffende Veränderung herbeizuführen. Entweder es wird dann aktiv und führt die erinnerte spezifische Aktivität aus, um die mit dem positiven Gefühl verbundene Erwartung zu erfüllen, oder wenn dies nicht gelingt, wird es an ein früheres Misslingen und an das entsprechende negative Gefühl erinnert, und dadurch wiederum an verschiedene Pläne, die früher zum Erfolg geführt haben. Diese Pläne von Aktivitätsreihen, die es früher deswegen entworfen hatte, erinnern das Kind an seine Ergriffenheit, weswegen es diese Aktivitätsreihen so oft geübt hat, und die entsprechenden Empfindungen erinnern das Kind an Bedingungen, die erfüllt sein müssen, damit seine Pläne erfolgreich ausgeführt werden können. Die Bedingungen erinnern das Kind an bestimmte Affekte bzw. Reize, die in der damaligen Situation, als es seine Absichten erreichen konnte, gegeben waren, sodass es wahrnehmen bzw. unterscheiden kann, ob und welche davon im Moment vorhanden sind. Es hat auf diese Art und Weise eine <u>neue Ansicht gewonnen</u>. Wenn die entsprechenden Reize gegeben sind, kann es die erinnerten Pläne ausführen und sein Ziel erreichen, wenn nicht, dann kann es durch ähnliche Erinnerungsprozesse auf demselben Kreis mithilfe derselben <u>Gedächtnisfunktionen</u> wie eben dargestellt sich allmählich seinem Ziel annähern. Dabei mag es auch sinnvoll sein, mit anderen darüber zu verhandeln, ob und wie man sich gegenseitig zumindest kurzfristig helfen und unterstützen kann. Daher will ich diese Ausführungen auch Handlungen nennen. Insgesamt kann man dieses Vorgehen daher als <u>kluge Handlungsweise</u> bezeichnen, zu der auch höher entwickelte Säugetiere fähig sind. Man gewinnt auf diese Art und Weise immer mehr kluge Ansichten. Die entsprechende dianoetische Tugend nach Aristoteles ist daher die Klugheit. Den entsprechenden Kreis der Gedächtnisfunktionen möchte ich als den <u>Kreis des klugen Handelns</u> bezeichnen. Es gibt auf dieser Entwicklungsstufe schon komplexe Denkleistungen wie das so genannte Gedankenlesen, bei dem die Absichten und verborgenen Handlungen eines anderen immer besser erraten bzw. erschlossen werden.

Das entsprechende Gedächtnis mit seinen Funktionen wird aber von einem Kind auf dieser Entwicklungsstufe und entsprechend auch von Tieren, die dazu fähig sind, nur dann und nur so lange benutzt und aktiviert, solange ein Ziel vorhanden ist, welches noch nicht erreicht ist. Dazwischen liegt dieses Gedächtnis brach und ist damit immer der Gefahr ausgesetzt, dass einzelne Inhalte verschwinden. Gedächtnisforscher haben herausgefunden, dass es so etwas wie eine Halbwertszeit gibt, die durch das Auffrischen von Gedächtnisinhalten vergrößert wird. Wenn jemand sich eine bestimmte Menge von Daten (z.B. eine bestimmte Anzahl von Vokabeln) zum ersten Mal eingeprägt hat, dann ist die Hälfte davon am nächsten Tag verschwunden. Wenn sie oder er sich dann dasselbe noch einmal einprägt, dann verdoppelt sich die Zeit, bis er wieder die Hälfte davon vergessen hat. So lässt es sich erklären, warum Kinder viele Gedächtnisinhalte, die sie bis zu dieser Entwicklungsstufe benutzt haben, wieder vergessen, weil sie diese Inhalte aufgrund der Abwesenheit einer entsprechenden Absicht oder eines Ziels nicht mehr aufgefrischt haben.

Bevor ein Kind mit allen möglichen Zuständen des Getrennt-Seins konfrontiert wird, ist es auch hier die Aufgabe seiner Mutter, diese schlimmen Situationen so zu filtern, dass ihr Kind ihnen nicht hoffnungslos ausgeliefert ist, sondern allmählich lernen kann, mit immer mehr derartigen Situationen umzugehen, in denen es <u>ankommen</u> kann. Das <u>Intentionale</u> (von lat. intentio, Spannung), das <u>Spannende</u> bei dieser Entwicklungsstufe besteht also auf der einen Seite darin, ob das Kind wahrzunehmen, also zu unterscheiden lernt, unter welchen Umständen es möglichst geduldig und diszipliniert immer wieder probieren, günstige Gelegenheiten abwarten oder aber aufgeben sollte und unter welchen es mutig seine Pläne umsetzen bzw. ausführen sollte, und ob es auf der anderen Seite der Mutter gelingt, ihr Kind konsequent zu trösten, seine Anspannung zu mildern und wenn möglich entsprechend gegenüber seiner Umwelt abzuschirmen. Außerdem besteht eine Spannung zwischen einer motivationalen Ergriffenheit und bestimmten Erwartungen von Katastrophen und Idealzuständen.

Wenn ein Kind bestimmte Zustände des Getrennt-Seins nicht ertragen bzw. nicht damit umgehen kann, also erst einmal hoffnungslos traurig ist und sich mutterseelenallein fühlt, dann kann seine Mutter dies am Ausdruck seiner Traurigkeit wahrnehmen. Mit dem entsprechenden <u>Verständnis</u> entscheidet sie dann, ob sie ihrem Kind es begreiflich macht, wie es mit diesem Zustand, in dem es gerade angekommen ist, bzw. mit den Umständen, mit denen es gerade zusammengekommen ist, umgehen kann, oder ob sie selbst für irgendeine Art Lösung sorgt und das entsprechende Getrennt-Sein überwindet. Wenn sie die Situation entschärft, dann wird ihr Kind dadurch beruhigt, wenn sie ihm aber eine entsprechende Situation begreiflich machen will, indem sie es (natürlich in begrenzter Weise) dem Getrennt-Sein aussetzt, dann muss sie es erst einmal beruhigen, wie oben schon erläutert wurde. Der durch die Trennung, die zerrissene Spannung (intentio), entstandene Affekt des Schmerzes, weil das Kind trotz aller Rücksicht auf Bedingungen und trotz bisheriger Vorsicht von seinem Ziel getrennt bleibt, die aufgrund seiner begriffenen Hoffnungslosigkeit entstandene Empfindung des Leids und das durch die vorgestellte Unveränderlichkeit (Erwartung) der konkreten wahrgenommenen Situation hervorgerufene Gefühl der Trauer müssen erst einmal reguliert werden, und dies gelingt der Mutter umso besser, je echter und unmittelbarer sie ihr Kind versteht, d.h. je näher sie an das Ideal der vollkommenen Liebe herankommt und dadurch ihr Kind umso besser spiegeln und durch teilweise humorvolle (sie bringt ihr Kind z.B. zum Lachen, siehe oben) Demonstrationen von Lösungsmöglichkeiten einerseits beruhigen und andererseits zu einem Perspektivwechsel verhelfen kann, sodass es immer besser die Situation des Getrennt-Seins, in der es momentan angekommen ist, verstehen kann. Dabei versteht es zuerst seine Mutter und dann sich selbst immer mehr in ihrer bzw. in seiner aussichtslosen Situation, in der sie jeweils gerade angekommen sind. Das Kind lernt so immer mehr, dass seine Mutter ebenfalls manchmal etwas in Aussicht hat, und es nur mit großer Geduld und Disziplin, Haushalten mit den eigenen Kräften und sonstigen Ressourcen und vielen Versuchen erreichen kann, sodass man dieses Lernen auch als <u>Lernen durch gemeinsame Aussicht mit gegenseitigem Helfen</u> bezeichnen kann. Während es bei der bisherigen Entwicklung eher spielerisch zuging, lernt ein Kind jetzt zum erstenmal bewusst Geduld und Disziplin. „Bewusst" bedeutet, es kann Gedächtnis- und Wahrnehmungsinhalte vergleichen (s. Kapitel 8), also Geduld mit Ungeduld und Diszipliniertheit mit Undiszipliniertheit.

Die entsprechend für derartige Vergleiche benötigten Wahrnehmungsmuster bzw. Perspektiven eröffnen sich dem Kind auf dieser Entwicklungsstufe im Kontakt mit seiner Mutter oder anderen Bezugspersonen.

Aussicht ist hier in doppelter Weise zu verstehen, einmal die Aussicht im Sinne von Hoffnung, zum andern die Aus-Sicht, dass etwas so verlockend und ergreifend aussieht, dass man entsprechend u.U. auch gemeinsam mit anderen plant und den Plan notfalls geduldig und hartnäckig immer wieder ausführt, um bestimmte Ziele von der Situation aus zu erreichen, in der man gerade angekommen ist. Sich in die gegenwärtige Situation hineinzuversetzen, habe ich als die Ekstase der Ankunft bezeichnet (Kolb, 2017a, S. 61).

Diese Lernform geht ebenfalls über die bisher erwähnten tierischen Lernformen hinaus, was aber nicht heißt, dass es bei höher entwickelten Tieren das Lernen durch Aussicht nicht gibt, aber bei ihnen bilden sich keine gemeinsam miteinander geteilten bzw. mitgeteilten Aussichten und Ansichten, jeder verfolgt seine eigenen Absichten. Wenn ein Rudel Löwen z.B. gemeinsam jagt, dann beruht dies darauf, dass jedes Tier seine Rolle für sich gelernt hat, es wurde nicht explizit instruiert, sondern hat bestimmte Vorgehensweisen für sich alleine von anderen abgeschaut (s. S. 15). Im Gegensatz dazu teilen schon dreijährige Kinder Aussichten und Absichten mit anderen und helfen aus eigenem Antrieb: Es gibt Experimente, bei denen ein Erwachsener am Schreibtisch sitzend vergeblich einen Stift zu erreichen sucht, der ihm gerade heruntergefallen ist. Wenn ein dreijähriges Kind dies sieht, unterbricht es sein Spiel, geht hin, hebt den Stift auf und gibt ihn dem Erwachsenen. Ein Hund würde so etwas nur auf Befehl und nie aus Eigeninitiative machen. Lernen durch Aussicht hat große Ähnlichkeit mit der operanten Konditionierung, bestimmte in Aussicht gestellte positive Konsequenzen bewirken, dass das Kind immer wieder geduldig probiert, bis es sein Ziel erreicht, der wesentliche Unterschied ist allerdings, dass es hier vorher zu einer

Aussicht im oben erwähnten doppelten Sinne mit evtl. gegenseitigem Helfen kommt und erst dann die Konditionierung mit entsprechend intermittierender Verstärkung (nicht alle Versuche führen zum Erfolg) beginnt.

Was die Beziehungsstruktur zwischen Mutter und Kind betrifft, so kann das Kind auf dieser Entwicklungsstufe seine Selbstständigkeit als intentionaler Akteur wahrnehmen, indem es zwischen seiner Mutter und sich selbst als intentionaler Akteur unterscheidet und sich in dieser Hinsicht ebenfalls als verschieden mit unterschiedlichen Absichten von seiner Mutter wahrnimmt. Den Absichten womöglich zugrunde liegende Werte nimmt das Kind jedoch noch nicht wahr bzw., es geht implizit davon aus, dass es sich in dieser Hinsicht nicht von seiner Mutter unterscheidet. Von den oben erwähnten Beziehungsmustern der Wahrnehmung bzw. von den <u>Wahrnehmungsstrukturen</u> hat das Kind folgende Prinzipien dazugelernt: Es gibt bei der Struktur der Zeit eine gewisse Zeitdauer, wodurch verschiedene Zeitpunkte verbunden sind, sodass die Zeit einen bestimmten teilweise lückenlosen Verlauf besitzt, und bei der Menge der Orte gibt es Richtungen, wohin verschiedene spezifische Aktivitäten führen können und womit das Kind zusammenkommen kann, d.h. unsere Struktur der Zeit wird von ihm bei der Wahrnehmung schon als Verlauf mit einer gewissen Dynamik und Rhythmus wahrgenommen (das Kind, dessen Herz an etwas Ersehntem hängt, spürt seinen Herzschlag und kann so den Puls der Zeit wahrnehmen) und unsere Struktur des Raumes schon als eine Menge mit vom Kind strahlenförmig ausgehender Richtungen zu verschiedenen Orte und auch auf das Kind zulaufende Richtungen verwendet, und diese Vektoren besitzen ebenfalls unterschiedliche Längen, da das Kind schon verschiedene Entfernungen zu seinen Zielen unterscheidet (mathematisch kann man daher schon von der Struktur eines Vektorraums, aber noch nicht von einer vollständigen Geometrie sprechen, weil das Kind immer noch der absolute Mittelpunkt im Raum ist). Bezüglich der

Wirkungen und Wiederholungen hat das Kind schon einen Begriff der Messbarkeit, es kann Entfernungen und Zeitdauer unterteilen bzw. einteilen, also rationieren, so dass mathematisch ausgedrückt zuerst die rationalen Zahlen und durch die Vervollständigung der Metrik, die sich aus unendlich kleinen Unterteilungen ergibt, schließlich die gesamten reellen Zahlen mit den Zwischenräumen zwischen den rationalen Zahlen erschlossen sind. Das Kind kann jetzt conduktiv schlussfolgern, was auf es zukommen, was es wie zusammenführen, womit es zusammengeführt werden und wovon es sich leiten lassen kann. Die Wahrnehmungsstruktur der Rhythmik hat für das Kind bei dessen Wahrnehmung neben den Wiederholungs- und Erwartungsmustern auch Maße bzw. eine Metrik von Rhythmen. Die Strukturen des Raumes, der Zeit und der Rhythmik sind aber noch nicht derart zusammenhängend wie bei einem Erwachsenen, es gibt nur zusammenhängende Episoden von Rhythmen in Raum und Zeit, die vom Auftauchen einer Absicht bis zu deren Erfüllung oder endgültigen Frustration reichen, und entsprechend ist auch die Daseinsstruktur der Wirklichkeit strukturiert, es gibt nur zielgerichtete Wirkungen für das Kind, und ohne ein Ziel interessiert es sich nicht für die Wirklichkeit.

2.5. Das repräsentationale Selbst (1)

Im naiven Verfolgen aussichtsreicher Ziele mit der entsprechenden Einsicht, Rücksicht und Vorsicht wird ein Kind immer mehr und öfter beurteilt, d.h. seine spezifischen Aktivitäten werden an einem Wertesystem oder an Konventionen gemessen bzw. mit Vorstellungen darüber verglichen, was andere als üblich, positiv oder negativ empfinden oder begreifen und dann subjektiv allen möglichen spezifischen Aktivitäten unterlegen. Ein solches System von Konventionen und Werten bzw. die entsprechenden Vorstellungen sind entweder räumlich oder zeitlich ziemlich unabhängig. Derartige Vorstellungen bezeichne ich als Repräsentationen. Für diese anderen sind diese Vorstellungen an fast allen Orten oder zu fast allen Zeiten präsent, sie repräsentieren den Einzelnen, die jeweilige Gemeinschaft oder die Art und Weise von Aktivitäten (z.b., dass man konsequent handeln sollte). Generelle Erwartungen aufgrund kultureller Konventionen, Überzeugungen oder Vorlieben sind Beispiele dafür. Auf dieser Ebene des repräsentationalen Selbst begreift ein Kind daher immer mehr, dass sowohl seine eigenen als auch die spezifischen Aktivitäten von anderen (hiermit sollen auch immer Aktivitätsreihen gemeint sein) als zeitlich oder räumlich relativ unabhängigen Ausdruck von etwas, was den anderen repräsentiert oder charakterisiert, interpretiert, d.h. sich so vorgestellt werden (z.B. als Vorlieben oder Überzeugungen) und damit eine symbolische Bedeutung bekommen können. Was ein Symbol ist, soll weiter unten geklärt werden. Interpretieren (von lat. interprimere, etwas zwischen einen selbst und etwas drücken, was man vor sich gestellt hat) soll bedeuten, sich etwas als etwas vorzustellen.

Die räumliche oder zeitliche Unabhängigkeit erhalten Repräsentationen dadurch, dass wir uns die Inhalte dieser Vorstellungen mit einer gewissen Häufigkeit zu allen möglichen Zeiten oder an allen möglichen Orten immer wieder vorstellen. Man kann sich das in etwa so veranschaulichen, dass, wenn ein bestimmter Vorstellungsinhalt sich als zuverlässig für die eigenen Entscheidungen erwiesen hat bei einer Reihe von Raum-Zeit-Konstellationen (sodass wir bezüglich des Ergebnisses unserer Handlungen uns nicht getäuscht haben und enttäuscht worden sind) und wenn wir daraufhin eine Regelmäßigkeit bzw. Gesetzmäßigkeit in diese Konstellationen hineininterpretieren, dann behandeln wir dies so wie ein Mathematiker, der eine Grenzwertberechnung vornimmt, und der daraus resultierende Vorstellungsinhalt wird von uns allgemein und damit von Raum oder Zeit unabhängig als zuverlässige Größe für unsere Entscheidungen genommen. Wenn wir z.B. einige

Male beobachtet haben, dass unsere Großmutter nachmittags eine Tasse Kaffee trinkt und dazu ein Stück Obstkuchen mit Sahne isst, dann bilden wir daraus die Vorstellung, dass sie jeden Tag nachmittags dasselbe macht, und wenn wir ihr dann etwas Gutes tun wollen, bringen wir ihr beim nächsten Besuch einen Obstkuchen mit, über den sie sich erwartungsgemäß aller Wahrscheinlichkeit nach freuen wird. Unsere Großmutter wird dabei zu einem Symbol für jemanden, der nachmittags immer Kaffee trinkt und ein Stück Obstkuchen isst, und umgekehrt ist das nachmittägliche Kaffee-Trinken und Kuchen-Essen eine Handlung, die unsere Großmutter charakterisiert.

Diese Art des <u>Denkens in unendlichen Wiederholungen</u> ist typisch menschlich und Tieren nicht möglich. Ein anderes Beispiel ist, dass wir Menschen uns unsere gesamte Lebenssituation, also den raumzeitlichen Zusammenhang von Geburt bis Tod mit dem Ziel eines geglückten Lebens, vorstellen und betrachten können und dafür Werte entwickeln, die unser ganzes Leben lang gelten sollen. Derart umfassende Situationen und entsprechende Wertvorstellungen können Tiere nicht betrachten und entwickeln.

Für denjenigen und nur für sie oder ihn (Interexistenzialität), der eine spezifische Aktivität – sei es eine eigene oder die von einem anderen – als derartigen Ausdruck von etwas interpretiert, hier also die Vorstellung einer spezifischen Aktivität als Ausdruck, ist diese Aktivität eine <u>typisch menschliche Handlung</u>, wie ich es nennen möchte, weil so etwas nur bei uns Menschen vorkommt. Weil wir Menschen bei derartigen eigenen Handlungen, denen wir einen Ausdruck von Wertvorstellungen bzw. eine Repräsentanz unterstellen, immer Antwort geben können, welche Wertvorstellungen wir damit verbinden bzw. was sie für uns repräsentieren, kann man sie auch als <u>verantwortungsvolle Handlungen</u> bezeichnen im Unterschied zu lediglich klugen.

Einerseits können spezifische Aktivitäten zu Repräsentationen führen, indem sie als typisch menschliche Handlungen interpretiert werden, andererseits haben Repräsentationen, also Interpretationen von Wahrnehmungen, Auswirkungen auf Aktivitäten. Einem Kind widerfährt es auf dieser Entwicklungsebene zum ersten Mal, dass es selbst betroffen ist, wenn es gefragt wird, was es mit einer bestimmten spezifischen Aktivität ausgedrückt hat, es wird zum Antworten gebracht und in diesem Sinne zur Verantwortung für seine Aktivitäten gezogen. Dadurch nimmt es wahr, dass es prinzipiell schuldhaft handeln kann und in seinen Handlungen prinzipiell unzulänglich ist. Das Kind ist dabei auch in der Hinsicht selbst betroffen, dass seine Zugehörigkeit zu einer Gemeinschaft aufgrund seiner Unzulänglichkeiten in Gefahr ist. Es ist die Gefahr des Wertloseins und Alleingelassenwerdens, mit der es erstmals selbst betroffen ist. Es übernimmt bestimmte Repräsentationen von seinen Eltern, die man auch als Werte bezeichnen kann, welche dem Kind helfen können, sich in seiner Umgebung besser zurechtzufinden und adäquater zu handeln. Dabei kann es folgende Schwierigkeiten geben: Je unflexibler ein solches Wertesystem oder System von Konventionen bezüglich des Ortes ist, d.h. je mehr es zeitlich angepasst ist (wenn das gewesen ist und das auf einen zukommt, dann sollte das so bewertet und so gehandelt werden), desto weniger kann man sich und andere in verschiedenen Umgebungen verstehen und entsprechend der Wirklichkeit angemessen handeln, d.h. unser räumliches Urteilsvermögen ist eingeschränkt, man findet sich räumlich (z.B. später in anderen Kulturen oder in der Kindheit, wenn zuhause und in der Schule verschiedene Wertesysteme oder Konventionen gelten) nicht mehr zurecht. Unsere zeitliche Orientiertheit geht auf Kosten der räumlichen. Wenn wir dagegen umgekehrt an jedem Ort unser Wertesystem dafür eigens neu entwerfen, sind wir zwar räumlich sehr gut orientiert, aber irgendwann wissen wir nicht mehr, wann welche Werte oder Konventionen wirklich gelten sollen, d.h. unsere zeitliche

Orientiertheit ist dahin. Die materielle Verankerung des Begriffs der typisch menschlichen Handlung ist daher der Gegensatz räumlich-zeitlich bzw. räumliche vs. zeitliche Orientierung.

Es gibt Menschen – meistens sind es Frauen – mit einem sehr guten Zeitgefühl, die aber oft in eine falsche Richtung laufen, und es gibt andere – meistens Männer –, die jeden Weg finden, den sie einmal gegangen sind, die aber oft zu spät kommen. Was diesem zunächst lediglich statistischen Unterschied zu Grunde liegt, ist u.a. die unterschiedliche Sozialisation von Frauen und Männern, nämlich dass Männer in ihrer Entwicklung darin unterstützt werden, gesellschaftliche Aufgaben und Probleme zu lösen, die mit den Außenkontakten einer Gemeinschaft zu tun haben, die Gemeinschaft zu schützen und von außen Ressourcen für sie herbeizuschaffen, und dafür ist die räumliche Orientierung besonders wichtig (vor allem früher als Jäger und Sammler), während Frauen traditionell für Harmonie und Wohlbefinden innerhalb einer Gemeinschaft sorgen sollen, und dabei sind zeitliche Absprachen und Pünktlichkeit besonders wichtig (z.B. wer passt wann auf die Kinder auf). Der Gegensatz von Raum und Zeit wird auch in dem physikalischen Grundaxiom erkennbar, dass zu demselben Zeitpunkt zwei verschiedene Objekte nicht an demselben Ort sein können. Entsprechend können verschiedene Menschen zur selben Zeit nicht unbedingt dasselbe Recht eingeräumt bekommen, z.B. beim Besitz, oder wenn es um Urlaubsregelungen auf der Arbeit geht. Daraus können dann die so genannten Interessenkonflikte entstehen.

Da die Zuordnung einer spezifischen Aktivität als Treiben, Machen oder Sich-Fügen, Fertigen, Ausführen, kluges oder typisch menschliches Handeln vom Betrachter abhängt und daher nicht immer adäquat sein muss, können wir Menschen sogar Tieren typisch menschliche Handlungen zuschreiben und Dingen etwas Charakteristisches zusprechen, was sie repräsentieren, z.B. dass das Meer die Verbindung von Geburt,

Leben und Tod repräsentiert, d.h. ein Symbol dafür darstellt. Die menschliche Sprache besteht nicht nur aus Zeichen, sondern auch aus Symbolen, und wenn beim Sprechen Symbole verwendet werden, dann ist Sprechen eine typisch menschliche Handlung. Rituale und religiöse Handlungen sind weitere Beispiele für typisch menschliches Handeln.

Inhaltlich hat das Kind gelernt, dass seine spezifischen Aktivitäten stets als Ausdruck seiner selbst betrachtet werden können, wer es ist, und dass es dafür <u>verantwortlich gemacht</u> werden kann. Dabei ist es aufgefordert, beispielsweise folgende Fragen zu beantworten: „Hattest du nicht die <u>Einsicht</u>, dass deine <u>Aktivitäten</u> Veränderungen hervorrufen können, oder aber, dass deine <u>Passivität</u> alles so belässt, wie es ist, oder in dieser Weise weiter verlaufen lässt? Hast du <u>Rücksicht</u> genommen auf diese Bedingtheiten und auf andere Menschen, die vielleicht auch bestimmte Absichten verfolgen? Warst du <u>vorsichtig</u> genug, dieses und andere Risiken abzuschätzen? Was hattest du in <u>Aussicht</u>, was war deine Absicht?" Je nachdem, ob und wie es diese Fragen beantwortet bzw. beantworten kann, zeigen sich ihm dann seine verschiedenen Unzulänglichkeiten, inwiefern es zu wenig Einsicht hatte, zu wenig Rücksicht genommen hat, nicht vorsichtig genug war oder sich von einer Aussicht bewegen bzw. motivieren ließ, für die sich der Aufwand und die Mühe, die es das Kind gekostet hatte, seine Absicht zu erreichen, gar nicht gelohnt hat, oder wozu der Nachteil, den andere dafür einstecken mussten, in keinem Verhältnis steht. Entsprechend nimmt ein Kind auch derartige Unzulänglichkeiten bei anderen wahr, zuerst sogar bei anderen, dann erst bei sich selbst.

Den neuen <u>Affekt</u> bei einer derartigen Wahrnehmung kann man als mehr oder weniger großes <u>Entsetzen</u> bezeichnen, die entsprechende <u>Empfindung</u> als <u>Scham</u>, wenn es sich um eigene Unzulänglichkeiten handelt, oder als <u>Enttäuschung</u> <u>bzw. Fremd-Schämen</u> bei Unzulänglichkeiten von anderen. Das <u>Gefühl</u> bei einem spezifischen Vorfall, bei dem das Kind ein bestimmtes Ausmaß eines Schadens erwartet, möchte ich Schuldgefühl nennen, wenn es die eigene Person betrifft, und sonst Entrüstung (man hat sich gerüstet, um mit dem anderen etwas zu unternehmen, und „entrüstet sich", d.h. man will mit dem „Schuldigen" – man stellt ihn sich so vor – nichts mehr zu tun haben). Diese Thematik der Unzulänglichkeiten wird alltagssprachlich mit dem Gesichtssinn in seiner übertragenen Bedeutung erklärt, wenn man etwa sagt, man habe alles „in Betracht gezogen" und sei auf diese Weise mit seiner Unzulänglichkeit oder der von anderen gut umgegangen. Eine weitere Frage, zu deren Beantwortung jemand aufgefordert ist, um festzustellen, ob er verantwortungsvoll gehandelt hat, lautet daher: „Hast du alles in Betracht gezogen bzw. warst du umsichtig genug und hast deine Ausgangssituation von allen Seiten betrachtet, dich in alle anderen hineinversetzt?"

Auf dieser Entwicklungsstufe muss ein Kind bestimmte neue Gedächtnisfunktionen bzw. neue Verknüpfungen seiner bisher gebildeten Gedächtnisbereiche entwickeln. Um selbst verantwortlich-reflektiert und damit menschlich zu handeln, sollte es, bevor es handelt, erst einmal das Wahrgenommene begreifen, d.h. es in seiner Bedingtheit, wo es herkommt, derart begreifen, dass das Kind zusätzlich wahrnimmt, wie und wodurch es selbst davon ergriffen und betroffen ist, wie es durch die entsprechenden Empfindungen bewegt ist, aktiv zu werden und Pläne zu entwickeln, sich also darauf zu verstehen, eine entsprechende Entscheidung zu treffen, welchen Plan es wie ausführt, und dann nach der Ausführung wahrnimmt, wie und was sich alles geändert hat, damit es dann entsprechend nachbessern kann, wenn es etwas an seinem Handlungsergebnis nicht verantworten kann, nicht umsichtig genug war. Wenn es also eine Situation wahrnimmt, mit bestimmten Unterschiedlichkeiten und Gegensätzen konfrontiert und in diesem Sinne ein Objekt der Materie (siehe oben) ist, dann braucht das Kind, um das Wahrgenommene zu begreifen, die Erinnerung an alle möglichen Bedingungen, mit denen das

Wahrgenommene zusammenhängt, und von dort aus zur <u>Erinnerung an</u> die damit verbundenen <u>Empfindungen</u>, es muss also von den Affekten zum Begriffsgedächtnis und von dort zum Empfindungsgedächtnis, dann hat es die Situation begriffen (natürlich begrenzt durch die Inhalte seines Gedächtnisses). Weil das Kind beim Begreifen aktiv ist, wenn es die erinnerten Bedingungen mit den Eigenschaften der Situation vergleicht und je nachdem unterschiedlich motiviert ist, kann man es in diesem Fall als <u>psychisches Subjekt</u> bezeichnen. Bei Aktivitäten wie dem Begreifen und dem Verstehen ist es zwar von außen oft nicht unterscheidbar und damit beobachtbar, ob sie von dem Betreffenden betrieben werden oder nicht, man kann aber mit den heutigen neuen Messverfahren der Neurobiologie bestimmte Regungen im Gehirn dabei feststellen, und die betreffende Person kann wählen, ob sie begreifen oder verstehen, sich also mit dem Wahrgenommenem näher beschäftigen will oder nicht, sodass es für die Person selbst auf jeden Fall eine Aktivität ist, allerdings keine spezifische, sondern ein individuelle. Das Problem des Wählen-Könnens wird im 6. Kapitel, welches sich mit dem Problem der Willensfreiheit beschäftigt, ausführlicher behandelt. Für die Aktivität des Begreifens benötigt das Kind die Fähigkeit, sich die verschiedenen Möglichkeiten des Bedingt-Seins vorzustellen, es benötigt dazu eine <u>geistige Vorstellungskraft von der Realität</u>, wie ich es nennen möchte, denn es ist anstrengend, immer wieder zu überprüfen, hin und wieder auch im Austausch mit anderen, ob die eigenen Vorstellungen von der Realität angemessen sind oder nicht. Wenn es sich dann an seine entsprechenden Empfindungen erinnert und seine momentane Befindlichkeit, die daraus resultiert, ertragen muss, soll das Kind dann als <u>Objekt der Psyche</u> bezeichnet werden, und bildlich gesprochen ist das Kind ja auch durch die Psyche aufgefordert, Pläne zu entwerfen und auszuführen, damit seine Befindlichkeit erträglicher wird. Um sich darauf zu verstehen, braucht es sein <u>Planungsgedächtnis</u>, es muss aktiv werden und sich darauf verstehen, die verschiedenen Pläne miteinander zu vergleichen, sodass man es in diesem Fall als geistiges Subjekt bezeichnen kann, denn für diese Aktivität benötigt das Kind eine auf der Materie basierende Vorstellungskraft für Gegensätzlichkeiten wie Ideale und mögliche Katastrophen, denn auch dies kann anstrengend sein. Die mit den Plänen und vorgestellten Idealen und Katastrophen zusammenhängenden Gefühle, an die sich das Kind dabei erinnert bzw. erinnern muss, helfen ihm, sich zu entscheiden, und fordern es gleichzeitig auch auf, die Entscheidung anzunehmen und den entsprechenden Plan auszuführen. Von daher möchte ich das Kind ab diesem Moment der Entscheidung als Objekt des Geistes bezeichnen. Durch die entsprechenden Handlungen sollen bestimmte Gegensätze überwunden werden (der Gegensatz unbefriedigende und befriedigende Situation), sodass ich das Kind hier materielles Subjekt nennen will. Beim Handeln muss es sich daran erinnern, wie es die entsprechenden spezifischen Aktivitäten ausführen muss, damit sie gelingen, hier geht es also um das Aktivitätsgedächtnis und um die Fähigkeiten und Fertigkeiten, die es sich durch Übung angeeignet hat. Um einen Plan auszuführen, braucht ein Kind nicht nur Fähigkeiten und Fertigkeiten, sondern auch Kraft und Mut bzw. genügend psychische Motivation, sich mit den Gegensätzlichkeiten (den Gegebenheiten der Materie, „den Tücken des Objekts") auseinanderzusetzen. Anschließend ist das Kind wieder Objekt der Materie und muss sich an die frühere Situation mit ihren Reizen bzw. Affekten erinnern, es benötigt hier also sein Affektgedächtnis, um das nun affektiv wahrnehmbare Ergebnis seines Handelns mit der Vergangenheit zu vergleichen. Je nach Ergebnis der entsprechenden Wahrnehmung, inwieweit vorher bestehende Gegensätze überwunden wurden oder das Kind sich in dieser Hinsicht getäuscht hat, geht dieser Prozess des verantwortlich-reflektierten und typisch menschlichen Handelns weiter.

Wie wir jetzt gesehen haben, unterscheidet sich <u>kluges</u> von <u>verantwortlich-reflektiertem menschlichen Handeln</u> dadurch, dass beim verantwortlich-reflektierten Handeln der Kreis der Gedächtnisfunktionen sich in die <u>entgegengesetzte Richtung</u> – daher reflektiert – wie der <u>Kreis des klugen Handelns</u> dreht, nämlich von den Affekten zum Begriffsgedächtnis, zum Empfindungsgedächtnis, zum Planungsgedächtnis, zum Gefühlsgedächtnis, zum Aktivitätsgedächtnis und schließlich zum Affektgedächtnis, von wo aus es entsprechend immer weiter geht, denn die Gegensätzlichkeiten (der Materie) sind niemals vollkommen überwunden, nur in der Utopie der vollkommenen Liebe. Diesen Kreis der Gedächtnisfunktionen will ich den <u>Kreis des verantwortlich-reflektierten menschlichen Handelns</u> bezeichnen. Auf diese Art zu handeln, entspricht der dianoietischen <u>Tugend der Weisheit</u> nach Aristoteles. In der prinzipiellen Unendlichkeit dieses Kreises zeigt sich wieder das typisch Menschliche, wozu Tiere nicht fähig sind. Es ist diese <u>Verschachtelung unseres Denkens</u> in unendliche Tiefen, die sich auch in der Grammatik unserer Sprache zeigt, wenn wir Sätze bilden wie: „Ich denke, du denkst, dass ich denke, dass du denkst, dass ich denke, ...". Außerdem befähigt uns diese prinzipielle Unendlichkeit, bestimmte Gedächtnisinhalte, die auf diese Weise oft genug aufgerufen werden, dauerhaft, teilweise sogar bis an unser Lebensende, im Gedächtnis zu behalten, welches dadurch die Qualität des Autobiografischen bekommt.

Man kann den Prozess, wie es durch bestimmte Veränderungen, die uns reizen bzw. anmachen, also einen Affekt hervorrufen, zu einem verantwortlich-reflektierten Handeln kommt, etwa so beschreiben: Durch die Veränderung zeigt sich uns der Aspekt der Materie, das Gegensätzlich-Materielle, wir nehmen wahr bzw. unterscheiden zwischen Vorher und Nachher und spüren den entsprechenden Affekt. Dann befassen wir uns verantwortlich – wir suchen eine Antwort auf die

Frage, womit die Unterschiede zusammenhängen – näher damit, tauschen uns eventuell mit anderen aus und begreifen so die Bedingungen der Veränderung, wobei wir dabei prinzipiell denselben Bedingungen ausgesetzt sind wie andere und auch in diesem Sinne Gemeinschaftswesen sind. Durch das Begreifen der Bedingungen sind wir betroffen, und zwar selbst betroffen, so dass sich hier der Aspekt der Psyche zeigt, das Psychisch-Motivationale, wir empfinden, sind entsprechend ergriffen und motiviert zu reagieren, wir meinen, Bescheid zu wissen, was uns dabei so ergriffen hat und nun motiviert, und spüren die entsprechende Aufforderung bzw. die Empfindung. Dann erwägen wir verschiedene Möglichkeiten zu reagieren, überlegen bzw. vergleichen diese Möglichkeiten und planen so, was auf uns zukommen kann, wobei wir dabei prinzipiell ganz allein und damit Individuen sind. Beim Planen bilden sich Erwartungen mit entsprechenden Gefühlen, sodass wir uns für die beste Möglichkeit entscheiden, und darin zeigt sich uns der Aspekt des Geistes, das Geistig-Ideale, und nehmen uns entsprechende spezifische Aktivitäten vor. Diese führen wir dann aus, wobei wir dabei unsere besonderen Fähigkeiten und Fertigkeiten in dieser besonderen Situation, also unter diesen besonderen Umständen benutzen, d.h. wir sind dabei besondere, spezifische Wesen. Anschließend nehmen wir wieder wahr, ob und welche Veränderungen eingetreten sind, die wir dann erneut begreifen, sodass wir je nachdem motiviert sind, weiter zu reagieren, oder nicht.

Als Objekt der Materie und als psychisches Subjekt, also beim Wahrnehmen und Begreifen, sind wir im <u>Modus des Genus</u>, wie ich es nennen will, d.h. wir sind in diesem Fall Gemeinschaftswesen, die prinzipiell einer gemeinsamen Umwelt ausgesetzt sind, die wir wahrnehmen und begreifen, und wir können nur aufgrund des Austauschs mit anderen herausfinden, ob unsere Wahrnehmung und unser Begreifen davon adäquat sind, wir uns also nicht täuschen, und auch für die Herkunft einer Situation brauchen wir Gedächtnisinhalte, deren

Menge unsere eigene Kapazität bei weitem übersteigt, sodass wir auch beim angemessenen Begreifen auf andere und auf Tradiertes von früher angewiesen sind. Außerdem ist jeder beim Wahrnehmen und Begreifen mehr oder weniger in einem ähnlichen Zustand.

Als Objekt der Psyche, wenn wir von etwas ergriffen sind, und als geistiges Subjekt, also beim Planen und Entscheiden, sind wir im Modus des Individuums, wie ich es nennen will, d.h. wir sind in diesem Fall einzelne Lebewesen, ganz für uns und unverfügbar, da uns die Bürde unserer Empfindungen niemand abnehmen kann und die Würde der Freiheit unserer Planungs- und Entscheidungsmöglichkeiten uns niemand streitig machen kann (die Gedanken sind frei, wir können höchstens von bestimmten Gedanken besessen sein, können aber auch lernen, uns davon zu befreien).

Als Objekt des Geistes und als materielles Subjekt, also beim Sich-Gefordert-Fühlen nach einer Entscheidung und beim Handeln, sind wir im Modus der Spezies, wie ich es nennen will, d.h. wir sind in diesem Fall besondere Lebewesen, mit besonderen Fähigkeiten und Fertigkeiten, die wir aufgrund besonderer Umstände mehr oder weniger benutzen können. Weitere Einzelheiten und Folgerungen habe ich an anderer Stelle ausgeführt (Kolb, 2017a).

Jetzt möchte ich noch einmal auf die Struktur des Gedächtnisses und auf seine Funktionen zurückkommen: Das spezifische Aktivitätsgedächtnis, das allgemeine Begriffsgedächtnis und das individuelle Planungsgedächtnis lassen sich jeweils dem Modus der Spezies, des Genus und des Individuums zuordnen, und so, wie es zwischen diesen drei Modi eine absolute Vermittlung gibt, so auch zwischen diesen drei Gedächtnisarten, weswegen ich sie zusammenfassen möchte zu dem Begriff des autobiografischen Gedächtnisses, autobiografisch deswegen, weil hier alle Aktivitäten, die wir in den verschiedenen Seinsarten (Modi des Individuums, der Spezies und des Genus) durchführen, dort gespeichert werden, so dass wir selbst (auto) die wichtigen Dinge unseres Lebens (bio), unserer Beziehung zu unserem Sein, nachvollziehen können, weil sie dort aufgezeichnet (grafisch) sind. In der Regel haben Kinder ab vier Jahren, wenn sie die Entwicklungsstufe des repräsentationalen Selbst erreicht haben, ein derartiges autobiografisches Gedächtnis.

Entsprechend möchte ich das allgemeine Affektgedächtnis, das individuelle Empfindungsgedächtnis und das spezifische Gefühlsgedächtnis, zwischen denen es auch eine absolute Vermittlung gibt, zusammenfassen als <u>emotionales Gedächtnis</u>, emotional deswegen, weil ich schon im ersten Kapitel Affekte, Empfindungen und Gefühle insgesamt mit Emotionen bezeichnet habe.

2.6. Einschub: Verdrängung

Aufgrund unserer jeweiligen Aktivitäten als Subjekt werden die Inhalte des <u>emotionalen Gedächtnisses</u> weiterverarbeitet und in das <u>autobiografische Gedächtnis</u> integriert, indem sie mit der entsprechenden Aktivität, zu der wir als Objekt aufgrund der jeweiligen Emotion aufgerufen werden, verbunden werden. Solange ein Inhalt des emotionalen Gedächtnisses noch nicht im autobiografischen Gedächtnis integriert ist, können wir uns nur dadurch daran erinnern, dass wir uns an die vorangehende Aktivität erinnern bzw. sie durchführen und uns dann vorwärts im Kreis für verantwortlich-reflektiertes menschliches Handeln bewegen, an einen Affekt durch vorangegangene spezifische Aktivitäten, an eine Empfindung durch vorangegangenes Begreifen, an ein Gefühl durch vorangegangenes Planen. Hier ein paar Beispiele zur Veranschaulichung:

(1) Wenn jemand das Haus verlässt, dann überfallen wird und dieses traumatische Geschehen (seine Wahrnehmung und seine Affekte dabei) noch nicht als psychisches Subjekt verarbeitet, also affektiv begriffen hat, dann kann er sich nur

dann wieder daran erinnern, und zwar vollständig mit Wahrgenommenem und Affekten, wenn er noch einmal das Haus verlässt oder sich vorstellt, dass er das macht. Das erzeugt dann einen Flashback, denn er hat seine Wahrnehmung und seinen damit verbundenen Affekt <u>abgespalten</u>, wie ich es nennen möchte, um die generelle tödliche Bedrohung nicht begreifen zu müssen, die ihn in seinen Empfindungen zu sehr erschüttern und damit handlungsunfähig machen würde – im Augenblick einer realen Gefahr kann das lebensrettend sein. Seine <u>Vorstellungskraft für die Realität</u> war nicht groß genug, der Affekt zu heftig, die wahrgenommenen Gegensätzlichkeiten zu groß, um sich mit der tödlichen Bedrohung und der Situation im Begreifen und praktischen Verstehen auseinandersetzen zu können.

(2) Wenn jemand eine wichtige Prüfung machen soll, von der sein künftiges Leben seiner Meinung nach abhängt, aber als materielles Subjekt aus Furcht vor einem Scheitern nicht dafür lernt, also aus einem entsprechenden Gefühl heraus nicht entschlossen handelt, sondern sich mit anderen spezifischen Aktivitäten ablenkt oder in Apathie versinkt, dann erinnert er sich nur dann an seine Furcht wegen seiner schlimmen Erwartung, wenn ihn etwas mit seinen entsprechenden Plänen wieder konfrontiert. Die Erwartung seines Scheiterns und die damit zusammenhängende Furcht hat er durch die Konzentration auf andere Aktivitäten oder durch seine Apathie <u>bewältigt</u>, wie ich es nennen möchte, um sich nicht womöglich vergeblich anzustrengen und so sich seine Unfähigkeit eingestehen zu müssen, wenn er sein Scheitern wahrnehmen müsste, was einen Einbruch in seinem Selbstwert mit entsprechendem Schamempfinden bedeuten und ihn damit depressiv machen könnte, sodass die Bewältigung den Betreffenden davor bewahren kann, in weiteren Lebensbereichen handlungsunfähig zu werden. Das Gefühl und die negative Erwartung sind bewältigt, nicht aber die Aufgabe, und die Integration seines Gefühls in das autobiografische Gedächtnis wurde abgebrochen.

Er hatte nicht den <u>Mut oder genug Kraft, sich mit der Realität auseinanderzusetzen</u>, das negative Gefühl war zu stark, die wahrgenommenen und/oder vorgestellten Gegensätzlichkeiten zu groß, um sich mit ihnen praktisch auseinanderzusetzen und sein Selbstverständnis zu korrigieren, die drohende Gefahr, sein Versagen wahrnehmen zu müssen, würde ein zu starkes Schamempfinden auslösen.

(3) Wenn jemand zu der Ansicht gekommen ist bzw. begriffen hat, dass die Bedingungen gewisser Situationen für ihn gefährlich werden könnten (er ist z.B. alkoholabhängig und der Konsum von Alkohol zerstört sein Leben, sodass bestimmte Situationen, in denen andere viel Alkohol trinken, ihn in Versuchung führen könnten) und er entsprechende Angst hat, aber als geistiges Subjekt keine Vorkehrungen trifft, also plant bzw. sich befindlich darauf versteht, wie er sich schützen kann, sondern nur sich selbst einredet und evtl. anderen gegenüber versichert, er habe alles im Griff, dann kann er sich nur dann an diese Angst erinnern, wenn er durch irgendetwas an sein Begreifen der Gefahr erinnert wird, was allerdings dann meistens zu spät ist. Seine Angst und die damit verbundene individuelle Anspannung hat er insofern abgewehrt, dass er sich und evtl. andere durch falsche Versprechen oder allgemeiner durch das Erzeugen falscher Erwartungen (das sind Erwartungen, denen keine Planung und damit keine Möglichkeiten des Seinkönnens entsprechen) beruhigt hat, um nicht begreifen zu müssen, dass er auch versagen und schuldig werden kann und daher auf andere angewiesen ist, sodass die Abwehr den Betreffenden davor bewahren kann, in eine Opferposition zu geraten und anderen zu sehr zur Last zu fallen. Diese Form der <u>Abwehr</u>, wie ich es nennen möchte, reicht von Beschwichtigung bis zu falschem Stolz, um sich nicht mit seinen Unzulänglichkeiten auseinandersetzen zu müssen. Der Betreffende hatte dabei nicht genug <u>Vorstellungskraft</u> für Katastrophen und Ideale, also <u>mögliche Realitäten</u>, aufgebracht, er hat sich wegen zu starker Empfindungen bzw. zu großer vorgestellter

Gegensätzlichkeiten der Materie nicht genug angestrengt, entsprechende Möglichkeiten zu erwägen und zielgerichtete Aktivitäten zu planen, die drohende Gefahr zu versagen ist mit zu großen Furchtgefühlen verbunden.

Durch derartige <u>Abspaltungen</u> genereller Affekte, <u>Bewältigung spezifischer</u> Gefühle und <u>Abwehr</u> individueller Empfindungen verhindert das Dasein, dass entsprechende Inhalte des emotionalen Gedächtnisses verarbeitet und die dazugehörigen Erlebnisse im autobiografischen Gedächtnis integriert werden. Es ist dabei zwar noch zu klugem, aber nicht mehr zu verantwortlich-reflektiertem menschlichen Handeln fähig. Diese Überlegungen erklären u.a. die Tatsache, dass Menschen eine so genannte <u>posttraumatische Belastungsstörung</u> durch Abspaltungen bekommen können, Tiere aber nicht.

Man könnte nun meinen, je weniger ein Mensch sich bemüht, verantwortlich-reflektiert zu handeln, je weniger er sich also in diesem Sinne an Verantwortung auflädt, desto weniger anfällig sei er für derartige psychische Störungen, aber durch die anderen in seiner Gemeinschaft entgeht er nicht deren Bewertungen und entsprechenden Fragen, wenn er nicht verantwortlich-reflektiert handelt – jeder Mensch befindet sich immer wieder im Daseinsmodus des Genus als Gemeinschaftswesen, selbst wenn er oder sie allein ist, tauchen immer wieder entsprechende Vorstellungen aus der Erinnerung als Verhalten auf – dieses Phänomen nennen wir in der Regel (schlechtes) Gewissen. Tiere können nicht verantwortlich-reflektiert handeln, da sie die Entwicklungsstufe des repräsentationalen Selbst niemals erreichen. Ein Mensch kann sogar dadurch belastet werden, dass er einen anderen beobachtet, der gerade ein Trauma erleidet. Erst durch das Vermögen, verantwortlich-reflektiert zu handeln, zeigt sich der Unterschied, dass es einem solchen Lebewesen nicht nur darum geht, seine Existenz in ähnlicher Weise zu erhalten, sondern dass es ihm bei all seinen Aktivitäten um sein Sein geht, und zwar nicht nur um ein <u>kluges Sein</u> wie manche Tiere, sondern zum einen allgemein um ein sinnvolles Sein (im Modus des Genus unter dem Aspekt des Geistig-Idealen), zum anderen im Einzelnen um ein eigenes Sein (im Modus des Individuums unter dem Aspekt des Körperlich-Materiellen) und als drittes im Besonderen um ein verantwortungsvolles Sein (im Modus der Spezies unter dem Aspekt des Psychisch-Motivationalen). Dies passt zu Heideggers Feststellung, dass alle Handlungen des Daseins von derselben Seinsweise seien, nämlich von der, dass es dem Dasein um sein Sein geht (Heidegger, 2006, S. 12). Dies trifft nicht für alle Lebewesen zu, sondern nur für uns Menschen. Unabhängig davon, ob wir darauf eingehen oder nicht, wir sind immer wieder damit konfrontiert, ein sinnvolles, eigenes und verantwortungsvolles Dasein zu führen, und wir vollziehen immer eine mehr oder weniger sinnvolle, eigene und verantwortungsvolle Beziehung zu unserem Sein.

2.7. Das repräsentationale Selbst (2)

Bevor ein Kind mit seinen Unzulänglichkeiten konfrontiert wird, ist es auch hier die Aufgabe seiner Mutter, dies so zu filtern, dass ihr Kind dadurch nicht überfordert wird, sich hilflos, ohne Hoffnung oder allzu unzulänglich bzw. wertlos fühlt, sondern allmählich lernen kann, damit umzugehen. Das Repräsentationale bei dieser Entwicklungsstufe besteht also auf der einen Seite darin, dass das Kind wahrzunehmen lernt, unter welchen Umständen andere Menschen sich etwas vorstellen, wie das Kind ist bzw. welche Eigenschaften es hat, also welchen Eindruck das Kind durch welche spezifischen Aktivitäten auf andere macht bzw. was es für die anderen dann entsprechend repräsentiert, und dass auf der anderen Seite seine Mutter ihrem Kind vermittelt, wie es durch Selbstwahrnehmung, kritische Selbstbefragung (z.B. mit den oben aufgeführten Fragen zu Einsicht, Rücksicht, Vorsicht, Aussicht und Umsicht) und mithilfe der Eindrücke (Repräsentationen) der anderen seine eigenen Unzulänglichkeiten immer besser und <u>umsichtiger</u> wahrnehmen und dadurch immer verantwortungsvoller handeln kann, indem es anderen darüber Auskunft gibt und sich mit ihnen austauscht, um Missverständnisse auszuräumen, wenn das Kind der Meinung ist (das ist auch eine Repräsentation), dass die Betreffenden einen falschen Eindruck bzw. eine unangemessene Vorstellung von ihm haben, denn unangemessene Vorstellungen bzw. Repräsentationen führen zu unangemessenen Handlungen.

Wenn ein Kind bestimmte begriffene Unzulänglichkeiten nicht ertragen bzw. nicht damit umgehen kann, also sich zu sehr dafür schämt bzw. fremd-schämt oder bei der Erinnerung an konkrete Auswirkungen zu große Schuldgefühle bzw. ein zu großes Gefühl der Entrüstung bekommt, dann kann seine Mutter dies am Ausdruck seiner Scham bzw. seines Fremd-Schämens oder seiner Schuldgefühle bzw. seiner Gefühle der Entrüstung wahrnehmen. Mit dem entsprechenden Verständnis entscheidet sie dann, ob sie ihrem Kind es begreiflich macht, wie es mit dieser Auskunft, die für es gerade herausgekommen ist, umgehen kann, oder ob sie selbst für irgendeine Art Lösung sorgt und einen eventuell entstandenen Schaden wieder gut macht. Wenn sie so die Situation entschärft, dann wird ihr Kind erst einmal beruhigt, wenn sie ihm aber eine entsprechende Situation begreiflich machen will, indem sie es (natürlich in begrenzter Weise) mit Unzulänglichkeiten konfrontiert, dann muss sie es erst einmal beruhigen, wie oben schon erläutert wurde. Der <u>Affekt des Entsetzens</u>, wenn das Kind gerade wahrnimmt, dass ein Schaden entstanden ist, die aufgrund einer begriffenen Unzulänglichkeit entstandene <u>Empfindung der Scham bzw. des Fremd-Schämens</u> und das durch das in einer konkreten Situation erwartete Ausmaß des Schadens hervorgerufene <u>Schuldgefühl bzw. Gefühl der Entrüstung</u> müssen erst einmal reguliert werden, und dies gelingt der Mutter umso besser, je echter und unmittelbarer sie ihr Kind versteht, d.h. je näher sie an das Ideal der vollkommenen

Liebe herankommt und dadurch ihr Kind umso besser spiegeln und durch teilweise humorvolle (sie bringt ihr Kind z.B. zum Lachen („Kopf hoch, auch wenn der Hals dreckig ist!"), siehe oben, oder vermittelt ihm Affirmationen wie: „Ich bin nicht perfekt, sondern liebenswert!") Demonstrationen von Lösungsmöglichkeiten einerseits beruhigen und andererseits zu einem Perspektivwechsel verhelfen kann, sodass es immer besser mit seinen Unzulänglichkeiten oder denen der anderen umgehen kann.

Eine dafür hilfreiche Maxime ist z.B., dass niemand sich für seine Unzulänglichkeiten schämen muss, sondern nur dafür, dass bzw. wenn sie oder er nichts dagegen tut. (Eine Maxime ist ein subjektives und generelles Prinzip und Teil des eigenen Wertesystems, an dem jemand spezifisch sein Handeln ausrichtet, es ist eine sprachlich ausgedrückte eigens übernommene Disposition.) Dabei versteht das Kind zuerst seine Mutter und dann sich selbst immer mehr in ihrer bzw. in seiner durch Unzulänglichkeiten und Missverständnissen geprägten Situation, die gerade herausgekommen ist bzw. über die sie jeweils <u>Auskunft</u> bekommen haben. Das Kind lernt so immer mehr, dass seine Mutter stets umsichtig sein muss, um keine Fehler zu machen und dadurch etwas Schlimmes anzurichten, und dass sie nur mit großer Umsicht die Kontrolle über ihre Unzulänglichkeiten behalten kann, und wenn das Kind durch einen Perspektivwechsel dies für sich selbst übernimmt und daraus lernt, dann kann man dieses Lernen auch als <u>Lernen durch gemeinsame Umsicht</u> bezeichnen. Umsicht ist hier zweifach zu verstehen, einmal die Umsicht im Sinne von Verantwortung, Auskunft-Geben und, in einer Situation mit anderen und der Welt auszukommen, zum andern die Um-Sicht, dass man um etwas herum, von überall her sich Auskunft über alle möglichen Sichtweisen holt, um immer verantwortlich-reflektierter handeln zu können. Umsicht hat durch das kommunikative Element immer etwas Gemeinschaftliches an sich, auch wenn es sich nicht immer um eine gemeinsame Umsicht handelt (man sieht die gemeinsame Situation um andere und sich herum). Sich in diese Haltung der Umsicht hineinzuversetzen, habe ich als die <u>Ekstase der Auskunft</u> bezeichnet (Kolb, 2017a, S. 56), wobei hier diese Ekstase im Unterschied zu früher bedeutet, dass wir nicht nur Auskunft bekommen, sondern selbst auch Auskunft geben im Sinne von verantwortlich sein bzw. Antwort geben, wenn wir in diese Ekstase versetzt werden oder uns selbst in sie hineinversetzen.

Die Lernform des Lernens durch Umsicht geht ebenfalls über die bisher erwähnten tierischen Lernformen hinaus, was aber in diesem Fall tatsächlich heißt, dass es selbst bei höher entwickelten Tieren das Lernen durch Umsicht nicht gibt. Lernen durch Umsicht hat große <u>Ähnlichkeit mit dem Modelllernen</u>, denn bestimmte Auskünfte darüber, wie bzw. nach welchen Maximen vorbildliche Menschen (am Anfang in der Regel die Eltern) verantwortungsvoll handeln, regen das Kind dazu an, nach denselben Maximen zu handeln, der wesentliche Unterschied besteht allerdings darin, dass es hier vorher zu einer Umsicht im oben erwähnten doppelten Sinne kommt (Verantwortung bzw. das Geben von und Sich-Bemühen um Auskunft, wobei man beliebig oft um etwas herum kreisen kann) und erst dann das Modelllernen beginnt.

Was die Beziehungsstruktur zwischen Mutter und Kind betrifft, so kann das Kind auf dieser Entwicklungsstufe seine Selbstständigkeit als für sich selbst verantwortlich-reflektierender Akteur wahrnehmen, indem es zwischen seiner Mutter und sich selbst als Akteur mit eigenen Repräsentationen von anderen, von seiner Umwelt und von sich selbst unterscheidet und sich in dieser Hinsicht ebenfalls als verschieden von seiner Mutter wahrnimmt. Erst jetzt unterscheidet sich ein Kind von seiner Mutter auch als Mensch mit eigenen verantwortlich-reflektierten und typisch menschlichen Handlungen.

Wenn man sich vorstellt, dass alle Repräsentationen, die wir uns von allem Wahrgenommenen machen, eine Art Hülle um uns herum bilden, dann ist eine Person das, was durch diese Hülle hindurch tönt (von lat. per-sonare, per bedeutet durch, sonare tönen). Insofern kann ein Kind erst jetzt seine Mutter und sich selbst als <u>zwei verschiedene Personen</u> wahrnehmen bzw. unterscheiden.

Die Hülle der Repräsentationen um eine Person herum kann man sich insgesamt als eine dreifache Hülle veranschaulichen bzw. vorstellen, die erstens aus einer Hülle von Repräsentationen der eigenen Person und eigener Gemeinschaften besteht, in denen diese Person Mitglied ist, insgesamt also das eigene Selbstbild, zweitens aus einer Hülle von Repräsentationen anderer Personen und anderer Gemeinschaften und drittens aus einer Hülle von Repräsentationen der Umwelt bzw. von der Erscheinungswelt dieser Person, aus der sich dann eine bestimmte Weltanschauung ergibt.

Von den oben erwähnten Beziehungsmustern der Wahrnehmung bzw. von den <u>Wahrnehmungsstrukturen</u> hat das Kind folgende Prinzipien dazugelernt: es gibt bei der Struktur der Zeit unterschiedliche Vorstellungen der Zeit, die andere Menschen von ihr haben (was für den einen z.B. eine kurze Zeitdauer ist, ist für den anderen sehr lange), wobei auch das Kind wahrnimmt, dass von ihm selbst der Zeitverlauf und die Dauer der Zeit nicht immer in gleicher Weise wahrgenommen werden. Die Zeit in ihrem Verlauf bekommt so für jeden einen <u>objektiven bzw. allgemeinen</u> Aspekt, nämlich die Dauer der Zeit, wie sie objektiv, d.h. <u>gemeinsam von allen in der Gemeinschaft</u> erfahren wird, z.B. durch eine gleichmäßige Einteilung des Tagesrhythmus oder der Schwingung einer Atomuhr, und einen <u>empfindungsmäßigen</u> Aspekt, nämlich die Dauer der Zeit, wie sie von der Empfindung her <u>als Individuum</u> verläuft. Es gibt aber noch etwas drittes, nämlich einen <u>spezifischen</u> Aspekt der Zeit, die Zeitdauer, wenn jemand praktisch handelt und im Modus der <u>Spezies</u> die Zeit erfährt. Ich erlebe die Zeit in verschiedener Weise, je nachdem, in welchem Modus ich mich befinde und dabei andere Perspektiven einnehme und andere Aspekte auf diese Weise wahrnehme.

Wenn ich sehnsüchtig auf etwas warte, dauert die empfindungsmäßige Zeit ganz lange, und wenn eine Zeit sehr schön ist, vergeht sie wie im Fluge. Entsprechend verrinnt die spezifische Zeit langsamer, wenn ich kaum Erwartungen habe, nichts tue und mir langweilig ist, als wenn es spannend ist bei der Arbeit, ob etwas gelingt oder nicht. Der objektive Zeitaspekt ist von etwas abhängig, was alle in der Gemeinschaft gleichermaßen wahrnehmen, der empfindungsmäßige nur von dem, was ich individuell empfinde, und der spezifische von dem, was ich während der Interaktion mit meiner Umwelt erlebe. Während die Zeit eine Wahrnehmungsstruktur mit einer Dimension ist, anhand der wir Wahrnehmungen jetzt anordnen, individuell unsere Eindrücke in Erlebniszusammenhänge bringen und spezifisch unsere Möglichkeiten des Seinkönnens in verschiedene Rollen einteilen können, besitzt die Zeitlichkeit als Daseinsstruktur die drei zeitlichen Ekstasen der Herkunft, der Zukunft und der Ankunft, in die wir hineinversetzt werden oder uns selbst hineinversetzen können.

Bei der Wahrnehmungsstruktur der Rhythmik gibt es objektive Rhythmen wie z.B. den Tagesrhythmus, der durch den Sonnenaufgang bestimmt ist, empfindungsmäßige wie z.B. meinen Herzrhythmus, der vor allem durch meine Empfindungen beeinflusst wird, und spezifische wie z.B. meinen Atemrhythmus, der oft durch die Interaktion mit meiner Umwelt gesteuert wird. Zwischen diesen verschiedenen Rhythmen gibt es natürlich viele Abhängigkeiten und Beeinflussungen, die man als Überlagerungen und Interferenzen beschreiben kann, und hier erschließen sich uns dann im Mathematischen die <u>komplexen Zahlen</u>, wir überlagern die reellen Zahlen mit imaginären, indem wir wie in der Physik für das Zeitmaß nicht nur reelle Zahlen sondern auch imaginäre zulassen und Schwingungsgleichungen als Zustandsgleichungen betrachten und analysieren, um den zeitlichen Verlauf und die Dauer von Prozessen in einem System zu berechnen.

Bei der Wahrnehmungsstruktur des Raumes ist das Kind nicht mehr der absolute Mittelpunkt, wie das noch der Fall war auf der Entwicklungsstufe des intentionalen Selbst. Der Raum bekommt jetzt insgesamt die Bedeutung, dass er aus einer Menge von relativen Orten besteht, die einander ähnlich sein können oder nicht. Relativ heißt, dass der Raum und seine Orte jeweils auf einen anderen oder auf mich bezogen sind, und da der andere an einem anderen Ort ist im Vergleich zu mir, sind <u>alle Orte relativ zueinander</u>. Mathematisch betrachtet haben wir nun eine <u>Affine Geometrie</u> des Raumes, nämlich eine Menge von Orten bzw. Punkten, denen ein dreidimensionaler Vektorraum derart zugeordnet ist, dass es für zwei Punkte A und B jeweils ein Vektor von A nach B und von B nach A gibt. Punkte bzw. Orte sind nun relativ zueinander und nicht mehr absolut, verschiedene Teilmengen von Punkten können nach der Dimension der zugeordneten Vektormenge in Punkte, Strecken, Flächen und Körper unterschieden werden, und man kann diese Teilmengen oder Gestalten vergleichen hinsichtlich Größe und Ähnlichkeit. Als affiner Raum oder Ähnlichkeitsraum hat der Raum nun die Struktur, die wir als Erwachsene alle kennen.

Allen bisher aufgeführten Strukturen des Raumes bis hin zum Ähnlichkeitsraum ist eines gemeinsam: Wir müssen uns immer wieder auf das Räumliche einlassen, sonst gibt es im Raum und geben wir dem Raum keine dieser Strukturen. Das ist die übergreifende Wirkung des Raumes, und damit ist es die <u>Daseinsstruktur der Räumlichkeit</u>, die einem Kind jetzt erschlossen ist bzw. die ein Kind erst jetzt anfangen kann zu unterscheiden bzw. wahrzunehmen: Dann und nur dann, wenn wir unsere <u>Selbst-Betroffenheit</u> und damit unsere <u>Selbstwahl</u> nicht abwehren, sondern uns dieser <u>Verantwortung</u> stellen und Antwort geben, wenn wir betroffen sind, findet diese Entwicklung statt, weswegen die durch Zeitlichkeit und Wirklichkeit vermittelte Daseinsstruktur der Räumlichkeit darin besteht, dass wir dadurch <u>aufgefordert</u> sind, <u>uns einzulassen</u>, dass sie uns <u>Auskunft</u> gibt über alles, was uns begegnet, über andere und uns selbst und auch wir entsprechend Auskunft geben, bzw. dass wir in die <u>räumliche Ekstase der Auskunft</u> versetzt werden, in die wir uns auch selbst hineinversetzen können, und dass die Räumlichkeit uns dadurch zur Selbstwahl und zur Auskunft über uns selbst auffordert.

So besitzt die Räumlichkeit eine Dynamik, der wir uns nicht entziehen können und durch die wir immer wieder betroffen gemacht werden: Bestimmte Orte können plötzlich ihre Bedeutung verlieren, z.B. wenn jemand, der mir nahesteht und an einem solchen Ort wohnt, plötzlich stirbt. Prinzipiell kann es immer wieder Ereignisse geben, die meinen Raum und seine Wirkung, die Daseinsstruktur der Räumlichkeit verändern und mich mehr oder weniger stark betroffen machen. Die entsprechende Auskunft, die ich über derartige Veränderungen gebe und bekomme, versetzt mich selbst aufgrund meiner Selbst-Betroffenheit in einen ekstatischen Zustand, von dem ich mich zwar abkehren kann, aber dann kehre ich mich von mir selbst ab. Ich habe also nur die Wahl, mich einzulassen, mich selbst zu wählen, die Selbstwahl anzunehmen, oder mich von mir selbst abzuwenden und damit den <u>Weg zur vollkommenen Liebe</u> zu verlassen. Damit bekommt der Raum als Wahrnehmungsstruktur seine <u>wirksame Struktur</u>, seine Daseinsstruktur der Räumlichkeit, die in der Art der Entschlossenheit liegt, wie ich mich auf diesen Ähnlichkeitsraum einlasse, ob ich meine Selbstwahl annehme oder nicht. Räumlichkeit ist die Wirkung des Raums als Aufforderung, sich einzulassen. Während der Raum als Wahrnehmungsstruktur drei Dimensionen besitzt, gibt es bei der Räumlichkeit als Daseinsstruktur nur eine Ekstase, nämlich die der Auskunft, in die ich entrückt werde oder in die ich mich hineinversetzen kann, wenn ich mich einlasse und meine Selbstwahl annehme. In dieser Hinsicht bin ich von der Räumlichkeit voll und ganz betroffen, ein Problem bzw. eine Aufgabe, die mich immer wieder zeitlebens betrifft und die ich niemals vollständig lösen kann. Diese Aufgabe ist erst in der Zeitlosigkeit der Utopie der vollkommenen Liebe gelöst, also in der Ewigkeit.

Bezüglich der Wirkungen der Wahrnehmungsstruktur der Zeit, also der Daseinsstruktur der Zeitlichkeit, ist folgendes hinzuzufügen: Wie bei der Räumlichkeit gibt es auch bei der Zeitlichkeit ein prinzipiell nicht lösbares Problem, denn der „wirkliche" Zeitverlauf, wie lange etwas wirklich dauert, ist für niemanden sicher erschließbar. Das ist ja das Grundproblem der Quantenphysik. Ich kann die Dauer zwar abschätzen, habe aber keine Gewissheit nur Wahrscheinlichkeiten. Damit stellt uns die wirksame Struktur der Zeit, die Daseinsstruktur der Zeitlichkeit, welche die Wirkung der Zeit ist als Aufforderung, sich hineinzuversetzen oder sich entrücken zu lassen in die drei zeitlichen Ekstasen der Herkunft, Zukunft und Ankunft, vor das prinzipiell nicht lösbare Problem, den wirklichen Zeitverlauf und uns selbst in ihm genau zu bestimmen. Diese mangelnde Bestimmbarkeit zeigt sich in vielerlei Hinsicht, die uns mehr oder weniger betroffen machen kann, hier nur zwei allgemeine Beispiele: Zum einen wissen wir zwar sicher, dass unsere Lebenszeit begrenzt ist, aber es gibt keine Gewissheit darüber, wann genau unser Tod eintreten wird bzw. wie lange unser Leben noch dauert; zum anderen birgt der Zeitverlauf unseres Lebens in sich ein Identitätsproblem, denn im Laufe unseres Lebens verändern wir uns ständig, wie kann ich also derselbe sein, obwohl ich immer wieder ein anderer bin? Diesem Paradoxon hat sich Nishida zugewandt (Nishida, 2011) und dazu die fünf grundlegenden Probleme der Gegensätzlichkeiten aktiv-passiv, objektiv-subjektiv, kontinuierlich-diskontinuierlich, linear-zirkulär und räumlich-zeitlich betrachtet, mit denen es immer besser umzugehen gilt, um das gesamte Paradoxon zu lösen. Da sich alle Gegensätzlichkeiten im Umgang mit der Realität, also spannungsgeladene Unterschiede beim Handeln, aus diesen fünf zusammensetzen (Kolb, 2017a, S. 119 ff., Kapitel 3.7), bedeutet deren Überwindung die Auflösung aller Spannungen zwischen den verschiedenen Aspekten des Daseins und damit aller Gegensätzlichkeiten des Daseins, sodass es auch nicht mehr den Gegensatz gibt, derselbe und ständig ein anderer zu sein. Diese fünf Gegensätzlichkeiten begegnen jedem Kind wie bereits oben aufgeführt auf den fünf Entwicklungsebenen des physischen (aktiv-passiv), sozialen (objektiv-subjektiv), teleologischen (kontinuierlich-diskontinuierlich), intentionalen (linear-zirkulär) und repräsentationalen Selbst (räumlich-zeitlich) und werden dort bis zu einem gewissen Grad gelöst bzw. überwunden, bevor die nächste Entwicklungsebene möglich wird (ebenda, S. 67 ff., Kapitel 3), eine vollständige und vollkommene Überwindung all dieser Paradoxien bzw. des Paradoxons der Zeit ist utopisch und könnte nur in der vollkommenen Liebe gelingen, wenn wir uns zu nichts mehr wirklich entschließen, auf nichts mehr wirklich einlassen, also in der Raumlosigkeit des Nirwana.

Bei der Wahrnehmungsstruktur der Rhythmik kommt als neue Qualität hinzu, dass ein Kind auf der Entwicklungsebene des repräsentationalen Selbst Ähnlichkeiten und Überlagerungen von Rhythmen unterscheiden kann. Indem wir die Strukturen von Raum und Zeit immer mehr begreifen, wirken diese Strukturen auf unser Dasein ein, sie vermitteln beide zusammen die Wahrnehmungsstruktur der Rhythmik, und dieser entspricht die Daseinsstruktur der Wirklichkeit, so wie dem Raum die Räumlichkeit und der Zeit die Zeitlichkeit. Wie man leicht zeigen kann, besteht zwischen Raum, Zeit und Rhythmik eine absolute Dialektik (jeweils zwei von ihnen vermitteln das dritte und das dritte vermittelt zwischen den beiden), genauso wie zwischen Räumlichkeit, Zeitlichkeit und Wirklichkeit. Dass Rhythmik und Wirklichkeit eine große Suggestivkraft für uns haben, zeigt die große Bedeutung, die wir diesen Strukturen geben. Schließlich entdecken wir über Rhythmik jegliche Lebendigkeit, und aus der Wirkung von Lebendigkeit, auch der eigenen Lebendigkeit, ergibt sich für uns die Wirklichkeit, die generelle lebendige Wirklichkeit aller Lebewesen, unsere eigene lebendige Wirklichkeit und die lebendige Wirklichkeit, wenn wir in Kontakt mit unserer Umwelt treten oder kommen. Die Wirklichkeit ist die Struktur des Wirkens bzw. aller Wirkungen in unserer Welt, welche, wie man aus der Quantenphysik weiß, alle rhythmisch sind und mithilfe von Schwingungsgleichungen beschrieben werden können, und sie wird vermittelt durch die entschlossene Annahme unserer Selbstwahl (Räumlichkeit) und durch unser damit zusammenhängendes Bemühen, den Zeitverlauf immer echter und unmittelbarer zu verstehen (Zeitlichkeit), d.h. uns um eine immer echtere und unmittelbarere Auskunft zu bemühen über die drei zeitlichen Ekstasen der Herkunft, der Zukunft und der Ankunft, was wir, anschaulich ausgedrückt, bis zu deren Horizont jeweils erblicken, indem wir u.a. auch selbst Auskunft geben und uns so mit anderen austauschen. Je besser uns dies gelingt, desto mehr nähern wir uns der vollkommenen Liebe an.

2.8. Einschub: Erscheinungswelten

Wenn wir die Entwicklung eines Kindes von der Ebene des physischen Selbst bis zu der des repräsentationalen Selbst betrachten, dann ist seine Weltanschauung, wie ihm etwas erscheint, auf jeder Ebene etwas anders. Es gibt hier also eine gewisse Pluralität der Erscheinungswelten, und es stellt sich die Frage, wie ein Kind von einer Erscheinungswelt in die andere gelangt. Bis jetzt haben wir hauptsächlich den Anteil der Mutter betrachtet, die durch Beruhigung und Anregung zum Perspektivwechsel derartige Übergänge unterstützt hat. Was aber sind die Voraussetzungen beim Kind, welche Entwicklungsprozesse sind notwendig, damit es die Unterstützung der Mutter nutzen kann, um sich eine neue Welt zu erschließen?

Mit jeder der fünf Entwicklungsebenen ist als materielle Verankerung ein Gegensatzpaar verknüpft. Erst wenn es dem Kind bis zu einem gewissen Grad gelingt, mit den entsprechenden Gegensätzlichkeiten, also mit der materiellen

Ebene, praktisch handelnd umzugehen, ist ihm die nächste Entwicklungsebene zugänglich und damit auch die entsprechende Erscheinungswelt, bei der das Kind noch mehr Gegebenheiten unterscheiden, also wahrnehmen kann, d.h. seine Erscheinungswelt vergrößert sich immer mehr, es erscheint ihm immer mehr in dieser Welt.

Je mehr Einsicht ein Kind auf der Ebene des physischen Selbst in die Zusammenhänge von Aktivität und Passivität bekommt, desto eher fällt ihm auf, dass seine subjektive bzw. subjektseitige Effektivität von objektiven bzw. objektseitigen Bedingungen – zuerst von anderen Menschen, dann von seiner gesamten Umwelt – abhängt, sodass ihm die Ebene des sozialen Selbst zugänglich wird. Je mehr Rücksicht es auf derartige Bedingungen nehmen kann, desto eher wird ihm klar, dass es verschiedene spezifische Aktivitäten kontinuierlich aneinanderreihen kann, sodass sich ihm die Möglichkeit eröffnet, auf die Ebene des teleologischen Selbst zu kommen. Je vorsichtiger es seine spezifischen Aktivitäten aneinanderreihen kann, desto mehr eröffnet sich ihm die Sichtweise, dass es auf diese Weise bestimmte Absichten geradlinig erreicht, sich aber manchmal auch im Kreis dreht, was ihm den Zugang zur Ebene des intentionalen Selbst verschafft. Je besser es seine Aussichten einschätzen und entsprechende Strategien entwickeln kann und damit immer öfter seine Ziele erreicht, desto öfter wird es auch damit konfrontiert, dass es anderen den Raum für Möglichkeiten nimmt und mit der Zeit immer negativer beurteilt werden kann. Sobald es diese Gefahr erkennt, ist ihm die Ebene des repräsentationalen Selbst zugänglich.

Wie man an diesen Ausführungen sehen kann, bedarf es erst bestimmter durch seinen Lebensvollzug erworbener Erfahrungen, bevor ein Kind in eine neue Erscheinungswelt eintreten kann. Für den Übergang von einer Erscheinungswelt in eine andere lernt ein Kind nicht einfach nur eine neue Interpretation seiner Wahrnehmungen, sondern es erarbeitet sich bestimmte neue Erfahrungen, durch die es darauf aufmerksam wird, dass seine bisherige Perspektive nicht mehr ausreichend ist, bestimmte Täuschungen und Enttäuschungen zu vermeiden. Durch neue Perspektiven erkennt es neue Unterschiede, kann mehr differenzieren und damit mehr wahrnehmen, und zwar sowohl Dinge, als auch Eigenschaften, als auch Prozesse. Unsere Sichtweise der Welt ist zwar einerseits davon abhängig, welche verschiedenen Perspektiven wir einnehmen, wodurch wir überblicken können, auf was wir zukommen können (geistiger Aspekt, Zukunft), andererseits aber brauchen wir auch bestimmte Erfahrungen, die uns auf bestimmte Unterschiede bzw. Gegensätzlichkeiten und deren Herkunft aufmerksam machen (materieller Aspekt, Herkunft), die wir nur mithilfe bestimmter Fähigkeiten und Fertigkeiten wahrnehmen können, um bestimmte Perspektiven überhaupt unterscheiden bzw. einnehmen zu können, und für jeden Perspektivwechsel dürfen wir nicht zu aufgeregt sein, um zu begreifen, in was für einer Situation wir angekommen sind (psychischer Aspekt, Ankunft). Wie uns die Welt erscheint, hängt sowohl von psychischen, als auch von materiellen, als auch von geistigen Faktoren ab. Es ist nicht nur das Resultat verschiedener Interpretationen unserer Wahrnehmung, unsere Wahrnehmung selbst verändert sich, weil uns neue Unterscheidungen aufgrund neuer wahrgenommener, begriffener und verständlicher Beziehungsmuster zugänglich sind.

Wichtig zu erwähnen an dieser Stelle, scheint mir, dass ich bei diesen Betrachtungen weder ein Ding an sich (Kant, Critik der reinen Vernunft, 1781 (A), zweite Auflage 1787 (B)) und davon abgeleitet eine Welt an sich benötige noch irgendeine Art von Realismus, bei der ich annehmen muss, dass irgendwelche empirische Daten mir helfen, eine objektive Realität näherungsweise immer besser zu beschreiben. Das liegt daran, dass die verschiedenen Welten ein und demselben Kind erscheinen. Dabei besteht auch nicht die Gefahr des Solipsismus, denn dieses Kind hat alle seine Erscheinungswelten mit seiner Mutter geteilt.

Um in diesem Sinne zwei verschiedene Erscheinungswelten miteinander vergleichen zu können, brauche ich (am besten mehrere) Menschen, die in beiden Welten gewesen sind. Wenn allerdings zu viel Zeit zwischen zwei derartigen Welten liegt, diese aber in mehreren Entwicklungsschritten über die Zeit hinweg auseinander hervorgegangen sind, dann brauche ich für jeden dieser Entwicklungsschritte Menschen, die sowohl in der Welt vor als auch in der nach diesem Schritt gewesen sind. So kann ich wenigstens theoretisch z.B. die Erscheinungswelt von Aristoteles und die von Galilei bezüglich ihrer physikalischen Anschauungen vergleichen, es sei denn, es gelingt einem heutigen Forscherteam sich in beide Welten hineinzuversetzen. Das wäre dann eine praktische Lösung. Es muss dabei natürlich eine materielle Verankerung bzw. ein entsprechendes <u>Kriterium</u> dafür geben, wie gut jemand sich in eine Erscheinungswelt hineinversetzt hat: Je mehr ich ähnliche Erwartungen nachvollziehen kann (imitierte Entwicklung von Erwartungen) wie andere in der jeweiligen Erscheinungswelt, und je mehr ich ähnliche Übereinstimmungen und Täuschungen bezüglich dieser Erwartungen mir vorstellen kann (imitierte Wahrnehmung) wie jene, desto besser oder mehr kann ich mich in diese Erscheinungswelt hineinversetzen. Die jeweilige Imitation gelingt dann am besten, wenn ich selbst mit den anderen eine Zeitlang zusammen in der entsprechenden Welt praktisch gehandelt habe. Insofern kann auch ein Psychotherapeut einen ängstlichen oder depressiven Klienten am besten begreifen und sich auf mögliche Wege aus der psychischen Störung verstehen, der selbst Ängste und Depressionen erlebt bzw. unter derartigen Umständen praktisch gehandelt hat. Bei jeder Art des Sich-Hineinversetzens gilt jedoch, dass dies umso besser gelingt, je mehr der Betreffende sich schon der vollkommenen Liebe genähert hat. Für jeden einzelnen gilt dabei, dass er zwar immer mehr Fortschritte auf dem Weg dorthin machen und dies unterscheiden, also wahrnehmen kann, er kann allerdings niemals wissen, wie weit er noch von dort entfernt ist. Und wenn man verschiedene Menschen miteinander vergleicht, so kann man nicht sagen, wer näher an der vollkommenen Liebe ist. Dies ist letztlich auch die Aussage von „vor Gott sind alle Menschen gleich" (Römer 2,11; Epheser 6,9). Wie gut sich jemand in die Erscheinungswelt eines anderen oder in die einer ihm fremden Gemeinschaft hineinversetzen kann, kann letzten Endes nur dadurch ermessen werden, wie sehr und wie oft er sich dabei täuscht, wenn er konkrete Aussagen darüber formuliert, wie jemand in der betreffenden Erscheinungswelt in bestimmten Situationen praktisch handeln würde.

Inwieweit kann man Menschen überhaupt vergleichen, ist denn die beschriebene Entwicklung des Daseins in der Mutter-Kind-Dyade nicht zu spezifisch und daher nicht auf alle Menschen in allen Kulturen übertragbar? Einerseits ist es richtig, dass ich hier eine idealtypische Entwicklung nachgezeichnet habe, die derart (leider) auch bei uns nicht immer so abläuft. Aber entscheidend für die Daseinsanalyse sind die verschiedenen Befindlichkeiten, wobei jeweils bezeugt ist, dass das Dasein die zugehörige Gegensätzlichkeit überwinden und so insgesamt letztlich „die vollkommene Liebe erreichen will" (Kolb, 2017a, S. 126). <u>Die verschiedenen Gegensätzlichkeiten sind universal</u>, bis einschließlich der Gegensätzlichkeit linear-zirkulär sind sie sogar für viele Tiere universal, und die verschiedenen Situationseigenarten wie gelungene eigene Bestimmung der Umwelt, Überforderung, Hilflosigkeit, Hoffnungslosigkeit und Unzulänglichkeit ebenfalls. Daraus entwickeln sich dann bei allen Menschen die entsprechenden Befindlichkeiten, die die Überwindung der entsprechenden Gegensätzlichkeiten fordern: Wenn die eigene Bestimmung der Umwelt gelingt, löst das bei jedem eine gewisse Freude aus und das Bestreben, dass dies immer gelinge, also nie mehr etwas passiv erduldet werden muss (Überwindung des Gegensatzes aktiv-passiv), und wenn sie misslingt, ist jeder frustriert und empfindet Unmut. Dabei macht Überforderung wütend, Hilflosigkeit ängstlich, Hoffnungslosigkeit erzeugt Leid und Unzulänglichkeit Scham oder Enttäuschung bzw. Fremd-Schämen je nach Ursachenattribuierung, ob ein anderer, etwas anderes oder man selbst als unzulänglich wahrgenommen wird. Insofern gibt es eine gemeinsame Basis, von der ausgehend man auf der Ebene der Empfindungen alle Menschen miteinander vergleichen kann, d.h. der Aspekt des Seelisch-Motivationalen ist bei allen Menschen gleich.

Wenn man jetzt noch das Geistig-Ideale oder das Gegensätzlich-Materielle in den verschiedenen Alltagssituationen begreifen kann, dann öffnet sich einem die Erscheinungswelt des Betreffenden, denn zwischen den drei Aspekten Seele, Geist und Materie gibt es ja eine absolute Vermittlung. Die Erscheinungswelt gegenwärtiger fremder Kulturen erkenne ich am deutlichsten, wenn ich in der entsprechenden Kultur, also zusammen mit verschiedenen ihrer Mitglieder in deren Gemeinschaft praktisch handle, und vergangene Kulturen erschließen sich mir von ihrer Erscheinungswelt am besten, wenn ich mich in ihre Erwartungen und Ideale einfühlen kann.

Als eine weitere Konsequenz aus den Betrachtungen der Entwicklung des Kindes ergibt sich die Pluralität der Erscheinungswelten bei Kindern auf verschiedenen Entwicklungsebenen, die nicht nur auf eine von den Kindern vorgenommene unterschiedliche Interpretation der Erscheinungen zurückzuführen ist, sondern auch mit einer Erweiterung der wahrgenommenen Phänomene aufgrund unterschiedlicher Fähigkeiten und Fertigkeiten der verschiedenen Kinder zusammenhängen, die sie durch verschiedene Lernprozesse sich erwerben. Meiner Meinung nach kann man dies durchaus verallgemeinern auf alle Menschen, da auch die verschiedenen Lernprozesse durch gemeinsame Einsicht, Rücksicht, Vorsicht, Aussicht und Umsicht allgemein menschlich sind, sodass hiermit gezeigt ist, „dass bezüglich dieser subjektseitigen Momente von Erscheinungswelten ein gewisser Spielraum von Möglichkeiten besteht, so dass aus einer Variation der subjektseitigen Momente verschiedene Erscheinungswelten resultieren" (Hoyningen-Huene, 1989, S. 74). Die Wissenschaftsphilosophie von Thomas S. Kuhn gewinnt dadurch wesentlich an Gehalt (ebenda).

Man könnte nun folgendes Vergleichsmaß zwischen verschiedenen Erscheinungswelten definieren: Jeder Erscheinungswelt wird das Verhältnis der durchschnittlichen Übereinstimmungen zu den durchschnittlichen Täuschungen der Erwartungen zugeordnet, und zwar bei allen Alltagssituationen aller Mitglieder der entsprechenden Gemeinschaft, welche die betreffende Erscheinungswelt miteinander teilen. Dieses Verhältnis könnte man den Zufriedenheitsquotienten der Gemeinschaft in Abhängigkeit von ihrer Erscheinungswelt nennen, denn jede Übereinstimmung vermehrt die Empfindung der Zufriedenheit und jede Täuschung vermindert sie, und die Ebene der Empfindungen ist ja die gemeinsame Basis aller Menschen. Dieser Zufriedenheitsquotient bestimmt sich allerdings nicht allein aus der Erscheinungswelt, er ist auch abhängig von der konkreten Gemeinschaft in einer konkreten Situation zu einer bestimmten Zeit an einem bestimmten Ort. Sogar bei derselben Gemeinschaft, aber unter anderen Umständen oder zu einer anderen Zeit oder an einem anderen Ort kann bei derselben Erscheinungswelt der Zufriedenheitsquotienten einen ganz anderen Wert haben.

Diese Überlegung zeigt die große Schwierigkeit, verschiedene Erscheinungswelten miteinander zu vergleichen und eine als die bessere oder überlegenere gegenüber der anderen zu beurteilen. Insofern sollten wir uns also davor hüten, unsere abendländische Kultur und ihre durch unsere Wissenschaft geprägte Erscheinungswelt leichtfertig als Optimum hinzustellen und andere Kulturen mit ihren Erscheinungswelten abzuwerten.

Wenn man diesen Gedanken weiterspinnt und sich fragt, welchen Wert der Zufriedenheitsquotient wohl annehmen würde, wenn wir die Utopie der vollkommenen Liebe erreichen würden, so ergibt sich ein Quotient von 0:0, weil es dann gar keine Erwartungen mehr gäbe, d.h. der Zufriedenheitsquotient ist nicht bestimmbar. Wir hätten nicht nur keine Erwartungen, sondern auch keine Vorstellungen von der Welt, also keine Erscheinungswelten mehr. Ob wir dann die Welt an sich sehen würden?

2.9. Einschub: Sprechen und Denken

Die bisher verwendeten Begriffe der Alltagssprache, die ich zur differenzierten Beschreibung lebendiger Bewegungen bzw. Regungen verwendet habe, halte ich für meine Zwecke ausreichend klar und deutlich, was ihren Gebrauch betrifft, bis auf die beiden Begriffe »Zeichen« und »Symbol«, die ich noch einmal genauer spezifizieren möchte, um insbesondere den Unterschied zwischen beiden zu verdeutlichen. Dazu möchte ich vorab klären, was mit den Begriffen »Sprache«, »sprechen«, »reden« und »denken« genau gemeint sein soll. Wie bei Hartmann ausgeführt (Hartmann, 1998, S. 164 ff.) ist Sprechen das Benutzen einer Sprache, und zwar entweder ein kluges oder ein typisch menschliches Handeln (wie oben definiert). Im Unterschied dazu ist das Reden ein Sprechen mit stimmlicher oder geflüsterter Lautäußerung. Eine Sprache entwickelt sich aus der Kommunikation des Kindes mit seiner Mutter, die auf Regungen ihres Kindes kontingent reagiert, woraufhin ihr Kind die Kontingenz entdeckt und auf diese Weise lernt, bestimmte spezifische Aktivitäten in bestimmten Situationen zu betreiben, welche durch kontingente Reaktionen der Mutter operant verstärkt werden. Diese Kommunikation ist interexistenzial, sie wird nicht von einem allein entwickelt, was daran zu erkennen ist, dass sie bei derselben Mutter mit verschiedenen ihrer Kinder unterschiedlich ist. Da viele spezifische Aktivitäten des Kindes stimmlicher Natur sind, entwickelt sich aus dieser Kommunikation das allgemeine Sprechen und das spezifische Reden gleichzeitig, es sei denn, das Kind ist stumm. Seine Muttersprache beginnt das Kind erst auf der Stufe des intentionalen Selbst zu lernen, wobei hier beim Sprechen nur Zeichen bzw. beim Reden Worte nur als Zeichen für die entsprechenden Absichten des Kindes benutzt werden, und es die Rede seiner Mutter auch nur auf diesem Niveau des Sprechens »versteht«.

Einen anderen verstehen bedeutet hier, sich vorzustellen, man sei der andere und verstehe sich selbst als der andere. Sich selbst verstehen heißt, einen Plan zu entwickeln und sich Möglichkeiten des eigenen Seinkönnens vorzustellen, um bestimmte eigene Absichten zu erreichen. Das Verstehen eines anderen oder von einem selbst ist auf dieser Entwicklungsebene noch auf Absichten beschränkt, die das Kind bei bestimmten Ausführungen unterscheiden kann. Sprache beinhaltet damit auf dieser Ebene alle Aktivitäten, die für das Kind Ausführungen bzw. kluge Handlungen sind. Dies entspricht auch der alltagssprachlichen Verwendung, wenn wir sagen, dass eine bestimmte Aktivität eine Absicht verrät (verraten ist auch eine Art des Sprechens). So betrachtet ist Kommunikation dadurch fundiert, dass die beiden Kommunikationspartner sich jeweils vorstellen, der andere zu sein, und das Sprechen entsteht dadurch, dass die Aktivitäten beider Partner mindestens als Ausführungen, wenn nicht sogar als zeitlich und räumlich relativ unabhängiger Ausdruck des Handelnden erkannt werden, die eine bestimmte Eigenart von ihm repräsentieren bzw. ihn charakterisieren. Letzteres möchte ich eine <u>voll entwickelte menschliche Sprache</u> nennen, denn eine Sprache, wie sie ein Kind auf der Ebene des intentionalen Selbst entwickeln kann, gibt es auch bei Tieren und besteht lediglich aus Hinweisen, Versprechen und Äußerungen von Wünschen oder Befehlen.

Kommen wir nun zum Begriff des Denkens: Hartmann (ebenda) definiert Denken als sich vorgestelltes Sprechen, was ich dahingehend präzisieren möchte als sich vorgestelltes Miteinander-Sprechen von Bereichen des emotionalen mit entsprechenden des biografischen Gedächtnisses. Ich möchte Denken umfassender derart definieren, dass man sich vorstellen kann, dass beim Denken ein Austausch bzw. eine Kommunikation zwischen mindestens zwei Parteien stattfindet. An seinen Aktivitäten kann man bei einem Kind von außen etwas Derartiges schon zuverlässig unterscheiden: es gibt die Wortverwandtschaft von Denken und Gedächtnis, sodass man immer dann von Denken sprechen kann, wenn ein Kind sich an etwas erinnert, denn dann kann man sich die Kommunikation bzw. den Austausch mit seinem Gedächtnis vorstellen. Da menschliche Kommunikation im Unterschied zur tierischen auf einer voll entwickelten menschlichen Sprache beruht, möchte ich die Definition von Hartmann speziell für menschliches Denken übernehmen.

Der Unterschied der beiden Denkweisen des tierischen und des menschlichen Denkens lässt sich verdeutlichen am Unterschied zwischen den beiden Begriffen des Zeichens und des Symbols: Bei einem Zeichen wird seine bisherige Verwendung beibehalten, und ein Zeichen kann nur auf etwas hinweisen, während bei einem Symbol von seinem bisherigen Gebrauch vollkommen abgesehen wird und ihm eine neue Verwendung verliehen wird. Wenn Heideggers südbadischer Bauer den Südwind als Zeichen für kommenden Regen betrachtet, dann gebraucht er den Begriff des Windes immer noch auf die gleiche Weise. Wenn aber das Meer als Symbol für Geburt, Leben und Tod verwendet wird, dann wird von dem Gebrauch des Begriffs als salziges Wasser, das wir an den Küsten unserer Kontinente sehen können, vollkommen abgesehen. Dies ist ein kreativer Prozess, der allerdings nicht willkürlich abläuft sondern z.B. mit Heideggers hermeneutischem Zirkel (Heidegger, 2006, S. 150 z.B.) beschrieben werden kann: Als Vor-Habe nehmen wir den bisherigen Gebrauch eines Begriffs oder Ausdrucks und abstrahieren in einer Vor-Sicht hinsichtlich einer bestimmten möglichen Repräsentation etwas aus diesem Gebrauch und verbinden dann dieses abstrakte Charakteristikum in einem Vor-Griff mit der neuen Verwendungsweise. Diesen Prozess kann man als Abstraktion bezeichnen und das entsprechende Denken als abstraktes Denken. Wenn man dies auf die symbolische Verwendung des Begriffes des Meers anwendet, so besteht die Vor-Habe in dem ursprünglichen Gebrauch des Wortes als Bezeichnung für das Wasser, welches auf der Erde unsere Kontinente umgibt. Davon abstrahieren wir in der Vor-Sicht bestimmte Eigenschaften des Meeres, dass alles Leben im Meer entstanden ist, dass das Meer bei Überflutung uns den Tod bringen kann, dass Flut und Ebbe wie Kommen und Gehen, wie Geburt und Tod gesehen werden können, und dass wir als Embryos im Fruchtwasser geschwommen sind, was ähnlich salzhaltig ist wie das Meerwasser. Damit haben wir beim Meer charakteristische Eigenschaften gefunden, die wir im Vor-Griff mit Geburt, Leben und Tod in Verbindung bringen können, sodass wir im Meer eine entsprechende Repräsentation finden und so diesen Begriff des Meeres neu als Ausdruck von Geburt, Leben und Tod verwenden können.

In diesem abstrakten bzw. symbolischen Denken ist auch eine Dialektik erkennbar: Der These des faktischen Meeres, das wir an den Küsten unserer Kontinente sehen können, wird die Antithese gegenübergestellt, dass man von dieser oberflächlichen Betrachtung des Meeres ganz absehen kann, weil mit dem Meer noch viel mehr verbunden ist als das, was wir mit bloßem Auge erkennen können, und daraus wird dann die Synthese gebildet, dass wir einerseits den Begriff des Meeres für das tatsächliche Meer und andererseits ihn zusätzlich daneben für das symbolische Meer gebrauchen, welches wir als Sinnbild für Geburt, Leben und Tod verwenden. Man kann das Denken aus dieser Perspektive betrachtet auch als <u>dialektisches Denken</u> bezeichnen.

Am Beispiel des dialektischen Denkens wird deutlich, dass Denken die Vorstellung eines Gesprächs ist, bei dem auch mehrere Personen beteiligt sein können. Damit kann man drei Aspekte des Denkens unterscheiden: Den <u>materiellen</u> Aspekt des vorgestellten <u>Sprechens</u> einer oder mehrerer Personen zu einer oder mehreren anderen Personen, die sich in irgend einem Gegensatz – daher materiell – zueinander befinden (unterschiedliche Informationen, Meinungen, Absichten usw.), den <u>psychischen</u> Aspekt des <u>Begreifens</u> des vorgestellten Sprechens, wie dieses unter Umständen von verschiedenen vorgestellten Personen unterschiedlich begriffen werden kann, und den <u>geistigen</u> Aspekt des <u>Verstehens</u> und der <u>möglichen Antwort</u> auf die begriffene Aussage. Auf diese Weise können wir uns ein regelrechtes <u>Drama bzw. einen ganzen Roman *ausdenken*</u>. Normalerweise denken wir, dass Denken nur mit der geistigen Ebene etwas zu tun hat. Unsere Überlegungen haben aber schließlich dahin geführt, dass das Denken sowohl materielle, als auch psychische und natürlich auch geistige Aspekte besitzt.

Man kann das menschliche Denken auch <u>strukturalistisch</u> betrachten, nämlich, dass wir dabei zuerst ein Ganzes betrachten, etwa das Meer, und dieses Phänomen dann <u>analysieren</u> und in einzelne Aspekte zerlegen, z.B. in den Aspekt des salzhaltigen Wassers, in den Aspekt, dass alles Leben im Wasser entstanden ist, usw. wie oben. Dann rekonstruieren wir daraus wieder die gesamte Fülle des Begriffes, also des Meeres, und auf welch vielfältige Art und Weise wir diesen Begriff bezeichnend und symbolisch verwenden können, und fügen so etwas typisch Menschliches hinzu, was dieses Gesamtphänomen nämlich für uns alles repräsentieren kann. Auf diese Weise können wir menschliches Denken auch als <u>analytisches Denken</u> bezeichnen.

Der Ausdruck dialektisches Denken bezieht sich mehr auf das allgemeine dialogische Denken und entspricht so mehr dem Daseinsmodus des Genus, abstrakt-hermeneutisches Denken betont mehr das Denken des Einzelnen im Daseinsmodus des Individuums, während das analytische Denken im Analysieren eher spezifisch verwendungs- und handlungsorientiert ist analog dem Daseinsmodus der Spezies.

2.10. Das geschlechtliche Selbst

Nachdem auf der Entwicklungsstufe des repräsentationalen Selbst für das Kind zum ersten Mal die Gefahr wahrgenommen wurde, dass es aufgrund seiner Unzulänglichkeiten die Zugehörigkeit zu seiner Gemeinschaft, in diesem Fall zu seiner Familie, verlieren könnte, bemüht es sich, sich irgendwie nützlich zu machen, und sucht oder entwickelt dafür je nachdem spezifische Strategien (Handlungspläne), allgemeine Werthaltungen und individuelle Einstellungen (das bezieht sich alles jeweils auf bestimmte Repräsentationen bzw. eine bestimmte Weltanschauung, um sich besser auf bestimmte Situationen zu verstehen, sie besser zu begreifen und in ihnen besser handeln zu können), die man methodisch anhand der fünf praxisbezogenen Gegensätzlichkeiten aktiv-passiv, subjektiv-objektiv, diskontinuierlich-kontinuierlich, linear-zirkulär und zeitlich-räumlich analysieren und charakterisieren bzw. von der Wahrnehmung her einordnen bzw. materiell verankern kann. Da alle Gegensätzlichkeiten im Umgang mit der Realität mithilfe dieser fünf grundlegenden Unterschiedlichkeiten vollständig charakterisiert werden können (Kolb, 2017a, S. 66 ff., 3. Kapitel), ist eine derartige Analyse vollständig.

Bezüglich des Gegensatzes aktiv-passiv kann man seine Strategien, Werthaltungen und Einstellungen entweder daran ausrichten, dass es besser ist, aktiv auf andere Menschen zuzugehen, um sie anhand ihrer Reaktionen z.B. auf bestimmte

Arten von Provokationen kennen zu lernen, oder aber, dass es besser ist, passiv zu bleiben und abzuwarten, wie die Betreffenden von sich aus aktiv werden, um sie auf diese Weise einzuschätzen. Hinsichtlich des Gegensatzes subjektiv-objektiv kann man sich entweder daran ausrichten, dass es besser sei, sich zu behaupten, sich durchzusetzen, Macht über oder Einfluss auf die anderen auszuüben und sie anzuführen, oder aber stattdessen sich zu fügen, zu dienen und für die Belange anderer da zu sein. Von dem Gegensatz diskontinuierlich-kontinuierlich ausgehend kann man entweder die Position einnehmen, es sei besser, durchaus sprunghaft alles Mögliche auszuprobieren, sich möglichst viele Anregungen zu holen, damit es einem „etwas bringt" und nicht langweilig wird, oder aber auf Sicherheit bedacht zu sein und z.B. kontinuierlich an Beziehungen festzuhalten, auch wenn man dabei auf etwas verzichten muss. In Bezug auf den Gegensatz linear-zirkulär geht man direkt auf sein Ziel zu und ist um geradlinigen Fortschritt bemüht, oder aber man nimmt Rückschläge hin und wartet geduldig Gelegenheiten ab, bis die anderen zufrieden gestellt sind und man dann erst die eigenen Ziele verfolgt. Relativ zu dem Gegensatz zeitlich-räumlich forscht man entweder nach, woher Probleme kommen und wodurch sich einem Aufgaben stellen, welche zukünftigen Ideale erstrebenswert sind und welche gegenwärtigen Lösungsschritte dazu durchgeführt werden müssen, d.h. man bewegt sich frei in den drei Ekstasen der Herkunft, der Zukunft und der Ankunft (Kolb, 2017a, S. 54 ff.), um die Technik seines Handelns immer mehr zu verbessern, ohne darauf zu achten, ob man anderen den Raum nimmt, man betont also die Zeitlichkeit, oder aber man lässt sich ein, teilt sozusagen den Raum mit den anderen (betont also das Räumliche), tauscht sich ausgiebig mit den anderen darüber aus, wie man die Wirklichkeit repräsentiert, und wenn jemand anderes einen verletzt oder sogar schadet, dann wandelt man die eigenen negativen Empfindungen darüber um in planendes bzw. reaktives Verständnis, der andere habe das bestimmt nicht absichtlich gemacht, vielleicht habe man den anderen auch dazu eingeladen, z.B. einen auszunutzen, oder der andere habe etwas wie eine Krankheit oder ein Handikap, weswegen man ihm helfen sollte, d.h. man interpretiert die Verhaltensweise des anderen so, dass man ihm verzeihen kann oder er sogar unschuldig erscheint und einem leid tut, sodass man entsprechend reagiert und entweder sein eigenes Handeln ändert und ihn nicht mehr zum Ausnutzen einlädt, oder aber ihm hilft bei seiner Krankheit oder Behinderung. Wenn man jeweils die erste Alternative bei den fünf Gegensätzen zusammenfasst, ergibt sich eine auf das eigene Selbst zentrierte Lebensstrategie, die von der Notwendigkeit der Selbst-Konsolidierung ausgeht, bevor man für andere da ist, während die anderen Alternativen insgesamt die Notwendigkeit der Selbst-Hingabe betonen, bevor man für sich selbst sorgt.

Beides lässt sich jeweils in Bezug setzen mit den beiden hauptsächlichen Aufgabenbereichen, die sich einer Gemeinschaft stellen, nämlich die Regelung der Außenkontakte (Schutz vor Gefahren und das Herbeischaffen von Ressourcen) und das Erreichen einer möglichst großen Harmonie innerhalb der Gemeinschaft, damit sich dort jeder so wohl wie möglich fühlen kann. Wer also der Gefahr des Ausgeschlossenwerdens und Wertlosseins entgehen will, sollte sich wenigstens in einem der Bereiche nützlich machen, wobei zur Regelung der Außenkontakte die auf das eigene Selbst zentrierte Lebensstrategie der Notwendigkeit der Selbst-Konsolidierung am besten passt, wie ich im nächsten Kapitel ausführen werde. Daher wird der Betreffende in der Kommunikation mit anderen seine Fähigkeiten und Fertigkeiten möglichst positiv darstellen, d.h. er wird in seinen Aktivitäten versuchen aufzufallen und ausdrücken, dass er viel leisten und bewirken kann. Um zum Erreichen einer möglichst großen Harmonie innerhalb einer Gemeinschaft beizutragen, passt die Notwendigkeit der Selbst-

Hingabe optimal (s. nächstes Kapitel), und die betreffende Person wird sich in der Kommunikation mit anderen daher ausgesprochen um Harmonie bemühen und sich entsprechend hilfsbereit präsentieren bzw. dies in ihrem Handeln ausdrücken.

Typischerweise eignen sich zumindest in unserer Kultur männliche Heranwachsende in der Pubertät die erste Haltung an und weibliche Pubertierende die zweite. Passend dazu belegen empirische Befunde, dass der Kontakt mit einer attraktiven Frau heterosexuelle Männer in unserer Kultur dazu anregt, aufzufallen und zu zeigen, was sie können. Entsprechend zeigen heterosexuelle Frauen bei uns sich von ihrer hilfsbereiten Seite, wenn sie Kontakt mit einem für sie attraktiven Mann haben oder gerade hatten. Dies mag mehrere Gründe haben, entsprechende Vorbilder, entsprechende Botschaften in den Medien, um nur ein paar Umwelteinflüsse zu nennen.

Die Wahl der Haltung und die Wahl der Art und Weise, wie und in welchen Bereichen seiner/ihrer Gemeinschaft er/sie sich nützlich machen möchte, wird aber später auch dadurch beeinflusst, wie sich seine/ihre Sexualität entwickelt, womit ich alle Regungen meine, die sich ab der Pubertät zeigen, wenn die geschlechtliche Entwicklung immer mehr Emotionen und neue Absichten auslöst. Da Frauen als Mütter aufgrund des Stillens sich für einen Säugling hingeben und Männer als Väter eines gerade geborenen Kindes dieses und die Mutter schützen und alles Notwendige für beide herbeischaffen, also die Außenkontakte dieser Dreiergemeinschaft regeln, bezeichne ich die Ausrichtung der eigenen Strategien, Werthaltungen und Einstellungen auf die Notwendigkeit der Selbsthingabe, bevor man für sich selbst sorgt, als weibliches Prinzip, und die entsprechende Ausrichtung auf die Notwendigkeit der Selbst-Konsolidierung, bevor man für andere da ist, als männliches Prinzip. Ich habe dies jeweils Prinzip und nicht Disposition genannt, weil dem weiblichen und dem männlichen Prinzip jeweils verschiedene Haltungen, Einstellungen und Stimmungen zugeordnet werden können. Männliches und weibliches Prinzip sind grundlegende Beziehungsmuster der Wahrnehmung, des Begreifens und des Urteilens bzw. Sich-Entscheidens, was auf die Interexistenzialität dieser Begriffe hinweist. Je älter die Kinder einer Familie werden, desto wichtiger wird es zumindest in unserer Kultur, dass die Eltern, also Mann und Frau, die verschiedenen Aufgaben für die Familie entsprechend neu verteilen, sodass nicht nur der Mann die Außenkontakte regelt und die Frau sich nicht allein um die Harmonie innerhalb der Familie kümmert. Frauen gehen z.B. oft arbeiten, wenn ihre Kinder in der Schule sind, und Männer versorgen den Haushalt und kochen für die Familie, damit alle sich möglichst wohl fühlen.

Es gibt hier allerdings ein grundlegendes gesellschaftliches Problem in allen Kulturen, die sich über das Stadium der Jäger und Sammler hinaus entwickelt haben, nämlich dass Frauen grundsätzlich benachteiligt sind, was ihre gesellschaftliche Stellung betrifft: was auch immer sie tun oder leisten, ein Mann, der dasselbe tut oder leistet, wird immer mehr wertgeschätzt, anerkannt und geachtet. Man bezeichnet dies meist als patriarchalische Gesellschaftsstruktur. Es gibt viele Erklärungsversuche für dieses Phänomen, die sich aber alle nicht halten können: Es liegt weder an der Muskelkraft der Männer, sonst hätten nicht weiße Männer die wesentlich kräftigeren schwarzen Sklaven beherrschen können; es liegt nicht an der stärkeren Aggressivität der Männer, sonst hätte nicht Kaiser Augustus das römische Reich besser leiten können als Cäsar, der wegen seiner größeren Aggressivität bzw. wegen seines Machtanspruchs ermordet wurde; auch die angebliche Abhängigkeit der Frauen bei der Kindererziehung von den um die Fortpflanzung konkurrierenden Männern lässt sich als Erklärung nicht halten, da dies bei Elefanten und Bonobos zu einem Matriarchat geführt hat. Am plausibelsten erscheint mir folgendes: Wenn man alte Mythen betrachtet wie z.B. die biblische Geschichte von Adam und Eva, so bekommt Eva hier die

Schuld am Sündenfall. Von dem Moment an, als die Menschen aufgrund eines derartigen Mythos von der prinzipiellen Schuld der Frau überzeugt waren, hatte sie eindeutig die schlechteren Karten. Wie kam es aber zu derartigen Mythen über die Schuld der Frauen? Der Sündenfall wird häufig mit der sogenannten landwirtschaftlichen Revolution in Verbindung gebracht. Im Islam spielt in dieser Geschichte auch nicht der Baum der Erkenntnis eine Rolle, sondern das Weizenfeld. Man nutzte die Erkenntnisse über die Natur aus, um Ackerbau und Viehzucht zu betreiben. Mit der Zeit aber merkten die Menschen, dass sie in eine Falle geraten waren: als Jäger und Sammler lebten sie wesentlich gesünder, mussten deutlich weniger arbeiten und hatten ein viel abwechslungsreicheres und freieres Leben. Sie konnten aber, nachdem sie einmal mit der Landwirtschaft begonnen hatten, nicht wieder zurückkehren, da sich die Anzahl der Menschen derart vergrößert hatte, dass sie mehr Nahrung brauchten, als ihnen das Jagen und Sammeln auf dem engen Raum hätte geben können, in welchem sie jetzt eingepfercht waren. Die Fruchtbarkeit ihrer Frauen, die früher nur alle drei bis vier Jahre ein Kind zur Welt brachten, ließ sie nun ein Kind pro Jahr gebären, da sie mithilfe der Tiermilch früher abstillen konnten. Dadurch wurden die Frauen zum Sündenbock, was durch entsprechende Mythen nachträglich „begründet" wurde und sich bis heute als feste und unbewusste Glaubenseinstellung festgesetzt hat. Ein tief verwurzeltes Schuldgefühl bei vielen Frauen, die deswegen nur für andere sorgen und sich selbst vergessen, und eine entsprechende Hybris vieler Männer, dass sie „die eigentlichen Herren der Schöpfung" seien, denen nur durch die schlimmen Frauen immer wieder Knüppel zwischen die Beine geworfen werden, sodass ihnen die eigene Konsolidierung und Beherrschung der Welt nicht richtig gelingt, hält dieses Problem aufrecht. In beiden Fällen wird dadurch das weibliche bzw. männliche Prinzip in seiner jeweils durchaus positiven Bedeutung für gesellschaftlich wichtige Aufgaben ins Negative gewendet. Frauen leiden, sobald sie aus einem irrationalen Schuldgefühl heraus das weibliche Prinzip übertreiben und wichtige eigene Bedürfnisse vernachlässigen, und Männer werden hochmütig, egoistisch und zu selbstverliebt, wenn sie das männliche Prinzip übertreiben.

Zur Vorbereitung auf die Themen der folgenden Kapitel möchte ich noch einmal auf die fünf Entwicklungsebenen des Selbst eingehen, um darzustellen, wie sich der Umgang eines Kindes mit anderen Menschen entwickelt und welche Beziehungsformen und Muster sich dabei bilden. Auf der Ebene des physischen Selbst betrachtet ein Kind seine Mutter lediglich als Spiegel, der ihm gewisse gemeinsame Einsichten ermöglicht, was Aktivität und Passivität betrifft. Auf der Ebene des sozialen Selbst ist die Mutter schon mehr ein Gegenüber, von dem das Kind einerseits fordert, auf das es aber andererseits auch Rücksicht nehmen muss und nimmt. Auf der Ebene des teleologischen Selbst nimmt ein Kind wahr, dass es seine Mutter als Schutz braucht und selbst vorsichtig sein muss, sie nicht zu verlieren. Auf der Ebene des intentionalen Selbst, nimmt ein Kind wahr, dass es nicht alles allein erreichen kann und muss, sondern dass es mit seiner Mutter auch kurzfristige Bündnisse eingehen kann, bei denen jeder, sowohl die Mutter als auch das Kind, Aussicht auf bestimmte Vorteile hat bzw. bestimmte Absichten erreichen kann. Auf der Ebene des repräsentationalen Selbst lernt ein Kind, wie nützlich es ist, mit anderen auch längerfristige Beziehungen und Freundschaften einzugehen, anstatt sich nur kurzfristig mit ihnen zu verbünden wie noch auf der vorigen Ebene des intentionalen Selbst. Denn um mit seinen eigenen Unzulänglichkeiten immer besser umgehen zu können, ist es ratsam, einerseits sich immer wieder und möglichst beständig darüber auszutauschen, damit man selbst immer besser begreift und versteht und dabei lernt, sich selbst bei anderen immer besser begreiflich und verständlich zu machen. Da dies aber entsprechendes Vertrauen gegenüber dem jeweils anderen voraussetzt, damit dieser sein Wissen über mich nicht gegen mich verwendet, ist es andererseits empfehlenswert, langfristige Freundschaften mit anderen einzugehen, bei denen ich einigermaßen sicher sein kann, dass die anderen mir Wohlwollen entgegenbringen, also daran interessiert sind bzw. die Absicht haben, dass es mir gut geht, und betroffen sind, falls nicht. Daher werden solche Freunde mich durch ehrliche Rückmeldungen ihrer Betroffenheit immer wieder auf Unzulänglichkeiten meinerseits aufmerksam machen, sodass ich damit immer besser umgehen kann und mich immer weniger schuldig mache, also immer verantwortlich-reflektierter und menschlicher handle. Umgekehrt verhelfe ich ihnen ebenfalls zu einer derartigen Selbsterfahrung.

Ein zeitlich und räumlich unabhängiges Interesse am anderen, dass es ihm gut geht, ein Wohlwollen dem Freund gegenüber, das nicht nur von einem Nutzen abhängt oder nur auf etwas Angenehmem gründet, sondern als solches dem menschlichen Dasein etwas gibt und die Entwicklung der Tugendhaftigkeit (bzw. Liebesfähigkeit in meiner Terminologie) fördert, entspricht der vollkommenen Freundschaft nach Aristoteles (Aristoteles, 1985, S. 184 ff., 1156a und b).

Die Bedeutung der vollkommenen Freundschaft für unsere Liebesfähigkeit bzw. dafür, dass wir uns der vollkommenen Liebe immer mehr nähern, liegt in folgendem: Wenn ich von etwas oder jemandem ergriffen bin und dann die Erwartung habe, irgendetwas zu erreichen, wenn ich also im weitesten Sinn etwas haben will, dann kann es immer wieder Umstände geben, die mich scheitern lassen, sodass ich mich getäuscht habe und enttäuscht bin. Dann und nur dann, wenn ich vom Geist her lediglich die Erwartung hätte, von meiner Ergriffenheit von jemandem absolut ergriffen zu sein, also Sein statt Haben, und wenn ich das von der Psyche her auch wirklich wäre, wenn mir also das Ergriffen-Sein (ohne ein Haben-Wollen) von jemandem als solches genügte und mich vollkommen erfüllte, dann könnte ich mich niemals täuschen oder enttäuscht bzw. entrüstet sein. Mein mit meiner Erwartung verbundenes befindliches Verstehen meiner Ergriffenheit, die dann mein ganzes Worumwillen ausmachte, wäre dann echt, weil es keine Täuschung geben könnte, denn ich wäre ja absolut ergriffen von meiner Ergriffenheit, und unmittelbar, denn mein Verstehen bezöge sich unmittelbar auf meine absolute Ergriffenheit und würde durch nichts anderes vermittelt, d.h. ich liebte mich vollkommen und hätte die vollkommene Liebe erreicht, da vollkommene Selbst-Liebe und vollkommene Fremd-Liebe einander absolut bedingen (Kolb, 2017a). In meiner absoluten Ergriffenheit vom anderen liebte ich ja auch ihn vollkommen. Wenn ich von der Psyche her von meiner Ergriffenheit absolut erfüllt wäre, könnte ich vom Geist her keine andere Erwartung haben als die, von meiner Ergriffenheit absolut ergriffen zu sein, d.h. Geist und Psyche wären absolut vereint und beides auch mit dem Körperlich-Materiellen, da es keine Täuschungen und damit keine Gegensätzlichkeiten gibt. Wenn ich umgekehrt vom Geist her einzig und allein die Erwartung hätte, von meiner Ergriffenheit absolut ergriffen zu sein, so könnte das nur dann der Fall sein, wenn ich von meiner Ergriffenheit tatsächlich absolut ergriffen wäre, sodass es hier ebenfalls keinerlei Spannungen zwischen Geist und Psyche und damit auch nicht zum Körperlich-Materiellen geben könnte. Wenn das menschliche Dasein, also wir jeweils selbst, es erreichen könnte, von der Ergriffenheit von einem einzigen anderen Dasein absolut ergriffen zu sein, dann könnte es in Bezug auf den anderen keine andere Erwartung haben als die, von dieser Ergriffenheit absolut erfüllt zu sein, und damit würde es ihn vollkommen lieben, d.h. die vollkommene Liebe wäre erreicht. Die absolute Ergriffenheit von einem einzigen anderen Menschen würde also genügen, um die vollkommene Liebe zu erlangen.

Wie könnte nun eine Entwicklung aussehen, um von einem anderen immer mehr ergriffen zu sein? Wenn ich in einer Beziehung zu einem anderen Menschen allein dadurch in meiner Befindlichkeit immer besser gestimmt und in meiner Erwartung immer erfüllter wäre, wenn sie oder er in ihrer bzw.

seiner Befindlichkeit immer besser gestimmt und in seiner bzw. ihrer Erwartung immer erfüllter wäre, und dieser oder diese ebenso allein dadurch in ihrer bzw. seiner Befindlichkeit immer besser gestimmt und in seiner bzw. ihrer Erwartung immer erfüllter wäre, wenn ich in meiner Befindlichkeit immer besser gestimmt und in meiner Erwartung immer erfüllter wäre, und wir uns über unsere Ergriffenheit und unsere Erwartungen immer wieder in einer dadurch zunehmenden kommunikativen Solidarität austauschten, dann würde jeder von uns, solange sie oder er lebte, in ihrer bzw. seiner Befindlichkeit immer besser gestimmt und in seiner bzw. ihrer Erwartung immer erfüllter, und wir würden uns immer mehr der vollkommenen Liebe nähern. Eine derartige Beziehung entspricht in etwa dem, was Aristoteles als vollkommene Freundschaft betrachten würde (Aristoteles, 1985, S. 181 ff., VIII. Buch).

Auf der Ebene des geschlechtlichen Selbst finden wir die Beziehungsform der Paar- oder Partnerbeziehung vor, die einerseits freundschaftlich ist oder sein sollte, was teils gefördert, teils gestört wird durch sexuelle Bedürfnisse und damit zusammenhängende Bestrebungen, Macht über den anderen zu gewinnen. Um diese Themen geht es in den folgenden Kapiteln.

3. Weibliche und männliche Ausübung der Macht

Machtausübung soll jedes absichtliche Machen, womit auch Aktivitätsreihen gemeint sein sollen, eines Subjekts (s. vorige Kapitel) genannt werden, das einen anderen, der dadurch zum Objekt gemacht wird, durch diese spezifische Aktivität zu etwas zwingt, ihm also keine Wahl lässt, oder aber dazu bewegt, sich zu fügen, indem er oder sie tut oder lässt oder über sich ergehen lässt, was das Subjekt bestimmt. Eine Aktivität ist wegen der Interexistenzialität jedes Machens nur für denjenigen eine Machtausübung, der sie als Ausdruck der Macht des betreffenden Subjekts interpretiert (Interexistenzialität). Macht ist hierbei die Möglichkeit des Subjekts, eine Machtausübung zu betreiben. Eine Machtausübung als menschliche Handlung (verantwortungsvoll-reflektiert) soll menschliche Machtausübung genannt werden. »Verantwortlich-reflektiert« ist hier keine Bewertung, sondern soll nur heißen, dass das Subjekt der Machtausübung Antwort geben kann, wenn es zu seiner Machtausübung befragt wird. Für denjenigen, der sich vorstellt, dass das Subjekt Fragen im Sinne des weiblichen Prinzips beantworten würde, ist die betreffende menschliche Machtausübung weiblich, für denjenigen aber, der sich vorstellt, die Fragen würden im Sinne des männlichen Prinzips beantwortet, ist sie männlich. Damit sind weibliche und männliche Ausübung der Macht als interexistenziale Begriffe definiert.

Was sind nun die Unterschiede zwischen männlicher und weiblicher Machtausübung? Betrachten wir noch einmal das männliche Prinzip, welches die Selbst-Konsolidierung für notwendig hält, bevor man für andere da ist, und untersuchen, wie jemand Fragen über seine Handlungen sich selbst und anderen beantworten kann, wenn er sich an dieses Prinzip hält, also sein menschliches Handeln von entsprechenden spezifischen Strategien, allgemeinen Werthaltungen und individuellen Einstellungen leiten lässt: Wenn der Betreffende gefragt wird, was er für besser hält, von sich aus aktiv zu werden oder erst einmal abzuwarten, dann wird er sich für die Aktivität entscheiden und entsprechend antworten. Wenn er gefragt wird, wieviel Rücksicht er nehmen sollte, dann wird er antworten, dass er nur auf einen begrenzten Bereich von Bedingungen Rücksicht nehmen könne, weil er in seiner Wahrnehmung eingeschränkt sei, weil er mehr auf sich selbst konzentriert ist. Entsprechend wird er antworten, wenn er auf Gefahren und Risiken angesprochen wird, dass er auch hier nur einen begrenzten Bereich von Möglichkeiten vorhersehen könne und daher bestimmte Risiken in Kauf nehmen müsse. Das möglichst schnelle und geradlinige Erreichen von Zielen ist für ihn wichtiger, als die Art und Weise, wie er sie erreichen kann. Auf die Frage, wie er sich das Handeln zusammen mit anderen vorstellt, wird er antworten, dass der Beste die Führung übernehmen sollte für eine jeweils begrenzte Aufgabe, und dass dieser Führer am besten einschätzen könne, wenn er noch weitere Unterstützung von anderen brauche. Von sich aus sollte niemand diesem Führer Ratschläge erteilen oder helfen, denn damit würde man dessen Fähigkeiten und Fertigkeiten anzweifeln, eine Beleidigung. Die Atmosphäre untereinander ist durch Zielorientiertheit bestimmt und von daher eher distanziert. Aufgrund der relativ einfachen Hierarchie von Anführer und Gefolgsleuten ist deren Treue bzw. Loyalität dem Führer gegenüber sehr wichtig, und prinzipiell haben nur der Führer und vielleicht noch eine relativ kleine Gruppe enger Vertrauter oder Verbündeter die Kontrolle über die anderen.

Dass derartige Strategien, Werthaltungen und Einstellungen zu dem Aufgabenbereich der Außenkontakte einer Gemeinschaft (Schutz vor Gefahren von außen und Herbeischaffen von Ressourcen) optimal passen, kann man sich folgendermaßen veranschaulichen: Wenn eine Gruppe von Menschen sich im Kreis aufstellt und alle nach außen schauen, kann niemand alles überblicken, da wir hinten keine Augen haben. Von daher ist es verständlich, den Außenbereich in Sektoren aufzuteilen, für die jeweils nur einer zuständig ist, und nur dann, wenn dieser in seinem Sektor Unterstützung braucht, kann er sich an andere wenden, und andere mischen sich in seinen Sektor nicht ein. Als konkretes Beispiel stelle man sich die Verteidigung einer Stadt vor, bei der die Stadtmauer in mehrere Abschnitte eingeteilt wird, für die jeweils eine Person hauptverantwortlich zuständig ist, dass dort kein Angreifer eindringen kann. Auch beim Herbeischaffen von Ressourcen ist eine entsprechende Aufteilung sinnvoll, da verschiedene Ressourcen verschiedene Fähigkeiten und Fertigkeiten benötigen, um sie für die Gemeinschaft nutzbar zu machen. Ein Jäger muss je nach Wild schnell sein oder sich leise anschleichen können, während für einen Sammler derartige Fertigkeiten irrelevant sind. Von der Verantwortlichkeit her passt also das männliche Prinzip gut zu diesem wichtigen Aufgabenbereich einer Gemeinschaft.

Beim weiblichen Prinzip sieht die Verantwortlichkeit ganz anders aus: auf dieselben Fragen wie beim männlichen Prinzip wird hier die betreffende Person antworten, sie werde erst einmal abwarten, um besser auf so viele Bedingungen wie möglich eingehen und entsprechend Rücksicht nehmen zu können und so viele Gefahren und Risiken wie möglich abzuschätzen und zu vermeiden. Es gehe ihr auch nicht um das Erreichen von Zielen um jeden Preis und so schnell wie möglich, sondern darum, dass jeder sich dabei so zufrieden und wohl wie möglich fühlt. Was das gemeinsame Handeln mit anderen betrifft, so sollte ihrer Ansicht nach jeder sich einbringen, so gut er oder sie kann, wodurch prinzipiell jeder jeden kontrolliert und die Hierarchie innerhalb der Gemeinschaft ziemlich komplex und differenziert ist. Ungefragt anderen Ratschläge zu geben oder ihnen zu helfen, zeigt Interesse und Anteilnahme am anderen, dessen Wohlergehen einem wichtig ist, sodass ganz allgemein eine freundschaftliche Atmosphäre herrscht.

Dass dies am besten zu dem Aufgabenbereich passt, innerhalb einer Gemeinschaft eine möglichst große Harmonie herzustellen und zu erhalten, mag folgendes Bild verdeutlichen: Wenn eine Gruppe von Menschen im Kreis aufgestellt ist und alle nach innen schauen, dann kann jeder alles überblicken und sich deswegen auch um alles kümmern, sodass die Zuständigkeit bei allen gleichermaßen verteilt werden kann. Wenn alle sich von ihren Möglichkeiten her an der Lösung von Aufgaben in diesem Innenbereich beteiligen, ist die Effektivität am größten. Die Hierarchie innerhalb der Gemeinschaft muss deswegen ziemlich komplex und differenziert sein, prinzipiell sollte jeder jeden kontrollieren. Man stelle sich nur vor, auf der Straße kämpfen zwei Menschen miteinander, und jeder Anwohner schaut hinter einer Fenstergardine versteckt zu, niemand fühlt sich verantwortlich. Unter diesen Umständen kann es Mord und Totschlag geben. Wenn sich aber jeder zuständig fühlt und etwas unternimmt, z.B. den beiden zuzurufen, sie sollten aufhören, mit dem Gartenschlauch zu spritzen, die Polizei anzurufen oder den starken Schwager zu holen, der in der Nähe wohnt, dann kann das Schlimmste verhindert werden. Daher passt das weibliche Prinzip von der Verantwortlichkeit her am besten zu diesem anderen wichtigen Aufgabenbereich einer Gemeinschaft. Wie man aus den letzten Abschnitten ersehen kann, haben Machtausübungen durchaus positive Wirkungen und erfüllen komplexe gesellschaftliche Funktionen, auch wenn wir dabei an Manipulation, Zwang und Unterdrückung denken, was bei jeder Art von Machtausübung möglich ist.

Nach diesen Überlegungen lassen sich wichtige Unterschiede zwischen weiblicher und männlicher Machtausübung aufzeigen: Männliche Machtausübung schließt immer Gewalt mit ein, was mehr Vorsicht und Verantwortung bedeutet, und sollte daher nur bei entsprechender Notwendigkeit eingesetzt werden. Sie geht von einem einzelnen Führer als Subjekt aus, und die Hierarchie ist relativ einfach, nur wenige haben Macht, die meisten müssen gehorchen und loyal sein. Weibliche Machtausübung kann man auch auf Zusammenhalt abzielende oder integrierende Einflussnahme nennen. Man kann ihr allerdings punktuell, was Effektivität betrifft, nicht richtig vertrauen, weswegen sie für Notsituationen eher ungeeignet ist, aber auf lange Sicht kann sie mehr bewirken als reine Gewalt. Sie bezieht möglichst viele Mitglieder einer Gemeinschaft in die Ausübung der Macht mit ein, die Hierarchie ist komplex und differenziert, weil prinzipiell jeder jeden kontrolliert.

Wer bei der männlichen Machtausübung dem Führer gegenüber nicht loyal ist, wird aus der Gemeinschaft ausgeschlossen, wer dagegen bei der weiblichen Machtausübung sich nicht kontrollieren lässt, bei dem bzw. bei der wird versucht, sie oder ihn zu verändern und so gebessert wieder in die Gemeinschaft zu integrieren. Der Führer bei der männlichen Machtausübung demonstriert seine Macht und stellt sie offen und brutal zur Schau, während die Subjekte bei der weiblichen Machtausübung subtil beobachten und analysieren, um immer mehr Wissen im Sinne von Know-how zu bekommen, damit sie ihre Objekte immer besser kontrollieren können. Wer sich der männlichen Machtausübung entgegenstellt, wird besiegt und unterworfen oder vernichtet, bei der weiblichen Machtausübung bekommt er oder sie im schlimmsten Fall eine „Gehirnwäsche", er oder sie wird nicht bekämpft, sondern wird dazu gebracht, sich selbst zu bekämpfen, sich selbst zu disziplinieren bzw. zu beherrschen.

So wie das männliche und das weibliche Prinzip in Reinform jeweils krankhafte Züge trägt – jemand, der in jeder Situation nur nach dem männlichen Prinzip handelt, wird bald keine Freunde mehr haben, sondern nur noch Bewunderer, die er selbst verachtet und von denen er keine Zuwendung richtig annehmen kann, sodass man eine narzisstische Persönlichkeitsstörung vermuten kann, bei der der Betreffende früher oder später ausgebrannt und erschöpft ist, wenn er konsequent nur das männliche Prinzip beachtet, während dann, wenn eine Person nur nach dem weiblichen Prinzip handelt, sich bei ihr früher oder später ebenfalls ein Erschöpfungszustand entwickelt, weil sie zu wenig für sich selbst sorgt und sich dadurch überfordert, hilflos und/oder hoffnungslos fühlt, eine Mischung von Ängsten und Depressionen – so ist auch eine rein weibliche oder rein männliche Machtausübung auf Dauer nicht erfolgreich, d.h. mit der Zeit entwickelt sich immer eine Mischung beider Formen der Machtausübung, bei der höchstens die eine oder andere ein gewisses Übergewicht haben kann.

Bevor ich auf konkrete Einzelheiten der Machtausübung eingehe, möchte ich noch im Allgemeinen bleiben – ich gliedere meine Ausführungen gerne nach dem Schema zuerst das Allgemeine, dann Einzelheiten und zum Schluss Besonderheiten – und untersuchen, welche Aspekte des menschlichen Daseins, der körperliche, der seelisch-motivationale und/oder der geistig-ideale, bei der Machtausübung welche Rolle spielen. Bei der männlichen Machtausübung ist die Unterwerfung, d.h. die Aktivität, die das Objekt dazu veranlasst, sich zu fügen, meist direkt und physisch, indem das Subjekt dem Objekt körperliche Schmerzen zufügt oder ihm zumindest durch entsprechende Demonstrationen die Vorstellung vermittelt, dass es dazu die Möglichkeiten besitzt. Hier spielt also der teils geistig durch Vorstellungen vermittelte körperliche Aspekt die Rolle, die Unterwerfung zu vermitteln, das geistig vermittelte Materielle bestimmt das Motivationale, oder der Körper wird aufgrund geistiger Vermittlung zum Gefängnis der Seele (jeweils als Aspekt).

Bei der weiblichen Machtausübung dagegen werden andere Mittel eingesetzt, damit das Objekt sich fügt. Nachdem das jeweilige Subjekt der Machtausübung durch Beobachtung und Analyse herausgefunden hat, welche Absichten das Objekt verfolgt, behindert oder unterstützt das Subjekt geistig geplant das Objekt, je nachdem ob es sich fügt, und erreicht so, ohne körperliche Schmerzen zuzufügen, die Unterwerfung des Objekts. Hier vermittelt also der seelisch-motivationale Aspekt die geistig geplante Unterwerfung, und die Seele (als Aspekt) wird gewissermaßen zum geistig konstruierten Gefängnis des Körpers (als Aspekt, tatsächlich kann der Körper auch in ein reales Gefängnis gesteckt werden).

Sowohl bei der männlichen als auch bei der weiblichen Machtausübung werden bestimmte geistige Ideale, die eine Unterwerfung notwendig erscheinen lassen, als wichtige gemeinschaftliche Ziele dargestellt und damit die Unterwerfung mit der Zugehörigkeit zur Gemeinschaft verknüpft. In Form einer Ideologie, wie ich es nennen möchte, wird so durch den geistig-idealen Aspekt die Unterwerfung bei beiden Formen der Machtausübung vermittelt. Durch eine entsprechende Ideologie wird bei der männlichen Machtausübung die Macht zu einem Privileg, welches das Subjekt besitzt und welches ihm zusteht (z.B. aufgrund besonderer Fähigkeiten und Fertigkeiten oder von Gottes Gnaden bzw. väterlich vererbt), während bei der weiblichen Machtausübung die Macht eine sich entfaltende Möglichkeit einer Position ist, die von Zeit zu Zeit immer wieder bestätigt oder erneuert oder neu besetzt werden muss.

Wenn in einer Gemeinschaft die männliche Machtausübung überwiegt, wenn es also an der Spitze der Hierarchie einen einzelnen Führer gibt, einen König, Kaiser, Despoten oder Tyrannen, oder eine relativ kleine Oberschicht, dann wird sich dort die Macht als Möglichkeit zu bestimmen konzentrieren, sodass für die Mehrheit nur noch wenig Macht übrig bleibt, die meisten also nur noch wenige Möglichkeiten haben zu bestimmen, sodass das Wohl des einzelnen aufgrund seiner geringen Möglichkeiten wenig Wert besitzt im Vergleich zum

Wohl der ganzen Gemeinschaft, d.h. die Gemeinschaft ist kollektivistisch. Umgekehrt, wenn eine Gesellschaft kollektivistisch ist, besitzen die meisten wenig Macht, diese konzentriert sich auf einige wenige, wobei es oft nur eine Frage der Zeit ist, bis einer von ihnen die Führung übernimmt. In jedem Fall nimmt die Machtausübung vorwiegend männliche Formen an. Daher ist eine rein männliche Machtausübung stets mit wenig individueller Freiheit und einer kollektivistischen Gesellschaftsform, sowie der Gefahr des Totalitarismus verknüpft. Wenn dagegen die weibliche Machtausübung überwiegt, dann ist die Hierarchie in der Gemeinschaft wesentlich differenzierter ausgestaltet, jeder hat eine mehr oder weniger wichtige Position, die er von Zeit zu Zeit immer wieder verteidigen muss, sodass sein individuelles Wohl als die Erhaltung seiner Macht bzw. seiner Möglichkeiten Vorrang vor dem Wohl der ganzen Gemeinschaft bekommt, d.h. die Gemeinschaft ist individualistisch. Auch hier gilt die Umkehrung, dass eine individualistische Gesellschaft eine sehr differenzierte Hierarchie besitzt, so dass die weibliche Machtausübung überwiegt. Eine rein weibliche Machtausübung ist daher ausschließlich mit einer individualistischen Gesellschaftsform und der Gefahr der Anarchie verbunden.

Dies mag auf den ersten Blick verwundern, denn kollektivistische Gesellschaftsformen wie etwa der Sozialismus vertreten den Anspruch, besonders human zu sein, und wollen entsprechende humane Ziele erreichen, während eine rein männliche Machtausübung sich immer wieder brutaler Machtdemonstrationen, der Vernichtung von Gegnern und anderer äußerst inhumaner Praktiken bedient. Außerdem zeigen diese Überlegungen erneut, dass eine Reinform männlicher oder weiblicher Machtausübung Gefahren für eine Gemeinschaft beinhaltet, und zwar entweder die Gefahr des Totalitarismus oder die der Anarchie. Auf Dauer werden sich also beide Formen irgendwie mischen, oder die Gemeinschaft löst sich auf bzw. wird von einer anderen übernommen.

Gesamtgesellschaftlich betrachtet ergeben sich daraus folgende Überlegungen: Da die männliche Machtausübung am besten zur Erledigung von gemeinschaftlichen Aufgaben geeignet ist, bei denen es um den Schutz vor äußeren Gefahren und um das Herbeischaffen von Ressourcen geht, wird sie geschwächt, wenn es in diesem Bereich Misserfolge gibt, und gestärkt bei entsprechenden Erfolgen. Die weibliche Machtausübung ist am besten geeignet bei Aufgaben, welche die innere Harmonie der Gemeinschaft betreffen, sodass sie gestärkt wird, je größer diese Harmonie ist, und geschwächt bei entsprechender Disharmonie. Daraus ergibt sich nun folgende Dynamik:

Wenn eine Gemeinschaft, bei der die männliche Machtausübung überwiegt, einen Misserfolg erfährt, was den Schutz vor äußeren Gefahren oder das Herbeischaffen von Ressourcen betrifft, und parallel dazu eine relativ große Gruppe in der Gemeinschaft als Gruppe dort erfolgreich ist, wo die männliche Machtausübung versagt hat, dann findet ein Wechsel in der Machtausübung statt, d.h. die weibliche Form der Machtausübung setzt sich nach und nach immer mehr durch. Als historisches Beispiel sei die Französische Revolution angeführt, als der König in seiner Kolonialpolitik eine Niederlage gegen England einstecken musste, also erfolglos im Herbeischaffen von Ressourcen war, während die relativ große Gruppe der Bürgerschaft durch Handel und Produktion immer mehr Ressourcen sammeln konnte. Ohne den Erfolg der Bürgerschaft wäre der König abgesetzt worden, und es hätte sich eine neue Dynastie etabliert, d.h. die Form der Machtausübung wäre männlich geblieben.

Wenn umgekehrt eine Gemeinschaft, bei der die weibliche Machtausübung überwiegt, die innere Harmonie einer Gemeinschaft nicht mehr aufrechterhalten kann, und gleichzeitig eine relativ kleine Gruppe diese Harmonie herstellen kann, indem sie z.B. größere Massen hinter sich bringt, dann setzt sich auf einmal die männliche Form der Machtausübung durch. Ein historisches Beispiel dafür ist die Machtergreifung Hitlers, nachdem es in der Weimarer Republik nicht mehr gelang, die innere Harmonie zu retten, und die ursprünglich relativ kleine Gruppe der Nazis immer mehr Gefolgsleute anwerben konnte. Wenn keine der Splittergruppen in der Weimarer Republik eine gewisse innere Harmonie hätte herstellen können und stattdessen der Mittelstand finanziell und damit auch politisch erstarkt wäre und dadurch wieder mehr Harmonie geherrscht hätte, wäre es bei der weiblichen Form der Machtausübung geblieben.

Wie kommt nun eine Gemeinschaft zu Entscheidungen, wenn entweder die männliche oder die weibliche Form der Machtausübung überwiegt? Damit alle möglichst zufrieden sind und eine möglichst große Harmonie innerhalb der Gemeinschaft herrscht, wird man bei der weiblichen Machtausübung darauf achten, dass einerseits alle Fragen und Probleme, bei denen jemand meint, darüber sollte entschieden werden, zugelassen werden (Universalitätsprinzip), sonst fühlt sich derjenige übergangen und ist deswegen unzufrieden, und dass andererseits immer eine Mehrheit mit der Entscheidung einverstanden ist (Mehrheitsprinzip), damit möglichst viele sich mit ihrer Meinung berücksichtigt fühlen. Wenn nun Zeitdruck herrscht, weil von außen eine Gefahr droht oder dringend irgendwelche Ressourcen benötigt werden, dann ist die Wahrscheinlichkeit groß, dass keine logisch-rationalen Entscheidungen getroffen werden (Rationalitätsprinzip).

Diese drei Prinzipien der Universalität, der Mehrheit und der Rationalität habe ich zum ersten Mal bei einem Vortrag von Professor Christian List von der London School of Economics über das Thema „Das demokratische Trilemma" gehört, bei dem gezeigt wurde, dass diese drei Prinzipien nicht gleichzeitig erfüllt werden können, wenn in einer heterogenen Gemeinschaft ohne vorangegangenen Austausch oder Debatte nur die einzelnen Meinungen bzw. Abstimmungsergebnisse vorliegen (Input) und daraus eine Entscheidung (Output) abgeleitet werden soll. Eine derartige Situation entsteht insbesondere dann, wenn Zeitdruck herrscht, was man aus den folgenden Beispielen ersehen kann.

Angenommen wir haben drei verschiedene Fragen (a, b, c) die jeweils mit Ja oder Nein beantwortet werden müssen, und drei verschiedene Gruppen (A, B, C), die jeweils bei allen drei Fragen einen gemeinsamen Konsens haben. Bei Frage a geht es um die Existenzfrage eines Sachverhalts x (ob eine akute Gefahr oder eine drängende Not gegeben ist), bei c um eine Handlungsfrage, nämlich darum, ob eine Handlung y getan werden soll (um die Gefahr oder die Not abzuwenden), und bei b um eine Regelfrage, nämlich um die Frage, ob die Regel richtig ist, dass dann und nur dann y getan werden soll, wenn x gegeben ist. Gruppe A bejaht alle Fragen, Gruppe B bejaht nur die Regelfrage b, verneint aber die Existenzfrage a und die Handlungsfrage c, Gruppe C verneint die Existenzfrage a und die Regelfrage b, bejaht aber die Handlungsfrage c unabhängig von Sachverhalt x, weil sich für sie durch die Handlung y eine günstige Gelegenheit für etwas anderes ergibt. Wegen des Zeitdrucks kann man sich nicht austauschen und verhandeln, steht aber vor dem Dilemma einer irrationalen Entscheidung, denn mehrheitlich werden die Regelfrage b (von Gruppe A und Gruppe B) und die Handlungsfrage c (von Gruppe A und Gruppe C) bejaht, aber die Existenzfrage a verneint (nur Gruppe A sagt Ja). Als Beispiel nehme man den Sachverhalt x, dass ein bestimmtes Land Atomwaffen baut, um ein anderes Land damit zu vernichten, und die Handlung y ist der militärische Einmarsch in das Land und die Machtübernahme dort, wobei Gruppe C sich durch die Machtübernahme gewisse Vorteile erhofft (s. USA und der 2. Irak-Krieg, der Vorteil könnte die Kontrolle über das Ölvorkommen im Irak gewesen sein).

Gruppe C könnte auch der Existenzfrage a zustimmen und die Regelfrage b und die Handlungsfrage c verneinen, weil die Handlung y z.B. wegen gewisser Nebenwirkungen keine befriedigende Lösung des Sachverhalts x für diese Gruppe darstellt. Auch dann haben wir die irrationale Konstellation, dass mehrheitlich die Existenzfrage a (von Gruppe A und C) und die Regelfrage b (von Gruppe A und B) bejaht werden, aber die Handlungsfrage c (von Gruppe B und C) verneint wird. Als Beispiel hierfür sei der Sachverhalt x, gar keine Verantwortung für einen Schaden zu haben, und die Handlung y, eine Wiedergutmachung zu verweigern (s. Weimarer Republik, die trotz mehrheitlich abgelehnter Verantwortung für den 1. Weltkrieg Reparationen bis 1932 zahlte, weil man teilweise Angst vor einem erneuten Krieg hatte. In dieser Zeit wurde die Weimarer Republik politisch derart destabilisiert durch die Kriegsschulddebatte, wie sie von links und von rechts so agitativ geführt wurde, dass schließlich die NSDAP zur stärksten Partei avancierte, was zum Niedergang der Demokratie führte. – Die letzten Schulden aus einer Umschuldung der Reparationen wurden übrigens erst am 3. Oktober 2010 beglichen. Tilgung und Zinsen betrugen für 2010 etwa 56 Millionen Euro).

Wenn allerdings kein Zeitdruck besteht, kann jeder seine Position offenlegen und so lange mit den anderen sich austauschen, bis eine rationale Entscheidung gefunden wird, die auch von der Mehrheit getragen wird.

Wie man hieran sieht, ist die weibliche Machtausübung für Probleme und Entscheidungsfragen weniger geeignet, wenn sie die Außenkontakte einer Gemeinschaft betreffen, weil dort oft schnelle Entscheidungen nötig sind, dafür ist sie umso mehr angebracht bei Problemen des inneren Zusammenhalts. Wie das „demokratische Trilemma" zeigt, wird die weibliche Machtausübung unter Zeitdruck in vielen Fällen irrational, wenn bzw. weil sie die Harmonie innerhalb einer Gemeinschaft zu sehr in den Vordergrund stellt.

Um schnelle Entscheidungen treffen zu können, wird bei der männlichen Machtausübung erst einmal sortiert, welche Fragen wichtig sind, die schnell entschieden werden müssen, und nur bei den Fragen, bei denen die Machthaber selbst unsicher oder unentschieden sind oder bei denen sie die Zustimmung einer Mehrheit brauchen, damit möglichst viele mitmachen und das Vorhaben gelingt, lässt man abstimmen. Im Vordergrund steht also das Rationalitätsprinzip, das Universalitätsprinzip wird ganz klar verletzt, und das Mehrheitsprinzip hat eher den Charakter eines Losverfahrens, wenn die Machthaber sich nicht entscheiden können, oder den der Manipulation, weil man Unterstützung braucht. Von daher wird das Mehrheitsprinzip jedenfalls nur bedingt beachtet. Damit erweist sich das männliche Prinzip der Machtausübung nur für die Außenkontakte einer Gemeinschaft von Vorteil, wenn Zeitdruck herrscht, aber wenn es um den inneren Zusammenhalt einer Gemeinschaft geht, ist die männliche Form der Machtausübung ungeeignet, da sich früher oder später immer mehr Mitglieder der Gemeinschaft übergangen fühlen und entsprechend immer mehr Unruhe und eventuelle Abspaltungen von der Gemeinschaft oder Apathie und Desinteresse entstehen, eine Art „innerer" Abspaltung.

Nehmen wir als weiteres Beispiel ein gemeinschaftliches Entscheidungsproblem bei Wissenschaften, wobei ich mich auf die Wissenschaftsphilosophie von Thomas S. Kuhn (Hoyningen-Huene, 1989) beziehen will. Sobald nach einer Zeit der normalen Wissenschaftspraxis eine als wesentlich betrachtete Anomalie auftaucht (ich will dabei annehmen, dass diese Ansicht von allen geteilt wird), beginnt eine von Kuhn als revolutionär bezeichnete Phase der Wissenschaft. Die alte Theorie mit den alten Paradigmen kann das Problem dieser wesentlichen Anomalie nicht lösen, und es tauchen neue Theorien mit entsprechenden Paradigmen auf, deren Entdecker jeweils behaupten, sie könnten nicht nur das Problem dieser Anomalie, sondern insgesamt mehr Probleme als mit der alten Praxis damit lösen. Der Einfachheit halber soll es nur eine Theorie mit entsprechenden Paradigmen geben, von der dies behauptet wird. Dem obigen Schema nach ist der fragliche Sachverhalt x der, ob die neue Theorie und die dazugehörigen Paradigmen mehr Probleme lösen als die alte Methode und insbesondere das Problem der wesentlichen Anomalie, und die Handlung y ist das Ersetzen der alten durch die neue Theorie mit den entsprechenden neuen Paradigmen. Die Entdecker und deren Schüler werden alle drei Fragen (s. o.) bejahen, eine größere Gruppe von denen, die schon länger mit der alten Methode erfolgreich gearbeitet haben, werden die Existenzfrage a bejahen und die Regelfrage b und die Handlungsfrage c verneinen, weil sie der Meinung sind, es lohne nicht den Aufwand und die Mühe, die neue Theorie zu lernen, ihre eigentliche Arbeit könnten sie nach wie vor erledigen. Als dritte Gruppe gibt es dann noch verdiente Forscher in der betreffenden Wissenschaft, die die Existenzfrage a und die Handlungsfrage c verneinen, weil sie glauben, die alte Theorie noch retten zu können, aber die Regelfrage b bejahen, weil sonst ihre Forschungsarbeit nichts wert wäre. Wenn man jetzt eine Entscheidung nach dem Mehrheitsprinzip übers Knie brechen würde, wäre wieder das Rationalitätsprinzip verletzt, denn die Existenzfrage würde nur von den verdienten Forschern verneint, insgesamt also bejaht, genauso wie die Regelfrage, der sowohl die Befürworter der neuen Praxis als auch die verdienten Forscher der alten zustimmen, aber die Handlungsfrage würde mehrheitlich verneint werden, da nur die Befürworter der neuen Theorie die Änderung wollen. Da es in der bisherigen Praxis eine bewährte Theorie mit Paradigmen schon gibt, ist keine Eile geboten, sodass die neue Methode gemäß dem weiblichen Prinzip, gemäß welchem alle Konflikte innerhalb der Gemeinschaft so weit wie möglich gelöst werden sollten, ausgiebig erforscht, weiter ausgearbeitet und geprüft werden kann, ob Sachverhalt x wirklich zutreffend ist. So können zumindest die Sachkonflikte, die mit Frage a verknüpft sind, immer mehr gelöst werden, und wenn sich herausstellt, dass die neue Methode der alten tatsächlich überlegen ist, dann sind die Interessenkonflikte beizulegen, dass diejenigen, die schon lange mit der alten Praxis gearbeitet haben, nicht gerne etwas Neues lernen möchten, da für sie die Vorteile der neuen Methode nicht die Mühe aufwiegen, diese zu erlernen und vertraut mit ihr zu werden. Hier wird es deutlich mehr Zeit brauchen, bis diese Menschen sich an das Neue gewöhnt haben, und bei der weiblichen Form der Machtausübung wird ihnen diese Zeit auch gegeben. Schließlich geht es noch um die Wissenschaftler, die sich um die alte Theorie und deren Paradigmen verdient gemacht haben und ihre jahrelange Forschungsarbeit in den Dreck gezogen fühlen, weil auf einmal ihre Leistungen nichts mehr wert sein sollen. Hier bestehen also eine Kränkung und ein daraus resultierender persönlicher Konflikt, und dieser wird oft nur dadurch gelöst, dass diese Personen in den Ruhestand gehen und so aus der Gemeinschaft der aktiven Wissenschaftler ausscheiden. Auch hier bewährt sich die Toleranz und die Geduld der weiblichen Machtausübung, deren Vorteile klar auf der Hand liegen: Zum einen wird die Harmonie so gut wie möglich bewahrt, indem alle Arten von Konflikten gelöst werden (Sach-, Interessen- und persönliche Konflikte), zum andern wird jede Meinung toleriert (Universalitätsprinzip), werden Entscheidungen lange genug erwogen und ausdiskutiert, um zu logisch-rationalen Lösungen zu kommen (Rationalitätsprinzip), und werden erst dann gefällt, wenn es eine klare Mehrheit dafür gibt (Mehrheitsprinzip).

Etwas anders sieht die Situation aus, wenn es noch keine Phase normaler Wissenschaft nach Kuhn gegeben hat und das Ganze sich noch in einer vorwissenschaftlichen Phase befindet. In der Regel bilden sich dann verschiedene Schulen, bei denen es Anführer gibt mit jeweils getreuen Anhängern, und die konkurrierenden Schulen kritisieren sich oft massiv und machen sich gegenseitig schlecht. Innerhalb der Schulen herrscht also das männliche Prinzip der Machtausübung vor, was zur Folge haben kann, dass sich immer wieder einzelne Forscher absondern und eigene Schulen gründen, weil es für sie zu wenig Toleranz in der Entfaltung eigener Ansichten gegeben hat. Da die einzelnen Schulen expandieren wollen in dem Sinne, dass ihre Theorie und ihre Paradigmen allein für das entsprechende Wissensgebiet als verbindlich angenommen werden sollen (Alleinvertretungsanspruch), ist die männliche Machtausübung logisch und in der Regel effektiver als die weibliche. Ein Beispiel dafür ist die Psychotherapie, die sich meines Erachtens immer noch in der vorwissenschaftlichen Phase befindet, und als Schule innerhalb der Psychotherapie möchte ich die der Psychoanalyse anführen, die von Freud ziemlich autoritär, also nach dem männlichen Prinzip der Machtausübung geführt wurde. Schon früh setzten sich Alfred Adler und C. G. Jung ab und gründeten eigene Schulen. Aber auch später gab es immer wieder Abspaltungen, z.B. Eric Berne (Transaktionsanalyse), Fritz Perls (Gestaltpsychotherapie), Wilhelm Reich oder Viktor Frankl (Logotherapie und Existenzanalyse), um nur einige zu nennen. Als dann die Verhaltenstherapie aufkam, wurde diese von der psychoanalytischen Schule trotz gewisser Erfolge dieser neuen Methode (vor allem bei Angstpatienten) massiv kritisiert und schlechtgemacht. Inzwischen gibt es immer mehr Praktiker, die beide Formen der Psychotherapie anwenden, und parallel dazu ist die gegenseitige Kritik von Psychoanalyse und Verhaltenstherapie immer sachlicher geworden, es hat sich anscheinend also mehr das weibliche um Harmonie und Integration bemühte Prinzip durchgesetzt, so dass ich die Prognose wage, dass es in absehbarer Zeit eine normale Wissenschaftsphase der Psychotherapie im Sinne von Kuhn gibt.

Mit Hilfe des o.e. Trilemmas lässt sich auch das Phänomen der Akrasia anschaulich erklären: Akrasia oder Unbeherrschtheit, also mangelnde Macht über sich selbst, meint die Tatsache, dass Menschen einerseits eine Handlungsalternative A für besser halten als eine Handlungsalternative B, aber trotz freier Wahl sich für die Alternative B entscheiden. Ähnlich wie in einer Gemeinschaft können auch beim Einzelnen unterschiedliche und miteinander konkurrierende Meinungen existieren, was einen Sachverhalt x, eine generelle Regel und eine Handlungsentscheidung y betrifft.

Nehmen wir das Beispiel eines Vermieters, der aufgrund einer mündlichen Abmachung einem Mieter die Gartennutzung überlassen hat und dafür kein Geld verlangt unter der Bedingung, dass der Mieter dafür den Garten pflegt und in Ordnung hält. Als er dann feststellt, dass sein Mieter den Rasen nicht rechtzeitig gemäht hat, bilden sich in ihm drei verschiedene Meinungen bezüglich des fraglichen Sachverhalts x, ob der Mieter den Vermieter ausnutzt, bezüglich der fraglichen Handlung y, ob der Vermieter dem Mieter das Recht der Gartennutzung entziehen soll, und bezüglich der fraglichen Regel, ob der Vermieter genau dann dem Mieter die Gartennutzung verbieten soll, wenn dieser jenen ausnutzt: (1) sein Mieter nutzt ihn aus, und genau dann, wenn er ihn ausnutzt, muss ihm die Gartennutzung entzogen werden, so dass der Vermieter dies tun will; (2) sein Mieter hat es nur einmal vergessen, aber genau dann, wenn der Mieter ihn ausnutzen würde, würde er ihm wegen einer derartigen Kränkung die Gartennutzung entziehen, was der Vermieter jetzt natürlich nicht will; (3) sein Mieter nutzt ihn zwar aus, ihm aber deswegen das Nutzungsrecht zu entziehen, wäre zu hart, zumal die kleinen Kinder des Mieters, die gerne im Garten spielen, dadurch mitbestraft würden, so dass der Vermieter ihm nicht die Gartennutzung entziehen will. Insgesamt hält der Vermieter es für wahrscheinlich, dass er ausgenutzt wird, er hält es daher für richtig, dem Mieter das Recht der Gartennutzung zu entziehen, aber er neigt dazu, dies nicht zu tun, weil ihm die Kinder des Mieters leidtun. In dieser konflikthaften Situation, die nicht schematisch gelöst werden kann, ohne dass der Vermieter einen Teil seiner Meinungsbildung unterdrücken (Universalitäts- oder Mehrheitsprinzip) oder eine irrationale Entscheidung treffen muss, braucht nur eine Kleinigkeit zu geschehen, und der Vermieter trifft eine Entscheidung, die er hinterher bereut: (a) der Mieter kommt zum Vermieter und fragt ihn, ob er einen schönen Steingarten anlegen dürfte, was den Vermieter sehr erfreut, und ob er, der Mieter, dafür vom Vermieter eine schriftliche Bestätigung bekommen könnte für das kostenlose Gartennutzungsrecht, da er doch viel Geld investiere, und der Vermieter macht dies am nächsten Tag, stellt aber nach einiger Zeit fest, dass der Mieter keinen Steingarten angelegt hat und der Rasen noch ungepflegter aussieht als vorher, sodass er es bereut, die kostenlose Gartennutzung schriftlich garantiert zu haben, von der er nicht mehr so einfach zurücktreten kann – er hatte schon geahnt, dass sein Mieter sein Versprechen nicht hält, er hat sich aber von seiner Freude zu einer unbedachten Handlung hinreißen lassen; (b) der Mieter beschwert sich darüber, dass es im Keller zu feucht sei, und dass es doch Aufgabe des Vermieters sei, das zu beheben, woraufhin der Vermieter sich ärgert und schließlich nach einigem Überlegen seinem Mieter schriftlich die Gartennutzung verbietet und die Miete erhöht, was ihm später zwar leid tut, er kann es aber nicht mehr rückgängig machen, ohne sein Gesicht zu verlieren – er hat in seiner Wut eine durch die eigentliche Angelegenheit unbegründete Entscheidung getroffen. Hier geben die jeweiligen Empfindungen in der Situation und damit das Psychisch-Motivationale den Ausschlag, wie der Betreffende sich entscheidet. Wenn aber nichts dergleichen passiert, dann können die verschiedenen Konflikte des Vermieters gelöst werden, zum einen der Sachkonflikt, ob er wirklich ausgenutzt wird, also ob es noch mehr Indizien dafür gibt, und wenn ja, dann geht es um den Interessenkonflikt zwischen dem Interesse, einen ordentlichen Garten zu haben, und dem Interesse, keine unschuldigen Kinder unglücklich zu machen, und schließlich um den persönlichen Konflikt, wenn der Vermieter sich gekränkt fühlt, dass sein Vermieter ihn ausnutzt und damit schlecht behandelt.

Sobald diese Konflikte gelöst sind (z.B. durch Gespräche zwischen Mieter und Vermieter), kann rational und von einem „mehrheitlich" bei dem Betreffenden universal unterstützten Gefühl geleitet und damit vom Geistig-Idealen, was ich als den Aspekt der Rückkehr zur vollkommenen Liebe bezeichnet habe (s. S. 30), eine verantwortlich-reflektierte Handlung erfolgen. In einer konflikthaften Situation können einzelne Empfindungen unser Handeln beeinflussen und zu Täuschungen und Enttäuschungen führen, wenn wir uns nicht ausreichend Zeit lassen oder lassen können, unseren Erfahrungsschatz oder durch Gespräche den von anderen zu benutzen, um zu reiferen Entscheidungen zu kommen. Das Psychisch-Motivationale hat dann einen zu großen Einfluss auf uns, es ist dann stärker als unsere geistigen Evaluationen, die geistigen Auswertungen unserer Erfahrungen und der von anderen, und lässt uns irrational bzw. akratisch handeln. Je echter und unmittelbarer wir uns in unserem Worumwillen verstehen und damit Konflikte bei uns lösen, desto weniger bereuen wir unsere Handlungen, d.h. je mehr wir uns der vollkommenen Liebe nähern, desto weniger akratisch, desto beherrschter und weiser werden wir handeln.

Kommen wir nun zu bestimmten Besonderheiten der Machtausübung, und zwar zu spezifischen Entwicklungen der gesellschaftlichen Machtausübung in den drei sozialen Institutionen des Strafens, des Militärs und der Kindererziehung. Unter einer sozialen Institution verstehe ich ein System von Regeln, die das menschliche Handeln in wichtigen Bereichen des gemeinschaftlichen Zusammenlebens leiten. Diese Regeln werden mit einer gewissen Macht durchgesetzt, sodass jeder in der Gemeinschaft, der sich den Regeln nicht fügt, mit negativen Konsequenzen rechnen muss. Soziale Institutionen ermöglichen erst gemeinsames Handeln, und je erfolgreicher dadurch die Ziele von einzelnen, von Gruppen oder von der ganzen Gemeinschaft erreicht werden, desto stabiler werden derartige Institutionen und wirken damit zurück auf den einzelnen, der sich den entsprechenden Regeln dann immer mehr aufgrund positiver Konsequenzen fügt.

Es gibt allgemeine soziale Institutionen, die einer Gemeinschaft eine allgemeine Struktur geben und die es in jeder Gemeinschaft gibt, und spezifische soziale Institutionen, die eine Gemeinschaft von einer anderen unterscheiden. Kindererziehung ist sicherlich eine allgemeine soziale Institution, beim Strafen und beim Militär kann man sich streiten, ob man sie nicht durch andere soziale Institutionen ersetzen kann, wodurch eine Gemeinschaft ihre innere Harmonie erhalten oder sogar verbessern und einem möglichen Angreifer oder Eroberer von außen die Motivation nehmen kann, in aggressiver Weise gegen die Gemeinschaft vorzugehen. Doch das ist hier nicht das Thema, sondern die Art und Weise der Machtausübung in diesen drei sozialen Institutionen und beispielhafte Entwicklungslinien, die verschiedene Formen der Machtausübung veranschaulichen. Warum ich gerade diese drei sozialen Institutionen herausgegriffen habe, liegt daran, dass das Strafen der Herstellung und Aufrechterhaltung der inneren Harmonie der Gemeinschaft dienen soll, das Militär soll die Gemeinschaft vor äußeren Gefahren schützen und bei der Kindererziehung geht es um die folgende Generation, eine wichtige Ressource für den Fortbestand der Gemeinschaft. Damit decken diese drei sozialen Institutionen beispielhaft die wichtigsten Aufgaben einer Gemeinschaft ab. Bei den folgenden Ausführungen habe ich einiges von Michel Foucaults „Überwachen und Strafen" (Foucault, 2008, S. 701 - 1019) verwendet und teilweise umformuliert.

Wenden wir uns als erstes der Institution des Strafens zu: Das zugehörige Regelsystem liegt zumindest bei der weiblichen Machtausübung in Form eines so genannten Strafgesetzbuches vor. Je nach Art der Machtausübung unterscheidet sich dieses Regelsystem inhaltlich, was als Verbrechen gilt, genauso wie hinsichtlich Art und Maß der Strafen und der

Strafverfolgung. Bei einer vorwiegend männlichen Machtausübung, also bei einer relativ kleinen Oberschicht mit einem Anführer oder einem alleinigen Despoten, ist dieses Regelsystem inhaltlich relativ einfach, dem so etwas zu Grunde liegt wie eine „Symmetrie der Rache" (ebenda, S. 807), d.h. alles was dem Führer nicht gefällt, ist ein Verbrechen und muss danach bestraft werden, wie sehr es dem Führer missfällt und wie stark seine Macht dadurch herausgefordert ist (wer stiehlt, dem wird z. B. die Hand abgehackt, und das schlimmste Verbrechen, welches mit der schlimmsten Strafe gerächt wird, ist der Mordversuch am Führer), man betreibt eine Kasuistik (ebenda, S. 801), d.h. es werden nur die Umstände und Absichten berücksichtigt bzw. die allgemeine Wirkung, was dem Daseinsmodus des Genus entspricht, und die spezifische Art der Handlung, was auf den Daseinsmodus der Spezies verweist. Der Daseinsmodus des Individuums wird praktisch nicht verwendet, den einzelnen gibt es nicht bei einer derart großen Unterschicht. Zur Durchsetzung werden als negative Konsequenzen eines Verbrechens körperliche Schmerzen, Verletzungen und Körperbehinderungen bis zur vollkommenen körperlichen Vernichtung angedroht, denn mit anderen Strafen kann niemand beeindruckt werden, dem man nichts anderes wegnehmen kann als seine körperliche Integrität und Unversehrtheit. Die Strafen sind Strafexempel und werden als Machtdemonstrationen in der Öffentlichkeit durchgeführt. Die Strafverfolgung ist insofern sehr rücksichtslos, weil es egal ist, ob man dabei auch Unschuldige trifft, der Verbrecher wird nicht als einzelner, sondern als Teil eines Kollektivs verstanden, und wenn man nicht genau weiß, wer der Verbrecher ist, dann wird dieses Kollektiv am besten noch strenger bestraft, als man es bei dem einzelnen täte, denn man nimmt an, dass dieses Kollektiv sich später an dem wirklichen Verbrecher, den es ja kennt, rächt, sodass er seiner Strafe nicht entkommt.

Demgegenüber ist bei einer vorwiegend weiblichen Machtausübung das Regelsystem inhaltlich sehr komplex und differenziert, es liegt ihm eine ganze Reihe von wohldurchdachten Rücksichten und Vorsichtsmaßnahmen zu Grunde. Prinzipiell ist alles das ein Verbrechen, was die innere Harmonie einer Gemeinschaft stört, aber wenn man all diese Störungen ahnden würde, würde man dadurch die Harmonie beeinträchtigen, sodass man hier eine Schwelle der Störung festlegen muss und nur das zum Verbrechen erklärt, dessen Störungsmaß über dieser Schwelle liegt, was oft mit dem Stichwort des öffentlichen Interesses bezeichnet wird. Die öffentliche Bestrafung ist auf jeden Fall zu vermeiden, denn wenn das Publikum Partei ergreift und die Strafe für zu mild oder für zu streng hält oder gar sich in zwei entsprechende Lager teilt, dann wird dadurch die Harmonie viel stärker beeinträchtigt, wenn die Bestrafung öffentlich ist. Die Strafe wird aber öffentlich verkündet und das Strafgesetzbuch ist für jeden einsehbar, so dass dadurch ein transparentes Zeichen gesetzt wird, welches abschreckt und weitere Straftaten so verhindert. Das Exempel bei der männlichen Machtausübung wird hier durch ein transparentes Zeichen ersetzt und dient genauso der Abschreckung, aber ohne oder zumindest mit wesentlich geringerer Störung der Harmonie. Es werden auch keine übermäßigen Strafen verhängt wie beim männlichen Prinzip der Machtausübung, sondern nur das Minimum, sodass es gerade noch abschreckend wirkt (ebenda, S. 795). Die Abschreckung setzt nicht beim körperlichen, sondern beim seelischen und beim geistigen Aspekt des Daseins an, indem es bestimmte Vorstellungen (ebenda, S. 796) hervorruft. Aber auch beim Gesetzesbrecher selbst setzt man bei der Bestrafung nicht auf der körperlichen Ebene an, weil dies von anderen als grausam und unmenschlich betrachtet werden könnte und damit die innere Harmonie wieder stört, sondern man nimmt ihm bestimmte Möglichkeiten weg, man nimmt ihm etwas von seiner Macht weg – aufgrund der individualistischen Gesellschaftsform besitzt jeder etwas davon –, man nimmt ihm etwas von seinem

Besitz (Geldstrafe) oder von seiner Bewegungsfreiheit (Gefängnisstrafe). Weil im Daseinsmodus des Individuums das Dasein beim Planen und Entwerfen „seine Möglichkeiten als Möglichkeiten *ist*" (Heidegger, 2006, S. 145), findet hier im Gegensatz zu einer reinen Kasuistik wie bei der männlichen Machtausübung eine Individualisierung statt. Neben den Umständen und der allgemeinen Wirkung auf die anderen (Modus des Genus) und der Intention und Spezifizierung nach Art der Handlung (Modus der Spezies) wird auch auf den Einzelnen geachtet (Modus des Individuums), da die gleiche Strafe nicht dieselbe Wirkung beim Einzelnen und bei der Gemeinschaft hat. Dies hat einen quantitativen Aspekt, wie viele Möglichkeiten der Betreffende vor und nach der Strafe hat (einen Reichen trifft dieselbe Geldstrafe nicht so hart wie einen Armen), und einen qualitativen Aspekt, wie wichtig dem Betreffenden der Verlust bestimmter Möglichkeiten ist und was für eine Position er innerhalb der Gemeinschaft einnimmt. Daher wird bei der Individualisierung auch insofern auf die individuelle abschreckende Wirkung geachtet, dass jemand, der eine Position mit Vorbildcharakter für andere innehat, eine größere Strafe bekommt als jemand mit geringerem Ansehen, sodass derartige Personen motiviert sind, ihrer Vorbildfunktion in entsprechendem Maße gerecht zu werden. Außerdem ist die Wirkung auf die ganze Gemeinschaft eine andere, wenn höher gestellte Persönlichkeiten schwerer bestraft werden. Aufgrund ihrer Vorbildfunktion „verdienen" sie das, weil sie das von allen in sie gesetzte Vertrauen zerstört haben. Aufgrund der Individualisierung bekämpft man nicht mehr das Verbrechen, sondern die Kriminalität (Foucault, 2008, S. 802), was bedeutet, dass man den Gesetzesbrecher zum Delinquenten macht, den man entweder diszipliniert und bessert und wieder in die Gemeinschaft integriert oder aber in Sicherheitsverwahrung nimmt. „Das Strafsystem ist ein Apparat zur differenzierten Behandlung der Gesetzwidrigkeiten, nicht zu ihrer globalen Unterdrückung" (ebenda, S. 790) wie bei der männlichen Machtausübung. Bei der Strafverfolgung geht es auch um den Einzelnen, man ist nicht strenger und man bestraft auch kein Kollektiv, sondern man ist wachsamer (ebenda, S. 798), setzt entsprechend ausgebildete Polizei ein, forscht und benutzt wissenschaftliche Ergebnisse zur Wahrheitsfindung, sodass die Aufklärungsquote von Verbrechen groß genug zur Abschreckung ist.

Wenn das männliche Prinzip der Machtausübung angewandt wird, bedeutet dies, dass es sich beim Strafen um eine Angelegenheit des Kontakts mit der Außenwelt einer Gemeinschaft handelt, d.h. der Führer und die herrschende Minderheit sieht sich als eine Gemeinschaft und das Volk als nicht dazugehörige Außenwelt, in gewisser Weise als unterworfenes oder erobertes Volk. Damit ist das Strafen in der männlichen Form eigentlich keine soziale Institution der gesamten Gemeinschaft mehr. Beim weiblichen Prinzip dagegen gehören bezüglich des Strafens alle zur Gemeinschaft, da gibt es keine Elite, die sich über die anderen erhebt und eine Sonderbehandlung genießt, und daher ist hier das Strafen eine **soziale** Institution im wahrsten Sinne des Wortes, sie dient der Integration und damit der Harmonie innerhalb der gesamten Gemeinschaft.

Beim Militär stellt sich ebenfalls die Frage der sozialen Institution für die gesamte Gemeinschaft, nämlich ob das Militär nur den Führer und seine Getreuen, also eine Oberschicht, schützen soll und daher auch gegen das Volk eingesetzt werden kann, oder ob es wirklich das ganze Volk vor äußeren Gefahren bewahren soll. Im ersten Fall, also bei einer männlichen Machtausübung, besteht das Militär aus einer Elite und einer Art „Fußvolk", das als „Bauernopfer" oder „Kanonenfutter" taktisch oder strategisch genutzt wird, d.h. das Militär bildet letztlich die Gesellschaft ab. Zu desertieren, ist eine Majestätsbeleidigung und wird rigoros mit dem Tod bestraft. Militärische Ausbildung findet nicht systematisch statt, die Elite übt sich in Kampfspielen, bei denen sie ihre Kampfkunst demonstriert und das Volk beeindruckt bzw. einschüchtert, und alle anderen sind auf sich selbst angewiesen, wie sie sich bei Kampfhandlungen am besten schützen. Auch für die Bewaffnung hat jeder selbst zu sorgen. Bei einer weiblichen Machtausübung wird ebenfalls die Gesellschaft im Militär abgebildet, es gibt eine viel differenziertere Hierarchie, Vorgesetzte haben eine Verantwortung, müssen also Antwort geben, wenn sie Untergebene im Kampf verlieren oder diese verletzt werden. Militärische Strafen sind zwar strenger als im Zivilbereich, aber es gibt ein Militärgericht und eine Militärpolizei, jeder unterliegt demselben Strafsystem, das prinzipiell dem zivilen gleicht. Die militärische Ausbildung ist sehr systematisch und durch einen hohen Grad an Disziplin gekennzeichnet, nichts wird dem Zufall überlassen, jede Bewegung, jede Regung, alles wird eingeübt und kontrolliert, Fortschritte und Erfolge werden belohnt mit Beförderungen und/oder Orden, Rückschritte und jedes Versagen entsprechend bestraft mit Degradierung und/oder Aberkennung von Orden. Alle wissenschaftlichen Erkenntnisse, wie man etwas lernt und übt, werden eingesetzt, um eine optimale Ausbildung zu gewährleisten. Nicht nur für die Ausbildung, sondern auch für die Bewaffnung wird gesorgt, und jeder wird an den entsprechenden Waffen ausgebildet und muss auch für sich üben. Es geht insbesondere um Selbstdisziplin, und dazu werden Rekruten in der Ausbildung oft schikaniert, damit sie ihre Emotionen zu beherrschen lernen, d.h. sie werden in gewissem Sinne zu Kampfmaschinen ausgebildet, die nichts fühlen und absolut gehorsam sind. Ausbilder werden teilweise als „Mutter der Kompanie" bezeichnet, welche die Rekruten „erst zu Menschen machen", also zu Soldaten erziehen. Damit sind wir auch schon fast bei der letzten sozialen Institution, der Kindererziehung.

Bei der Kindererziehung kommt es auch darauf an, ob in der betreffenden Gemeinschaft bzw. Gesellschaft die männliche Form der Machtausübung dominiert und wir eine kollektivistische Gesellschaftsform vorfinden, die von einer Elite beherrscht wird, oder ob dort die weibliche Form der Machtausübung überwiegt und die Gesellschaftsform individualistisch ist mit einer starken Mittelschicht. Eine herrschende Elite kümmert sich vor allem um die Erziehung und Bildung ihrer eigenen Kinder, und die Unterschicht bzw. das Volk hat nicht die Mittel, ihren Kindern etwas anderes beizubringen als zu arbeiten, um zu überleben, und die Kinder der Unterschicht müssen meistens schon in jungen Jahren bei der Arbeit helfen. Wenn die Elite sich um die Erziehung der Kinder der Unterschicht kümmert, dann nur, um sie als Erwachsene besser beherrschen und ausbeuten zu können. Dabei ist es durchaus möglich, dass sie sehr auf Disziplin achten und so bei der Erziehung dieser Kinder durchaus weibliche Formen der Machtausübung wie bei der Rekrutenausbildung (siehe oben) anwenden. Ohne es zu wissen, untergraben sie dadurch aber ihre eigene Machtposition, sodass es in irgendeiner der kommenden Generationen zu einem Umsturz kommen kann, der entweder die alte durch eine neue Elite ablöst oder aber, wenn dabei eine starke Mittelschicht entsteht, zu einer individualistischen Gesellschaftsform führt, in der insgesamt die weibliche Form der Machtausübung die vorherrschende ist. Bei dieser Form der Machtausübung genießen alle Kinder in der Regel, zumindest was die Schulbildung und die Berufsausbildung betrifft, eine Erziehung, die individualisierend ist und nach Anlagen, Fähigkeiten und Fertigkeiten differenziert, die nach wissenschaftlichen Erkenntnissen diagnostiziert und gefördert werden. Anstelle von Beförderungen und Orden gibt es als Belohnungen die Versetzung in eine höhere Klasse, an bessere oder „höhere" Schulen oder allgemein an bessere Ausbildungs- und Arbeitsplätze, und alle Leistungen werden benotet bzw. bewertet.

Dabei besteht allerdings immer die Gefahr, dass sich eine Leistungselite bildet, welche die Macht an sich reißt, sodass männliche Formen der Machtausübung dominieren und die Mittelschicht verschwindet. Eine weitere Gefahr bei weiblichen Formen der Machtausübung besteht darin, dass das Gelernte, welches durch die Belohnungen einen Tauschwert bekommt, immer mehr an echtem Gebrauchswert für die betreffende Person verliert. Andererseits besitzt bei männlichen Formen der Machtausübung Gelerntes vor allem einen Gebrauchswert, es dient der Selbstkonsolidierung, und je mehr es zur Machtausübung gebraucht wird, desto mehr behält der Betreffende es für sich, gibt immer weniger preis (!) davon, sodass es immer weniger Tauschwert hat. Im Idealfall der vollkommenen Liebe sind Gebrauchswert und Tauschwert identisch.

Wie man aus diesen Betrachtungen ersehen kann, können sich weibliche und männliche Formen der Machtausübung durchaus mischen bzw. je nach Bereich in der Gemeinschaft verschieden sein, und es kann immer wieder auch zu einem Wechsel der Formen kommen. Trotz der großen Unterschiede zwischen männlicher und weiblicher Machtausübung spielt etwas bei beiden Formen eine zentrale Rolle – damit sind wir bei der Besonderheit von jeglicher Machtausübung –, und zwar die „Kraft, welche die Menschen ohne Unterlaß zu Lüsten und Begierden hinreißt", wie Foucault es von Beccaria zitiert (Foucault, 2008, S. 805). Bei der männlichen Machtausübung sind es die Lüste und Begierden des Anführers und die der herrschenden Elite, denn nur deswegen üben sie ihre Macht in dieser Form aus, damit sie jederzeit die Möglichkeit der Befriedigung haben, die ihnen niemand aufgrund ihrer Macht, die sie stets einschüchternd demonstrieren, streitig machen kann, und bei der weiblichen Machtausübung sind es die Lüste und Begierden derjenigen, die bei dieser Machtausübung beherrscht werden sollen, weil man dadurch die Machtmittel zu ihrer Kontrolle besitzt, denn durch Beobachtung und Analyse des Beobachteten werden die Lüste und Begierden der einzelnen erkannt (Individualisierung), sodass sie als Verstärker („Zuckerbrot und Peitsche") einer operanten Konditionierung bei der weiblichen Machtausübung („Dressur") eingesetzt werden können. Man könnte die männliche Form der Machtausübung als Regression in die frühe Säuglingszeit interpretieren und damit vergleichen, wie ein Säugling mit aller Macht die Befriedigung seiner Bedürfnisse einfordert, wobei es beim Säugling im Unterschied zum erwachsenen Mann um das eigene Leben geht, da der Säugling existenziell von einer unbedingten Bedürfniserfüllung abhängig ist. Die weibliche Form der Machtausübung entspricht in ihrem Extrem dagegen der Art und Weise, wie eine Mutter aufopferungsvoll bis in den Tod für ihr Kind sorgt, damit es am Leben bleibt. In beiden Fällen geht es also um Leben und Tod, und die männliche Regression zum Lebensanfang und das weibliche Vorausschreiten bis zum Lebensende umspannen so das ganze menschliche Dasein[6]. In diesem Spannungsfeld von männlicher und weiblicher Machtausübung steht daher das, worüber jemand, der sein Leben hauptsächlich nach dem männlichen Prinzip ausrichtet, für sich verfügen, und was jemand, der vor allem nach dem weiblichen Prinzip sein Leben gestaltet, für andere zur Verfügung haben will. Es geht in gewissem Sinn um Angebot und Nachfrage, oder anders formuliert, es geht idealerweise um das echte und unmittelbare Verstehen des Worumwillens des anderen (weibliches Prinzip) und von einem selbst (männliches Prinzip), d.h. um die vollkommene Liebe des anderen und von einem selbst, was beides in dieser Utopie dasselbe ist (Kolb, 2017a), und das bedeutet, dass in der vollkommenen

---

[6] Passend dazu schreibt Balint, dass der Mann im Orgasmus auf die „primitivste Stufe der Objektbeziehung" (Balint, 1988, S. 128 unten) regrediert, während der Orgasmus der Frau zum Beispiel im Mythos von Persephone und Hades als Tod dargestellt wird. Auch der keltische Mythos vom Harlekin deutet den Tod als ultimativen Orgasmus der Frau (McClelland, 2006).

Liebe männliches und weibliches Prinzip verschmelzen würden und es im Grunde genommen nicht um Macht, sondern um Liebe geht. Je mehr wir unsere Liebesfähigkeit entwickeln und uns so immer mehr der vollkommenen Liebe nähern, desto weniger geht es uns um Macht und desto mehr verschmelzen männliches und weibliches Prinzip in der vollkommenen Liebe.

4. Sexualität vom männlichen Standpunkt aus betrachtet

Sowohl bei der weiblichen als auch bei der männlichen Machtausübung spielen die Lüste und Begierden eine zentrale Rolle, wie wir gesehen haben, und in der typischen Begegnung und Auseinandersetzung zwischen Menschen geht es um die Regungen, die sich ab der Pubertät zeigen, wenn die geschlechtliche Entwicklung immer mehr Emotionen und neue Absichten auslöst, es geht also um die Sexualität, wie ich sie unter 2.10 definiert habe. Diese will ich jetzt vom Standpunkt eines Menschen aus betrachten, der sein Handeln hauptsächlich nach dem männlichen Prinzip ausrichtet, der also von der Notwendigkeit ausgeht, erst seine eigenen Fähigkeiten und Fertigkeiten zu entwickeln und diese seine Qualitäten dann anderen zu demonstrieren, bevor er sich für seine Gemeinschaft einsetzt. Auf der einen Seite beabsichtigt er, seine Lüste und Begierden zu befriedigen, und setzt dazu seine Macht entsprechend ein, andererseits weiß er als repräsentationaler Akteur, dass sein diesbezügliches Handeln ihm als Ausdruck seiner sexuellen Bedürfnisse ausgelegt werden kann und er damit beeinflussbar ist von einer Person, die ihn operant konditionieren kann mit entsprechenden sexuellen Belohnungen, also durch weibliche Machtausübung.

Diese Gefahr scheinen die griechischen Philosophen des Altertums geahnt zu haben, sie erwähnen sie zwar nicht explizit, aber ihr paradoxes Verhältnis zur sexuellen Lust (*aphrodisia*) (Foucault, 2008, S. 1255) lässt sich derart auslegen: „man sucht die gleichmäßige Verteilung einer Aktivität, die an sich nicht als schlecht zu betrachten ist, und zugleich eine restriktive Ökonomie, in der das »Weniger« immer besser zu sein scheint als das »Mehr«" (ebenda). Es wird immer wieder betont, dass derjenige, der herrschen will, zuerst sich selbst beherrschen muss, wobei „der sexuellen Aktivität ein beständiges Misstrauen entgegengebracht" (ebenda, S. 1253) wird. Auf die Frage nach einem günstigen Zeitpunkt soll Pythagoras geantwortet haben: »Wann man sich schwächen will.« (ebenda). Zu meiner Interpretation, dass die Griechen befürchteten, aufgrund sexueller Aktivitäten von Frauen beherrscht zu werden, passt die Aussage, dass „die Frauen den Geschlechtsverkehr brauchen, um den für ihren Organismus notwendigen Ausfluss regelmäßig hervorzubringen" (ebenda, S. 1255), während für Männer gilt, „die strenge Enthaltsamkeit schadet ihnen keineswegs, sondern erhält ihnen die Unversehrtheit ihrer Kräfte" (ebenda). Dass Frauen den Geschlechtsverkehr brauchen, scheint mir eine Rationalisierung zu sein, damit die Männer die Illusion ihres Machtgefühls behalten können, und strenge Enthaltsamkeit schützt sie davor, dass Frauen die Kraft des Mannes ausnutzen können. Auch der empfohlene Altersunterschied von 15-20 Jahren zwischen dem älteren Mann und einem 16-20 Jahre alten Mädchen (ebenda, S. 1256) sichert dem Mann seine Überlegenheit. Das Problem für die Griechen liegt nicht darin, dass der Sexualakt an sich ein Übel oder ethisch abzuwerten sei, ihre Besorgnis bezieht sich darauf, dass der Akt aufgrund seiner „Gewaltsamkeit die Kontrolle und die Beherrschung [bedroht], die man über sich ausüben sollte […, dass er] durch die von ihm hervorgerufene Erschöpfung an der Kraft [zehren könnte, und dass er] auf die Sterblichkeit des Individuums [verweist], wenngleich er das Überleben der Art gewährleistet" (ebenda, S. 1259). Alle drei Punkte dieser Besorgnis verweisen auf einen möglichen männlichen Machtverlust. Welche Rolle das männliche Machtgefühl für die Griechen gespielt hat, zeigt auch das so genannte »Ejakulationsschema« von Hippokrates: „es dient dazu, die Beziehungen zwischen männlicher und weiblicher Rolle als Konfrontation und Zweikampf zwischen beiden, aber auch als Beherrschung und Regulierung der einen durch die andere zu deuten" (ebenda, S.

1260). „Aber in jedem Fall ist es der männliche Akt, der bestimmt, reguliert, schürt, herrscht" (ebenda, S. 1262). Dem männlichen Samen wird die Macht unterstellt, dass er „das Leben weitergeben und ein anderes Lebewesen entstehen lassen kann" (ebenda, S. 1264), und „der Sexualakt, der ihn ausstößt, stellt für das Lebewesen eine kostspielige Verausgabung dar" (ebenda, S. 1266). Dadurch „beraubt sich das Lebewesen eines beträchtlichen Teils der Elemente, die für seine eigene Existenz wesentlich sind. Man versteht, wieso die missbräuchliche Verwendung der sexuellen Lüste manchmal [...] zum Tod führen kann" (ebenda). Der männliche Chauvinismus, den man in diesen Zitaten sehen kann, lässt sich kaum noch überbieten: als ob nur der männliche Samen das Leben schenkt und die weibliche Eizelle keine Rolle dabei spielt, und als ob die Gefahr, aufgrund des Sexualakts zu sterben, nur für den Mann bedeutsam ist, während doch viel mehr Frauen während der Schwangerschaft oder bei der Geburt als Folge dieses Akts sterben. Ich muss hier allerdings einwenden, dass die Griechen den Sexualakt als eine Aktivität betrachtet haben, die ausschließlich vom Mann ausgeht, und bei der dessen Partner oder Partnerin lediglich assistiert. Die Besorgnis, am Sexualakt zu sterben, wird bei den Griechen dann letztlich dadurch beruhigt, dass man „durch die Fortpflanzung an der Unsterblichkeit teilhat" (ebenda, S. 1268), wenn der Mann entsprechende Vorsichtsmaßnahmen trifft und einhält, die ihm die Macht bzw. die Herrschaft über sich selbst, über seine Ehefrau und seine Kinder sichert. Indem die griechischen Männer sich selbst beherrscht haben, waren sie allerdings schon Objekte einer weiblichen Machtausübung. Hier zeigt sich beispielhaft, wie männliche und weibliche Machtausübung sich mischen können.

Die drei Bedenken der mangelnden Kontrollierbarkeit, der kräftezehrenden Verausgabung und der „Fortpflanzung, die an den künftigen Tod des Individuums gebunden ist" (ebenda, S. 1269), gegenüber dem Sexualakt, der „mit der »männlichen« Form des Samenausstoßes identifiziert" (ebenda, S. 1270) wird, gibt es auch in anderen Kulturen, z.B. in der altchinesischen, die darauf allerdings eine ganz andere Antwort gegeben hat, wenngleich auch hier „Maßnahmen der freiwilligen Zurückhaltung" (ebenda) vorgeschlagen werden: „die Konfrontation mit dem anderen Geschlecht gilt als eine Weise, mit dem Lebensprinzip in Kontakt zu treten, das in jenem liegt und das man aufnehmen und sich zunutze machen kann: so dass eine richtig betriebene sexuelle Aktivität nicht nur jede Gefahr ausschließt, sondern sogar zu einer Stärkung und Verjüngung der Existenz führen kann [...]; wenn man seinen Höhepunkt vermeidet oder endlos hinausschiebt, so verleiht man ihm den höchsten Grad der Lust und die größte Steigerung des Lebens. In dieser *ars erotica* mit deutlichen ethischen Absichten, die die positiven Effekte einer gemeisterten, reflektierten, vervielfachten und verlängerten sexuellen Aktivität zu intensivieren sucht, wird die Zeit – die Zeit, die den Akt beendet, den Körper hinfällig macht und den Tod näherbringt – gebannt" (ebenda).

Das Christentum gibt noch eine ganz andere Antwort auf die Bedenken gegenüber dem Sexualakt, indem sie ihn aufgrund „der unbezwingbaren Kraft des Begehrens" (ebenda) mit dem Sündenfall und der Erbsünde in Verbindung bringt, wodurch wir das Paradies und das ewige Leben verloren haben, was man als kostspieligen Verlust interpretieren und wodurch man den Sexualakt mit dem Tod in Verbindung bringen kann. Nur durch das Ritual der kirchlichen Eheschließung, und wenn der Sexualakt zum Zweck der Fortpflanzung vollzogen wird, kann dem Akt der sündhafte Charakter genommen werden. „Hier handelt es sich um eine juridisch-moralische Kodifizierung der Akte, der Momente und der Absichten, die eine mit negativen Werten behaftete Tätigkeit legitimieren" (ebenda, S. 1271).

Die Griechen dagegen errichteten weder einen Kodex, der die sexuellen Aktivitäten wie im Christentum einschränkt, noch empfehlen sie eine Liebeskunst, der diese Aktivitäten wie in der altchinesischen Kultur in ihrer Natürlichkeit künstlich verändert, sondern bei ihnen „geht es um das Verhältnis seiner selbst zu dieser Aktivität »überhaupt«, die Fähigkeit, zu beherrschen, zu begrenzen und richtig zu verteilen" (ebenda), es geht um „die Einrichtung einer Lebenstechnik" (ebenda). „Weil sie [die *aphrodisia*] die gewaltigste aller Lüste ist, weil sie kostspieliger ist als die meisten physischen Aktivitäten, weil sie zum Spiel des Lebens und des Todes gehört, ist sie ein besonders wichtiger Bereich für die ethische Formierung des Subjekts: eines Subjekts, das sich durch die Fähigkeit auszeichnen soll, die Kräfte, die sich in ihm entfesseln, zu beherrschen, die freie Verfügung über seine Energie zu bewahren und aus seinem Leben ein Werk zu machen, das über seine vergängliche Existenz hinaus dauert" (ebenda, S. 1271 f.). So mischen sich bei den Griechen im Bereich der sexuellen Handlungen von Männern männliche und weibliche Machtausübung, indem Männer einerseits demonstrativ zu ihren Fähigkeiten und Fertigkeiten der aktiven Penetration stehen, sie also nicht als Sünde sehen wie im Christentum, und sie in ihrer Naturgewalt nicht verändern wollen, wie dies in der altchinesischen Kultur für notwendig erachtet wurde, andererseits aber sich selbst beherrschen und disziplinieren in deren tatsächlicher Ausübung, sich dadurch also einer weiblichen Macht beugen, von der ihre Existenz letztlich abhängt – denn von wem werden schließlich alle Menschen geboren?

Diese Frage haben sich die Griechen in diesem Kontext wohl weniger gestellt, und sie hätten die Macht, der sie sich in diesem Fall gebeugt haben, niemals als weiblich bezeichnet. Im Zusammenhang mit Frauen gab es für die freien Männer der Griechen nur drei Beziehungsformen, bei denen die Sexualität eine Rolle spielte, nämlich die zu den Kurtisanen „für das Vergnügen", zu den Konkubinen „für die tägliche Bequemlichkeit" und zu den Ehefrauen, „um eine legitime Nachkommenschaft und eine treue Hüterin des Herdes zu haben" (jeweils ebenda, S. 1273), und diese waren durch Gesetze klar geregelt. Dies entspricht in etwa auch der Entwicklung eines jungen Mannes, der zuerst nur die Lust bei den Kurtisanen sucht, dann darüber hinaus die Befriedigungen des Alltags mit einer Konkubine und schließlich als reifer Mann von 30 – 35 Jahren dazu noch die Gründung eines Haushalts, eines *Oikos*, wobei ihm seine Gattin rechtmäßige Kinder schenken und die Kontinuität der Familie sichern kann (frei nach ebenda, S. 1278). Als Gattin „gehört die Frau dem Gatten – aber der Gatte gehört nur sich selbst" (ebenda, S. 1276). Wir haben hier auch die traditionelle Aufgabenteilung in einer Gemeinschaft, dass der Mann für die Außenkontakte (Schutz vor Gefahren und Herbeischaffen von Ressourcen) und die Frau für alles, was sich innerhalb der Gemeinschaft abspielt, hauptverantwortlich zuständig ist: was er z.B. herbeibringt, verwaltet und verteilt sie. Dabei lastet die Hauptverantwortung auf dem Mann, der seiner Ehefrau alles beibringen muss, wie sie ihre Aufgaben im Haus vollbringen soll. Die Frau hat sexuell treu zu sein, aber der Mann hat nur die moralische Verpflichtung, seine Frau gerecht zu behandeln und wertzuschätzen, wenn und damit sie Haus und Haushalt entsprechend gut verwaltet. Das „Gebot, nur mit seiner Frau zu verkehren, [ist] die schönste Art, seine Macht über sie auszuüben" (ebenda, S. 1280). Das Verhältnis von Mann und Frau ist niemals symmetrisch, es handelt sich hier „um die Stilisierung der aktuellen Asymmetrie" (ebenda). Beziehungen eines freien Mannes zu einer Frau waren immer in dem Sinn sexuell geschlossen, als dass er aufgrund einer Leistung seinerseits einen Rechtsanspruch auf den Sexualakt mit ihr hatte: die Kurtisane bezahlte er, der Konkubine besorgte er den Unterhalt und seiner Ehefrau gab er als eine Art Arbeitgeber den Beruf der Hausverwalterin, und für die entsprechende Zeit hatte er Macht über sie.

Es gab nur eine sexuelle Beziehungsart, die offen war in dem Sinne, dass keiner der Partner einen gesetzesmäßigen Anspruch auf den anderen hatte, und das war die sexuelle Beziehung zwischen freien Männern oder zwischen einem freien

Mann als Liebenden (aktive Rolle) und einem Knaben als Geliebten (passive Rolle), wobei nur letztere Beziehungen heikel waren und problematisiert wurden. Über sexuelle Beziehungen zwischen freien Männern machte man sich höchstens lustig, wenn der höherstehende von beiden nicht die aktive Rolle einnahm. Für die Griechen hatten sexuelle Beziehungen stets die Form „mit den herrschenden und den beherrschten Positionen, den aktiven und den passiven Rollen, der Penetration, die vom Mann ausgeführt und von seinem Partner erlitten wird" (ebenda, S. 1331), und es gab hier ein Analogieprinzip zwischen diesen und den Positionen im sozialen bzw. politischen Feld (ebenda). Bei zwei erwachsenen und freien Männern war dies unproblematisch, weil in einer sexuellen Beziehung, die ja in einem agonistischen Kontext, einem Zweikampf stattfand, jeder für sich selbst verantwortlich war. Für einen Knaben aber sah man wegen seiner Minderjährigkeit und fehlenden Erfahrung ein Problem, sodass der werbende erwachsene Mann einen Teil der Verantwortung übertragen bekam, den Knaben gewissermaßen nicht zu überfordern, und für den Knaben betrachtete man das Ganze als eine Bewährungsprobe, ob er seine Reinheit bewahren konnte, ohne arrogant, schroff und zu abweisend zu werden. Dieses Motiv der Reinheit, die sich auf die Welt einlässt und dabei rein bleibt, findet man später beim Bild der reinen Jungfrau, im Christentum etwa im Marienkult.

Bei Platon wird aus der Reinheit die Wahrheit und aus der *aphrodisia* die wahre Liebe: Im *Symposion* erschüttert Platon „den allgemein angenommenen Grundsatz einer Asymmetrie des Alters, des Gefühls, des Verhaltens zwischen Liebhaber und Geliebtem" (ebenda, S. 1348), indem er Aristophanes in seiner Rede den Mythos der „durch den Zorn der Götter hervorgerufenen Teilung der ursprünglichen Wesen und ihre Trennung in zwei Hälften (männliche und weibliche oder beide gleichgeschlechtlich, je nachdem, ob das ursprüngliche Individuum androgyn oder insgesamt männlich oder weiblich war)" (ebenda) erzählen lässt. Wenn zwei Liebende in Wahrheit ursprünglich ein Wesen gewesen sind, dann ist ihre Beziehung auf jeden Fall rein, und die Lust, die sie gegenseitig anzieht, ist wahre Liebe. Damit wird die Problematik jeder Art von Sexualität, ob gleich- oder gegengeschlechtlich, von ihrer Asymmetrie befreit und in die Frage nach dem Wesen ihrer Liebe überführt, ob sie wahr und rein ist. In der Antwort auf die Rede des Aristophanes geht es daher nicht mehr darum, „die andere Hälfte seiner selbst [...] im andern [zu suchen]; sondern das Wahre, mit dem seine Seele verwandt ist" (ebenda, S. 1358).

Wenn die Liebe wahr und rein ist, dann verstehen sich beide gegenseitig und jeder für sich selbst echt, weil wahr, und unmittelbar, weil rein, in ihrem jeweiligen Worumwillen bzw. in ihrer jeweiligen Ergriffenheit, das ist nach meiner Definition die vollkommene Liebe, und wenn beide sich in meinem Sinne vollkommen lieben, d.h. sich echt und unmittelbar in ihrem Worumwillen bzw. in ihrer Ergriffenheit verstehen, dann ist ihre Liebe wahr und rein. In der *Nikomachischen Ethik* (Aristoteles, 1985) geht Aristoteles zwar nicht direkt auf das Thema der Sexualität ein, aber das, was er als das Hauptziel des menschlichen Lebens ansieht, die Glückseligkeit, ist nach seiner Meinung nur durch Tugend und tugendhafte Betätigung erreichbar, und dazu sollten sich tugendhafte Menschen als Freunde gegenseitig in tugendhaftem Verhalten unterstützen, so dass wir auch hier im Grunde genommen die tugendhafte Liebe unter Freunden als den Schlüssel zur Glückseligkeit betrachten müssen. Dabei ist der eine Freund umso glücklicher, je glücklicher der andere Freund ist, und umgekehrt, und beide tauschen sich darüber aus, sodass jeder von ihnen dadurch immer mehr echt und unmittelbar die Ergriffenheit des anderen und damit gleichzeitig die eigene Ergriffenheit versteht und beide sich so immer mehr der vollkommenen Liebe annähern.

Was also die wahre und reine, die tugendhafte oder die vollkommene Liebe betrifft, so laufen die Überlegungen von

Platon, von Aristoteles und von mir alle auf dasselbe hinaus. Es geht immer um die Entwicklung unserer Liebesfähigkeit, sodass wir uns dem utopischen Ziel der vollkommenen Liebe immer mehr annähern. Mit diesem Ziel verbunden ist die „Forderung einer Symmetrie und Reziprozität in der Liebesbeziehung, [die] Notwendigkeit eines schwierigen und zähen Ringens mit einem selber, [die] fortschreitende Reinigung einer Liebe, die sich nur auf das reine Sein in seiner Wahrheit richtet, und [die] Befragung des Menschen über ihn selber als Begehrenssubjekt" (Foucault, 2008, S. 1360).

Die Symmetrie und Reziprozität ist bei Aristoteles in der Freundschaft gefordert, wenn er im 8. Kapitel des VIII. Buches der Nikomachischen Ethik einen verhältnismäßigen Ausgleich verlangt, damit Gleichheit in der Freundschaft herrscht. Da vollkommene Fremdliebe und vollkommene Selbstliebe absolut identisch sind (Kolb, 2017a), gilt Gleichheit auch bei der vollkommenen Liebe. Dass ein schwieriges und zähes Ringen notwendig ist, betont Aristoteles, wenn er schon am Anfang der Nikomachischen Ethik fordert, „dass dies [tugendhafte Handeln] ein volles Leben hindurch dauert" (Aristoteles, 1985, S. 12, 1098a, 18), um zur Glückseligkeit zu gelangen, und die vollkommene Liebe ist eine Utopie, die nie ganz erreicht werden kann, sodass man auch hier ein schwieriges und zähes Ringen auf sich nehmen muss. Dass auf einem derartigen Weg die Liebe immer mehr gereinigt wird und sich nur auf das reine, d.h. unmittelbare Sein in seiner Wahrheit bzw. Echtheit richtet, ist ebenfalls klar, sowohl bei Aristoteles, wenn man seine Beschreibungen der Tugenden liest, als auch bei der vollkommenen Liebe, bei deren Entwicklung immer mehr Echtheit und Unmittelbarkeit im Verstehen angestrebt wird. Je vollkommener die fünf dianoetischen Tugenden von Aristoteles, desto vollkommener sind die fünf Gegensätzlichkeiten von Nishida überwunden (s. Kapitel 2) und damit die Liebe immer vollkommener (ebenda). Und um die Glückseligkeit für sich und andere zu erlangen bzw. das echte und unmittelbare Verstehen des Worumwillens bzw. der Ergriffenheit eines Menschen zu erreichen, der unter diesem Aspekt betrachtet ein begehrendes Subjekt darstellt, muss dieser über ihn selber als Begehrenssubjekt befragt werden. Das Worumwillen bzw. die Ergriffenheit ist nach Aristoteles „entweder begehrendes Denken oder denkendes Begehren, und das Prinzip, in dem sich beides, Denken und Begehren, verbunden findet, ist der Mensch" (ebenda, S. 132, 1139b, 5). Wenn man »Begehren« als Grundlage für kluges Handeln und »Denken« als Basis von verantwortlich-reflektiertem Handeln ansieht bzw. derart interpretiert, dann stimmt die Aussage von Aristoteles damit überein, dass der Mensch ein Lebewesen ist, bei dem sich kluges mit verantwortlich-reflektiertem Handeln verbindet, oder mit Schiller gesprochen, Neigung und Pflicht.

Die Verschränkung des begehrenden Denkens und denkenden Begehrens finden wir als Sorge im Existenzialismus von Heidegger (Heidegger, 2006, S. 56 f.), der das griechische Wort *orexis* für »Begehren« in seiner Vorlesung 1927 über die Nikomachische Ethik von Aristoteles mit »Sorge« und »Besorgen« übersetzt hat. Die Frage des Begehrens als Frage, wie wir unser jeweiliges Begehren als Genus von seiner Herkunft her begreifen, als Individuum verstehen, auf was wir beim Begehren zukommen können, entsprechend planen und uns entscheiden, wie wir als Spezies, im Hier und Jetzt angekommen, praktisch handelnd mit unserem Begehren umgehen, ist bis heute relevant und sollte die Entwicklung unserer Liebesfähigkeit stets leiten.

Mit der Problematisierung des Begehrens, womit die Griechen – zumindest Platon und Aristoteles – schon anlässlich der Sexualität in Beziehungen von Männern zu Knaben begonnen haben, verlassen wir die Praxis der Sexualität, wie sie allein nach dem männlichen Prinzip betrieben wird, denn bei der männlichen Art der sexuellen Praxis wird das Begehren als solches nicht hinterfragt, sondern es geht nur um die möglichst umfangreiche und gefahrlose Erfüllung der sexuellen Lust. Mit Platon und Aristoteles haben die Griechen also begonnen, sexuelle Handlungen nicht mehr nur unter dem Aspekt eines Wettkampfes und der Beherrschung von sich und anderen generell und spezifisch und damit aus der Sicht einer männlichen Machtausübung zu betrachten, sondern auch nach der Wahrheit zu suchen, die sich hinter dem Begehren verbirgt, bzw. danach, dieses Begehren immer echter und unmittelbarer zu verstehen, d.h. nach der vollkommenen Liebe zu streben, indem das weibliche Prinzip des Begreifens und Verstehens des Individuellen mit einfloss.

5. Sexualität vom weiblichen Standpunkt aus betrachtet

In diesem Kapitel soll nun die Sexualität vom Standpunkt eines Menschen aus betrachtet werden, der sein Handeln hauptsächlich nach dem weiblichen Prinzip ausrichtet, der also von der Notwendigkeit überzeugt ist, zuerst sich selbst hinzugeben und für andere da zu sein, bevor er oder sie für sich selbst sorgen sollte. Dieser Person geht es vor allem um die Harmonie innerhalb der Gemeinschaft, dass jeder sich möglichst wohl fühlt, und dafür stellt sie eigene Belange und Bedürfnisse gern zurück. Sie beobachtet und analysiert, welche Lüste und Begierden der andere hat, und bemüht sich je nach dem darum, diese zu befriedigen. Sie hinterfragt dabei, welche Lüste und Begierden die Harmonie der Gemeinschaft stören könnten, wenn sie entweder erfüllt oder aber nicht erfüllt werden, sodass sie durch entsprechende Handlungen ihre Macht und ihren Einfluss stärken kann. Mit dieser Problematisierung des Begehrens, unter welchen Umständen seine Erfüllung oder seine Nicht-Erfüllung die Harmonie jeweils stören oder fördern kann, haben wir ein wesentliches Charakteristikum der weiblichen Sexualität getroffen, wie ich die sexuelle Praxis nennen möchte, die sich am weiblichen Prinzip ausrichtet. Entsprechend möchte ich die männliche Sexualität als diejenige sexuelle Praxis bezeichnen, die sich am männlichen Prinzip ausrichtet, und deren wesentliches Charakteristikum darin besteht, dass es beim Begehren nur das Problem gibt, ob und wie eine Erfüllung erreicht werden kann oder nicht und wie dadurch die Macht des Betreffenden gesteigert werden kann oder möglicherweise geschwächt wird. Wenn ein Mann sich dann konsolidiert fühlt, kann er z.B. die Ressourcen der Gemeinschaft durch eigene Nachkommen stärken und so seinen Einfluss innerhalb der Gemeinschaft vergrößern, auch wenn er bei dem dazugehörigen sexuellen Akt seine Kräfte schwächt.

Letztlich wird also bei beiden Formen der Sexualität danach gestrebt, die eigene Macht in der jeweils eigenen Form der weiblichen bzw. männlichen Machtausübung zu stärken. Zumindest ursprünglich scheint es in der Sexualität nur um Macht und nicht um Liebe zu gehen. Am Beispiel der Griechen in der Antike konnten wir sehen, wie sich bei der männlichen Sexualität zumindest bei Platon und Aristoteles das Machtstreben gewandelt hat und über ein Streben nach Wahrheit oder Glückseligkeit sich immer mehr auf die vollkommene Liebe ausgerichtet hat.

Während sich in der Antike in der Politik das männliche und expansive Machtstreben allmählich zu einem Streben nach Ruhe und Frieden (Pax Romana) und in der Sexualität der „Gebrauch der Lüste", wie Foucault es nennt, sich zu einer „Sorge um sich" (Foucault, 2008) entwickelte, verbesserte sich die Stellung der Frau immer mehr, und die männliche Art der Machtausübung mischte sich immer mehr mit der weiblichen Art, was auch damit zusammenhing, dass die Expansion des römischen Reiches seit Kaiser Augustus immer mehr stagnierte und es immer mehr um die Sicherung und Verwaltung des Eroberten ging. Das männliche Prinzip ist ja auch am erfolgreichsten, wenn es um Expansion und Eroberung oder um Verteidigung, also um das Herbeischaffen von Ressourcen und das Abwenden von Gefahren geht, während das weibliche Prinzip am effektivsten ist, wenn es sich um Verwaltung, Integration und einen möglichst harmonischen Zusammenhalt innerhalb eines Imperiums dreht. Von daher ist es nur allzu verständlich, wenn Kaiser Konstantin im 4. Jahrhundert nach Christus sich an die Christen wandte, um in seinem Reich durch caritative Maßnahmen, mit denen er sie beauftragte, mehr Zufriedenheit und Harmonie zu fördern. Für das durch Nächstenliebe geprägte Urchristentum, das wegen seiner Andersartigkeit von den Römern bis 315 n. Chr. verfolgt worden war, war die Harmonie untereinander von höchstem Stellenwert, man sprach sich mit Bruder und Schwester an, sodass hier das weibliche Prinzip eine hohe Priorität besaß.

Entsprechend waren der Umgang und die Beurteilung des sexuellen Begehrens bei den Christen am weiblichen Prinzip ausgerichtet, d.h. auch in Bezug auf die Sexualität orientierte sich alles daran, ob die Harmonie innerhalb der Gemeinschaft gestärkt oder geschwächt wurde. Bis auf die Forderung nach ritueller Reinheit übernahm man fast alles vom Judentum bzw. von der mosaischen Gesetzgebung: Geschlechtsverkehr außerhalb der Ehe, Ehebruch, Inzest und Homosexualität waren verboten, denn diese Praktiken konnten die Harmonie innerhalb der Gemeinschaft stören. Ferner gab es die Aufforderung zum Sex in der Ehe, um für Nachkommenschaft zu sorgen, und es gab eine Pflicht zur Beachtung und Befriedigung der sexuellen Bedürfnisse der Ehefrau durch den Ehemann. Diese beiden positiven Gebote verlangten insbesondere vom Mann, dass er sich hingab und zuerst für seine Familie sorgte, bevor er an eigene Bedürfnisse und Belange dachte. Hier haben wir also noch einmal ganz deutlich das weibliche Prinzip der Notwendigkeit der Selbsthingabe, bevor man für sich selbst sorgte.

Während bei den Griechen, wie im vorigen Kapitel ausgeführt, die Frau als Kurtisane, Konkubine und Ehefrau den Mann bei der Entwicklung seiner Sexualität bis zur vollen Reife unterstützen sollte, damit er dann der Gemeinschaft würdige Nachkommen verschaffen und seinen Platz in der Politik einnehmen konnte, sollte im Urchristentum der Mann sich seiner Familie hingeben, seine Frau lieben und ihr Kinder schenken. Josef, der Vater von Jesus, der selbstlos für seine Familie gesorgt hat, gilt noch heute als Vorbild eines christlichen Vaters, ein Mann, der sich für seine Familie aufgeopfert hat. Aber nicht nur der Ehemann, sondern auch die Ehefrau hatte sich hinzugeben und ihre Kinder zu versorgen und im christlichen Glauben zu erziehen. Hier war Maria, die Mutter von Jesus, das entsprechende Vorbild. Während im griechischen *Oikos* der Mann der Herrscher war und seine Ehefrau direkt unter ihm stand, hatten Ehemann und Ehefrau in der christlichen Familie die Rollen von Dienern gemäß dem Bibelwort: „Wer groß sein will unter euch, der soll euer Diener sein; und wer unter euch der Erste sein will, der soll aller Knecht sein" (Markus, 10, 43-44). Dieses Gebot ist viel radikaler als die Aufforderung bei den Griechen, sich selbst beherrschen zu lernen, um andere klug und weise beherrschen zu können. Statt der Beherrschung verlangt es die Hingabe des Begehrens, es geht nicht um Macht, sondern um Liebe. Mann und Frau sind nicht in eine Konfrontation oder in einen Zweikampf verwickelt, wie im vorigen Kapitel bei den Griechen beschrieben, sondern sie dienen gleichberechtigt und gleichermaßen dem Wohl der gesamten Familie. In Bezug auf die Sexualität ist auf jeden Fall festzuhalten, dass sie bzw. das sexuelle Begehren im Urchristentum noch nicht abgewertet und verurteilt wurde, denn etwas Schlechtes hinzugeben ist kein wirkliches Opfer, keine echte Hingabe.

Die Gleichberechtigung zwischen Mann und Frau hatte jedoch auch im Urchristentum eine Grenze: Sie galt nur innerhalb der Familie, die als heilig galt, und nicht in der gesamten Gemeinschaft; und weil die Familie heilig war, musste die Frau als reine Jungfrau in sie eintreten. Erst dadurch erhielt sie ihre Gleichberechtigung, aber eben auch nur in der Familie. Wenn eine reine Jungfrau in eine heilige Familie eintrat und ihr diente, dann behielt sie wie Maria, die Mutter von Jesus, ihre Jungfräulichkeit, auch wenn sie sexuell mit ihrem Ehemann verkehrte, wobei diese Jungfräulichkeit natürlich nur symbolisch im Sinne von Reinheit zu verstehen ist. Aus der Reinheit wird hier nicht wie bei Platon die Wahrheit und aus der Sexualität nicht die wahre Liebe, sondern die Reinheit heiligt und aus der Sexualität wird eine so enge Verbindung, dass Mann und Frau eins werden, so wie es im Neuen Testament heißt: „Ein Mann verlässt seine Eltern und verbindet sich so eng mit seiner Frau, dass die beiden eins sind mit Leib und Seele" (Matthäus, 19, 5). Damit aber sind wir doch wieder bei dem Mythos, den Platon im *Symposion* von Aristophanes erzählen lässt, dass zwei wahrhaft Liebende ursprünglich ein einziges Wesen gewesen sind (s. voriges Kapitel).

Die christliche Vorstellung der Heiligen Familie nach dem Vorbild von Jesus, Maria und Josef führt uns also letzten Endes zu demselben Ideal der vollkommenen Liebe wie die Ideen und Vorstellungen von Platon und Aristoteles (s. voriges Kapitel). Denn wenn Mann und Frau eins werden, wenn männliches und weibliches Prinzip gleich werden, dann gleichen sich auch Selbst- und Fremdliebe, und die Utopie der vollkommenen Liebe ist erreicht. Dazu passt auch das christlich-jüdische Gebot „Liebe deinen Nächsten wie dich selbst" (3. Moses, 19, 18, Matthäus, 19, 19 und 22, 39, Lukas, 10, 27, Markus, 12, 31 und 33, Römer, 13, 9, Galater, 5, 14 und Jakobus, 2, 8), denn nur so können männliches und weibliches Prinzip vereint und die vollkommene Liebe erreicht werden. (Im orthodoxen Judentum ist der Nächste allerdings immer ein Jude, im Christentum dagegen jeder Mensch.)

Wie oben schon erwähnt, war die Gleichberechtigung der Frau auf die Familie beschränkt, in der *Ecclesia*, in der Versammlung, hatte sie nach Paulus zu schweigen (was aber nicht von Paulus stammt, sondern in den Korinther-Brief hineingemogelt worden war). Gegenüber dem Griechentum war es aber ein Fortschritt für die Frau, die im *Oikos* nur eine Stellvertreterin des Mannes war. Außerhalb der Familie war das politische Handeln, d.h. Handeln, welches die Gemeinschaft insgesamt beeinflusste und betraf, im späteren Christentum immer stärker durch eine männliche Machtausübung geprägt, je größer die christlichen Gemeinden wurden (Expansion begünstigt das männliche Prinzip) und je weniger die einzelne Familie daher eine Rolle spielte. Spätestens mit dem Konzil von Nicäa 325 n. Chr. wurde die Wende vom weiblichen zum männlichen Prinzip in der Führungsspitze der Kirche vollzogen, als das Christentum endgültig zur Staatsreligion wurde und es den ersten Fall gab, in dem eine abweichende Lehre, nämlich der Arianismus, dass Jesus Gott nicht wesensgleich sondern nur wesensähnlich sei, nicht nur als Vergehen gegen die Kirche, sondern auch als Vergehen gegen den Staat betrachtet und der Besitz von Schriften des Arius mit dem Tod bestraft wurde (allerdings noch nicht unter Kaiser Konstantin, sondern erst seit Theodosios dem Großen, 379 – 395). Dies stellt eine typisch männliche Machtausübung dar (s. 3. Kapitel), bei der das Objekt der Machtausübung mit der Vernichtung bedroht wird. In gewisser Weise kann man das Konzil von Nicäa mit dem Sündenfall und der Vertreibung aus dem Paradies vergleichen: In beiden Fällen ging es um Erkenntnis und um das Thema »Sein wie Gott« (die Schlange verführte Eva, indem sie versprach, man würde sein wie Gott, und auf dem Konzil von Nicäa ging es um die Frage, ob Jesus wie Gott sei oder nur ähnlich wie Gott) und in beiden Fällen wurden in der Folge Menschen von Menschen getötet, die eigentlich Brüder waren (Abel von Kain und Anhänger von Arius oder spätere Häretiker durch die römische Justiz), denn ursprünglich bezeichneten sich alle Christen, ob Arianer oder nicht, als „Brüder und Schwestern im Herrn", und selbst Feinde sollte man lieben und als Brüder betrachten. Bezeichnend für die männliche Art der Machtausübung ist auch, dass im Kanon 3 des Konzils von Nicäa es absolut verboten wurde, „dass Bischöfe, Priester und Diakone mit einer Frau zusammenleben, ausgenommen natürlich ihre Mutter, Schwester oder Tante oder eine über jeden Verdacht erhabene Frau" (Corpus Juris Canonici, Gratian's Decretum, Pars I., Distinc. XXXII., C. xvj.), denn damit war es dem Klerus, also denjenigen, die die Macht in der Kirche innehatten, nicht erlaubt, Vater in einer Familie zu werden, und sie waren so davor geschützt, von einer ihnen gleichberechtigten Frau beeinflusst zu werden.

Frauen hätten so indirekt immer mehr Macht in der Kirche bekommen können. Weil aber auf diese Weise das weibliche Prinzip bei manchen Entscheidungen des Klerus zu wenig berücksichtigt wurde und wird, erscheinen diese dann weltfremd. Für andere zu sorgen, indem man z.B. die Geburtenkontrolle unterstützt, ist nicht so wichtig wie die Konsolidierung eines theologischen Prinzips, mit dem man das Verbot der Antibabypille begründet. Hier ist das männliche Prinzip erkennbar, zuerst die eigene Position zu konsolidieren, bevor man anderen hilft. Weibliches Prinzip wäre es, zuerst die Not der Überbevölkerung gerade in der Dritten Welt zu lindern und sich dann um die eigenen theologischen Belange zu kümmern.

In der Sexualität waren Mann und Frau zwar gleichberechtigt, aber dadurch, dass die Hingabe für die Familie und das Dienen in der Familie im späteren Christentum nicht mehr eine Aufforderung zum freiwilligen Verzicht waren, sondern zum moralischen Zwang gemacht wurden, wurden Mann und Frau unter das Joch einer Moraltheologie gesteckt, die sie zu gleichberechtigten Sklaven machte, wenn sie sich nicht von der Kirche emanzipierten und distanzierten. Es scheint, als ob man in der kirchlichen Führung nicht mehr an den freien Willen des Menschen glaubte, zumindest nicht im Bereich der Sexualität, als ob diese den Menschen die Willensfreiheit nehmen und sie zu triebhaften Monstern oder Zombies machen könnte. Damit kommen wir zu einem weiteren wichtigen Thema bezüglich Liebe, Macht und Sexualität, nämlich zum Problem der Willensfreiheit.

6. Das Problem des freien Willens

Die philosophischen Auffassungen und Meinungen über die Freiheit unseres Willens reichen von absoluter Freiheit bis hin zu absolutem Determinismus, und es kommt mir so vor, als ob jeder nur einen einzelnen Aspekt des Problems betrachtet, so wie die verschiedenen Personen eines Eingeborenenstammes in Afrika, die noch nie einen Elefanten gesehen haben und nachts im Dschungel ein solches Tier finden, woraufhin sie am nächsten Morgen heftig darüber diskutieren, wie das Ding, dem sie nachts begegnet sind, tatsächlich aussah, weil jeder einen anderen Teil des Elefanten in der Dunkelheit ertastet hat. Anstatt mich nur auf Einzelheiten zu konzentrieren, will ich erst einmal allgemein vom Ganzen ausgehen, um dem Phänomen unserer Willensfreiheit gerecht zu werden.

Wenn ich mich frage, was ich will, dann frage ich nach meinen Zielen und Absichten, und wie ich sie erreichen will, d.h. die Frage nach der Willensfreiheit ist die Frage, wie frei ich bin in der Wahl meiner Ziele und Absichten und in der Wahl und Planung meiner Aktivitäten bzw. Aktivitätsreihen (s. 2. Kapitel) zum Erreichen der gewählten Ziele und Absichten. Eine derartige Wahl treffe ich als Individuum und geistiges Subjekt – von diesem geistig-idealen Aspekt aus betrachtet ist meine Wahl frei – aber diese Wahl ist beeinflusst von dem, was mich als Objekt der Psyche ergriffen hat – von diesem psychisch-motivationalen Aspekt her bekommt mein Geist den Auftrag, mich so zufrieden wie möglich zu machen –, und begrenzt durch meine tatsächlichen Möglichkeiten, Fähigkeiten und Fertigkeiten, dem körperlich-materiellen Aspekt meines Daseins.

Was mich als Objekt der Psyche ergreift, ist abhängig davon, was ich als Genus und psychisches Subjekt begreife – das ist eine Frage meiner Offenheit und meiner Fähigkeiten und Fertigkeiten, mich mit anderen auszutauschen und unsere

Das Problem des freien Willens 167

jeweiligen Erfahrungen zu begreifen, und eine Frage der Kultur bzw. des Entwicklungsstandes der Gemeinschaft, innerhalb der ich mich mit anderen austausche – aber wir können gemeinsam nur das begreifen, was uns als Objekte der Materie in unserer Umwelt begegnet – insofern sind wir in unserem Begreifen davon abhängig, es ist nicht nur eine Frage unserer Fähigkeiten und Fertigkeiten, begreifen zu können. Was mir als Objekt der Materie in unserer Umwelt begegnet, ist auch das Ergebnis davon, was wir alle und ich im Besonderen als Spezies und materielles Subjekt durch ein gewähltes oder absichtsvolles Handeln bewirkt haben – das ist auch eine Frage meiner Fähigkeiten und Fertigkeiten und der Fähigkeiten und Fertigkeiten im effektiven Handeln, welche die Gemeinschaft, von der ich als Mitglied abhängig bin, entwickelt hat – andererseits muss ich mich mit den von mir aufgrund meiner Erwartungen getroffenen Entscheidungen als Objekt des Geistes auseinandersetzen – ich bin also in Bezug auf meine Willensfreiheit in gewisser Weise von meinem eigenen Willen und damit doch wieder von meiner Ergriffenheit abhängig, denn hier schließt sich der Kreis.

Es scheint also so, als sei mein Wille nur vom geistigen Aspekt her frei, ansonsten aber durch meine Ergriffenheit als Objekt der Psyche beeinflusst und aufgrund der Einschränkungen bei meinen Möglichkeiten, Fähigkeiten und Fertigkeiten im Handeln als körperlich-materielles Subjekt begrenzt. Mein Wille ist geistig frei, psychisch beeinflusst und materiell begrenzt. Innerhalb der Grenzen aufgrund des materiellen Aspekts meines Daseins beeinflusst der psychische Aspekt, der sich generell in meiner Gemeinschaft als Kultur entwickelt hat und in mir individuell als Motivation dazuzugehören, die vom geistigen Aspekt her betrachtete Freiheit meines Willens.

Bis jetzt haben wir uns nur auf dem Kreis des klugen Handelns bewegt, sodass diese Überlegungen in ähnlicher Weise, wenn man den Begriff der Kultur weglässt, auch für höher entwickelte Tiere gelten. Auf dem Kreis des verantwortlich-reflektierten Handelns ergibt sich nun folgendes: Meine Ergriffenheit ergibt sich aus dem, was ich als psychisches Subjekt begreife, und dieses Begreifen ist eine Antwort auf meine affektive Wahrnehmung. Insofern bin ich also für meine Ergriffenheit verantwortlich, ich habe die Wahl, auf meine affektive Wahrnehmung eine andere Antwort zu geben, das Wahrgenommene anders zu begreifen, so dass sich auch meine Ergriffenheit verändert. Voraussetzung für diese Wahlmöglichkeit ist, dass ich mich mit meiner Wahrnehmung und dem Wahrgenommenen auseinandersetze, und d.h. auch mit den wahrgenommenen Beschränkungen meiner Fähigkeiten und Fertigkeiten, die ich durch Lernen und Üben erweitern kann, und den wahrgenommenen Beschränkungen meiner Gemeinschaft, die ich durch Kritik, Demonstrationen und andere Handlungen beeinflussen kann. Diese Auseinandersetzung mit mir selbst, mit anderen und mit meiner restlichen Umwelt ist eine Handlung, die entsprechende Fähigkeiten und Fertigkeiten erfordert. Für eine effektive Auseinandersetzung, wenn ich also wirklich und wirkungsvoll meine Ergriffenheit kontrollieren, meine Fähigkeiten und Fertigkeiten erweitern und für beides die Verantwortung übernehmen will, ist es notwendig, dass ich entsprechende Fähigkeiten und Fertigkeiten übe und trainiere und auf diese Weise insgesamt die Möglichkeiten meines Seinkönnens vergrößere, von denen ich dann als Individuum und geistiges Subjekt wählen kann, für welche ich mich entscheide, um mit meiner Ergriffenheit verantwortlich umzugehen. Damit ist die Antwort auf meine Ergriffenheit bzw. auf die Frage meines psychisch-motivationalen Aspekts, die ich als Bürde zu tragen und zu ertragen habe, immer auch eine Gegenfrage, und zwar nicht nur die Frage, ob die Wünsche und Bedürfnisse, die sich aus meiner Ergriffenheit ergeben, durch die Ausführung bestimmter geistig-idealer Entscheidungen befriedigt worden sind, sondern auch die Frage, ob diese Ergriffenheit sinnvoll ist oder auf einer Täuschung in

Bezug auf meine Wahrnehmung oder deren Begreifen und der Einschätzung bzw. dem Begreifen meiner Fähigkeiten und Fertigkeiten oder auf Beschränkungen meiner Gemeinschaft beruht, d.h. ob ein Akzeptieren dieser Ergriffenheit nicht früher oder später zu einer Enttäuschung führt. Dadurch haben wir ein Gleichgewicht zwischen Psyche und Geist bzw. zwischen dem psychisch-motivationalen und dem geistig-idealen Aspekt, den es so nur beim Menschen und nicht bei Tieren gibt, und darin liegt unsere Chance, so etwas wie Willensfreiheit bis zu einem gewissen Grad zu erlangen. Das Tragen und Ertragen der Bürde unserer Ergriffenheit kann nur bei uns Menschen derart verantwortungsvoll sein, und diese Verantwortung gibt uns im Gegenzug unsere Würde als geistige Subjekte. Je mehr ich mit meiner Ergriffenheit verantwortlich umgehe, desto besser begreife ich als psychisches Subjekt mich und meine Umwelt, und desto besser verstehe ich mich auf die Möglichkeiten meines Seinkönnens als geistiges Subjekt, d.h. mein <u>ganzheitliches Selbstverständnis</u> wird immer größer.

Mein Selbstverständnis und meine Würde als einzelner Mensch bzw. als Individuum sind davon abhängig, wie entschlossen ich bin, mich mit mir selbst und mit meiner Umwelt auseinanderzusetzen, wie diszipliniert ich bin und meine Fähigkeiten und Fertigkeiten trainiere, und wie verantwortungsvoll ich die Bürde meiner Ergriffenheit trage und ertrage, die auch mit dem Austausch mit anderen zusammenhängt, den ich dann ebenfalls tolerieren und akzeptieren muss. Bei diesem von mir zu tolerierenden Austausch geht es nicht nur darum, mit den Meinungen der anderen umzugehen, sondern auch darum, meine eigene Meinung angemessen und mutig zu äußern, worin sich auch eine Verantwortung mir selbst gegenüber zeigt. Von diesen drei Punkten, nämlich von meiner Entschlossenheit, meiner Selbstdisziplin und meiner verantwortungsvollen Toleranz anderen und mir selbst gegenüber hängen auch die <u>Autonomie und Effektivität</u> meines Handelns als Spezies und meine <u>kommunikative Solidarität</u> und mein Begreifen als

Gemeinschaftswesen bzw. als Genus ab. Das <u>Gleichgewicht zwischen Psyche und Geist</u> ist daher notwendig und hinreichend zur stetigen und ständigen Verbesserung meines ganzheitlichen Selbstverständnisses, meiner Autonomie und Effektivität und meiner kommunikativen Solidarität bzw. Brüderlichkeit mit anderen, d.h. notwendig und hinreichend, um mich immer mehr der Utopie der vollkommenen Liebe zu nähern.

Wenn das Gleichgewicht zwischen Psyche und Geist gestört ist, führt dies zu folgenden Problemen: Wenn die Psyche überwiegt, wenn wir unsere Ergriffenheit zu wenig kontrollieren, dann können wir nicht mehr verantwortlich-reflektiert handeln, sind also unbeherrscht (Akrasia, s. S. 134, was auf der gesellschaftlichen Ebene der Anarchie entspricht), und wenn der Geist überwiegt, wenn wir unsere Wünsche und Bedürfnisse zu sehr unterdrücken, dann können wir nicht mehr klug handeln, wir sind dann versessen oder fanatisch, was auf der gesellschaftlichen Ebene dem Totalitarismus entspricht. In beiden Fällen ist daher unsere Willensfreiheit eingeschränkt. Da kein Mensch perfekt ist, kommt es immer wieder zu Täuschungen, die wir affektiv wahrnehmen können und die wir dann von unserem Empfinden her als Enttäuschung erleben, wenn wir die entsprechende Täuschung begriffen haben. Der kritische Punkt dabei ist dann immer wieder, wie wir mit Täuschungen bzw. Enttäuschungen umgehen. Dieser kritische Umgang hat (1) den materiellen Aspekt, dass es einen Gegensatz gibt zwischen unserer Erwartung und dem wahrgenommenen Ergebnis, (2) den psychischen Aspekt, dass es eine Spannung (lat. intentio) gibt, die uns die Empfindung der Enttäuschung vermittelt, und (3) den geistigen Aspekt, dass wir keine angemessene Möglichkeit unseres Seinkönnens gefunden bzw. uns für keine derartige entschieden haben.

Wenn in obigem Sinne der Geist stärker als die Psyche ist (jeweils als Aspekt), beachten wir unsere Ergriffenheit zu wenig, sodass unsere Aktivität des Begreifens zu wenig genutzt und daher immer oberflächlicher wird und abnimmt. Wir tauschen uns immer weniger aus mit anderen, werden immer versessener und fanatischer und daher immer öfter getäuscht, ohne effektiv etwas zu tun, damit wir uns nicht immer wieder auf ähnliche Weise täuschen lassen. Dies ist eine Variante von dem, was Freud mit Wiederholungszwang bezeichnet hat. Der Begriff Zwang weist schon darauf hin, dass unsere Willensfreiheit hier deutlich eingeschränkt ist. In der Regel kommt es dann früher oder später dazu, dass die Empfindung unserer Enttäuschung immer stärker wird, dass unser psychischer Aspekt also an Stärke gewinnt. Die Enttäuschung ist eine irgendwie gewichtete Kombination folgender Empfindungen: Wut darüber, dass wir uns so oft getäuscht haben (wir fühlen uns überfordert), Angst davor, dass wir weiterhin immer wieder enttäuscht werden können (wir fühlen uns hilflos), und Leid, weil wir uns hoffnungslos von dem getrennt fühlen, was wir möchten und aufgrund unserer Täuschung nicht erreicht haben. Damit beginnt eine Auseinandersetzung mit uns, unserer Gemeinschaft, unserer Umwelt und den Beziehungen dazwischen. Je besser wir unsere früheren Täuschungen begreifen, desto mehr verschwindet unsere Wut, je mehr wir uns darauf verstehen, Vorkehrungen zu treffen, und diszipliniert neue Fähigkeiten und Fertigkeiten in allen drei Daseinsmodi lernen und üben, also die Möglichkeiten unseres Seinkönnens vergrößern, desto kleiner wird unsere Angst, und je effektiver wir dadurch in unseren Handlungen sind, unseren Wünschen und Zielen näher zu kommen, desto geringer und erträglicher wird unser Leid.

Wenn jedoch die Auseinandersetzung scheitert und zu keinem derartigen Ergebnis führt, dann wird früher oder später unser psychischer Aspekt stärker werden als der geistige, spätestens dann, wenn unsere geistigen Kräfte, zu planen und zu entscheiden, aufgrund von Alter oder Krankheit oder wegen irgendwelcher anderer Belastungen zu sehr abgenommen haben. Wenn dann die Empfindung der Wut überwiegt, dann begreifen wir die entsprechende Täuschung als fremd verschuldet und treffen von unserem Geist her keinerlei Vorkehrungen, um damit besser umgehen zu können, d.h. wir wehren alle anderen Empfindungen wie Angst und Leid ab, wir verdrängen sie und speichern sie nicht ab in unserem autobiografischen Gedächtnis (s. S. 83 f.). Wenn die Empfindung des Leids am stärksten ist, dann verfallen wir entweder in einen blinden Aktionismus – aufgrund unseres geschwächten Geistes können wir nicht mehr richtig planen und entscheiden – oder werden ganz apathisch und versinken im Gefühl der Trauer. Gefühle von Furcht und Zorn werden bewältigt und verdrängt und nicht in unserem autobiografischen Gedächtnis abgespeichert (s. S. 83 f.). Wenn wir schließlich von der Empfindung der Angst beherrscht werden, dann setzen wir uns nicht mehr mit der entsprechenden Täuschung auseinander, alle Affekte und Wahrnehmungen, die damit zu tun haben, werden abgespalten und verdrängt und ebenfalls nicht in unserem autobiografischen Gedächtnis abgespeichert (s. S. 83 f.). Wie man leicht sieht, führt auch dieser Umgang mit Enttäuschungen zu immer wiederkehrenden Täuschungen, da wir mit unseren Empfindungen nicht mehr verantwortlich umgehen (Akrasia), das ist die andere Variante des Wiederholungszwangs und des Verlusts unserer Willensfreiheit.

Unsere Willensfreiheit steht und fällt also damit, ob unsere Auseinandersetzung mit uns selbst und unserer Gemeinschaft (Selbstverständnis und echtes Mitgefühl mit uns selbst), mit unserer Umwelt (Selbstwirksamkeit) und mit den Beziehungen zwischen uns und anderen in unserer Umwelt (erfüllende menschliche Beziehungen) gelingt oder nicht. Notwendige Bedingungen für ein derartiges Gelingen sind die drei oben schon erwähnten Punkte der Entschlossenheit, mich auseinanderzusetzen, der Diszipliniertheit, neue Fähigkeiten und Fertigkeiten zu erlernen und zu üben, und des verantwortungsvollen Tragens und Ertragens der Bürde der jeweiligen Befindlichkeit – ich will Letzteres Toleranz gegenüber der jeweiligen

Befindlichkeit nennen, die letztlich auch eine Toleranz gegenüber anderen Menschen und uns selbst ist. Unter diesen drei Bedingungen der Entschlossenheit, der Diszipliniertheit und der Toleranz sind die beiden Aspekte Psyche und Geist in einem stabilen Gleichgewicht, unsere Handlungen sowohl klug als auch verantwortlich-reflektiert und unser Wille immer freier. Diese Überlegungen stimmen mit dem überein, was Kant in der „Kritik der praktischen Vernunft" (Kant, 1799 (3. Auflage)) geschrieben hat: Er konnte aufzeigen, dass sowohl menschliche Freiheit als auch die vollkommene menschliche Determiniertheit nicht beweisbar sind, dass aber Moralität, die mit dem kategorischen Imperativ in Übereinklang steht, menschliche Freiheit ermöglicht. Wenn in einer menschlichen Gemeinschaft immer mehr Menschen derart moralisch handeln, dass sie anderen nichts antun, was sie selbst nicht angetan bekommen wollen, dann muss man sich immer weniger vor anderen schützen und gewinnt allein dadurch immer mehr Freiheit. Da das Streben nach vollkommener Liebe eine im menschlichen Dasein bezeugte Erfüllungsgestalt ist (Kolb, 2017a, S. 126), ist dieses Streben kategorisch i.S.v. Kant und jeder einzelne aufgefordert, eine derartige Moralität bzw. eine immer größere Liebesfähigkeit zu entwickeln und andere in kommunikativer Solidarität ebenfalls dazu aufzurufen, sodass immer größere Räume und längere Zeiten von Freiheit möglich werden. Die menschliche Freiheit ist ein Beziehungsproblem, welches nur in der Freundschaft zwischen Menschen gelöst werden kann, die ihre Liebesfähigkeit immer weiterentwickeln wollen. Aristoteles spricht dies in der Nikomachischen Ethik an, wenn er die Freundschaft zwischen tugendhaften Menschen beschreibt (Aristoteles, 1985, S. 184 ff., 1156a und b).

Beim menschlichen Willen können wir drei Dimensionen ausmachen: Vom Christentum her kennen wir den <u>guten</u> und den <u>bösen Willen</u>, der z.B. in der Weihnachtsbotschaft angesprochen wird – „Friede den Menschen, die guten Willens sind". Unter der obigen Bedingung der <u>Toleranz</u>, die das <u>Seelisch-Motivationale</u> berücksichtigt und so Leid vermindert, ist unser Wille gut in diesem Sinne. Wir verzeihen anderen und uns deutlich mehr, wenn wir verständnisvoll und tolerant sind und nichts Menschliches uns fremd ist, *und* wir übernehmen die <u>Verantwortung</u> für unsere seelischen Empfindungen. Der Stoizismus betont die Dimension der <u>Stärke</u>, die umso größer ist, je <u>disziplinierter</u> wir sind. Hier spielt das <u>Geistig-Ideale</u> und unsere <u>Reflektiertheit</u> die Hauptrolle, sowie die konsequente Übung spezifischer Fähigkeiten und Fertigkeiten zur Erweiterung unserer Seins- und geistigen Vorstellungsmöglichkeiten. Die dritte Dimension betrifft die <u>Klugheit</u>, dass wir nur das wollen bzw. nur nach dem streben, was erreichbar ist und was für die Erreichbarkeit eines Endziels notwendig ist. Entscheidend dafür ist unsere <u>Entschlossenheit</u>, uns mit allen Gegensätzlichkeiten und Täuschungen ausnahmslos auseinanderzusetzen, d.h. hier ist das <u>Materielle</u> das Wichtigste.

Auf den ersten Blick erscheint die Willensfreiheit vom geistig-idealen Aspekt als Individuum absolut gegeben, bis das psychisch-motivationale Phänomen der Ergriffenheit auftaucht, wodurch unser Wille absolut beeinflusst erscheint. Diese Abhängigkeit des Willens kann aber immer mehr aufgelockert werden, je mehr ich begreife, was mich ergreift, und je mehr ich diese Bürde mit Verantwortung und Würde trage und hinterfrage, d.h. je größer mein ganzheitliches Selbstverständnis wird. Dieses wiederum ist abhängig davon, wie groß meine Bereitschaft ist, mich mit meiner Umwelt und mit anderen auseinanderzusetzen, d.h. wie ausgeprägt meine kommunikative Solidarität und „Brüderlichkeit" mit anderen ist. Dieses wiederum hängt nicht nur damit zusammen, ob und wie gut wir uns austauschen, sondern auch davon, was in unserer gemeinsamen Umwelt geschieht, und das ist wiederum abhängig davon, wie effektiv wir handeln, wie diszipliniert wir uns entsprechende Fähigkeiten und Fertigkeiten angeeignet haben, und wie wir dadurch unsere Umwelt geformt und gestaltet haben, d.h. wie sehr wir uns selbst immer <u>effektiver</u> und in einer immer stärkeren <u>Autonomie</u> einbringen – Autonomie bedeutet ja in eigenem (griech. auto, selbst, eigen) Namen oder auch nach den eigenen Entscheidungen, nach dem eigenen Gesetz (griech. Nomos, Gesetz), also in eigener Verantwortung zu handeln. Autonom bin ich also dann, wenn ich eigenverantwortlich bin, d.h. wenn ich Fragen beantworten kann, was mich zu einem bestimmten Handeln veranlasst hat, weswegen bzw. aufgrund welcher Ergriffenheit ich eine bestimmte Entscheidung zu handeln getroffen habe. Meine Autonomie im Handeln hängt also davon ab, wie groß mein <u>ganzheitliches Selbstverständnis</u> ist. Hier hat sich schon wieder der Kreis geschlossen, und wir erkennen, dass unser Wille nur dadurch immer freier werden kann, dass wir Zug um Zug immer mehr ganzheitliches Selbstverständnis, kommunikative Solidarität bzw. Brüderlichkeit und Effektivität und Autonomie bzw. Eigenverantwortung im Handeln entwickeln. Dies ist aber gleichbedeutend damit, dass wir uns in unserer Liebesfähigkeit immer mehr der vollkommenen Liebe annähern (Kolb, 2017a, S. 28 ff.). Damit ist das Problem des freien Willens zurückgeführt auf die Frage, wie wir uns immer mehr in Richtung vollkommener Liebe bewegen können, welche praktischen Hindernisse uns dabei begegnen und wie sie überwunden werden können. Diese Überlegungen zeigen, dass es die absolute Willensfreiheit nicht gibt, wir können uns dieser Utopie, die in der Utopie der vollkommenen Liebe enthalten ist, nur immer mehr annähern.

Man hat herausgefunden, dass in Gemeinschaften, in denen sich immer mehr die Meinung verbreitet hat, es gebe keine wirkliche Willensfreiheit, egoistisches, rücksichtsloses, aggressives und unsoziales Handeln mit der Zeit immer mehr zugenommen hat, sodass die Harmonie und der Zusammenhalt in der Gemeinschaft immer mehr zerstört wurde. Auf der einen Seite kann man hieran erkennen, wie Repräsentationen der

Wirklichkeit, in diesem Fall die ablehnende Meinung über die Willensfreiheit, das Handeln von Menschen beeinflussen können. Andererseits stellt eine derartige Meinung als sich selbst erfüllende Prophezeiung ein großes praktisches Hindernis dar auf dem Weg zur Freiheit des Willens bzw. zur vollkommenen Liebe. Um dieses Hindernis zu überwinden, muss man zuerst das aggressive Handeln in den Griff bekommen, und dies kann letztlich nur durch Toleranz gegenüber der eigenen Befindlichkeit, durch Entschlossenheit und durch Disziplin bzw. Schulung (s. o.) gelingen, also durch Lernen anhand bestimmter Regeln, deren Einhaltung geübt werden muss. Je freiwilliger bzw. je eigenverantwortlicher dies geschieht, weil die Betreffenden davon überzeugt sind, dass es für ihre Entwicklung förderlich ist, desto mehr ganzheitliches Verständnis von sich selbst gewinnen sie durch ihre Übungspraxis, und wenn das Üben gemeinschaftlich durchgeführt wird, wächst auch immer mehr der Austausch, die Brüderlichkeit und die kommunikative Solidarität, d.h. insgesamt entwickelt sich die Liebesfähigkeit der Beteiligten immer mehr in Richtung der vollkommenen Liebe. Die Freiheit des Willens ist also etwas, was nicht von vorneherein gegeben ist, sondern was wir erst aufbauen müssen, und dabei sind wir auf die Hilfe von anderen angewiesen. Bei allen Rückschlägen, die es bei einer derartigen Entwicklung unausweichlich geben muss, kommt es immer wieder darauf an, wie wir mit den entsprechenden Täuschungen und Enttäuschungen umgehen.

Wenn aufgrund von Herrschaftsinteressen und/oder mangelnden Glaubens daran, dass jeder nur eigenverantwortlich sich zur vollkommenen Liebe entwickeln kann, ein Machthaber bzw. die politische Führung einer Gemeinschaft die Disziplin per Gesetz erzwingen will und jede Undiszipliniertheit unter Strafe stellt, wie dies seit dem Konzil von Nicäa im Christentum immer mehr zugenommen hat, dann stagniert die Entwicklung bei allen, die sich dadurch gezwungen fühlen, und nur die wenigen Menschen, die sich trotzdem freiwillig und eigenverantwortlich entsprechenden Regeln unterwerfen, können sich in Richtung der vollkommenen Liebe weiterentwickeln. Wie man hieran sieht, zerfällt eine Gemeinschaft ohne Disziplin, weil in ihr die Harmonie und der Zusammenhalt schwinden, weil Wut und Aggressionen gegeneinander anwachsen, und es entsteht immer mehr Anarchie. Wenn aber die Disziplin nicht aus Überzeugung eigenverantwortlich geübt wird, sondern lediglich unter Zwang, dann wird die Gemeinschaft immer totalitärer und die Entwicklung zur vollkommenen Liebe erstarrt oder bewegt sich in die entgegengesetzte Richtung, weil die Angst innerhalb der Gemeinschaft übermächtig wird.

Bei der Disziplin geht es natürlich nicht um beliebige Inhalte, diese müssen einerseits überzeugend sein, sonst übt sich niemand darin eigenverantwortlich, andererseits sollten die Regeln, wenn sie übend befolgt werden sollen, sowohl das ganzheitliche Selbstverständnis als auch die Brüderlichkeit bzw. die kommunikative Solidarität fördern. Letzteres wird allein dadurch schon erreicht, dass man sich in der Gemeinschaft über die Erfahrungen beim Üben austauscht, wobei nach Möglichkeit jeder bei sich bleiben und keine Ratschläge, die u.U. Schläge sein können, erteilen sollte. Zur Förderung des ganzheitlichen Selbstverständnisses sind alle möglichen Übungen angebracht, bei denen bestimmte Tugenden trainiert werden, z.B. die ethischen Tugenden bei Aristoteles, bei denen es interessanterweise immer um die Mitte zwischen zwei Extremen geht (Aristoteles, 1985, S. 37 ff., II, 7). Mut ist die Mitte zwischen Feigheit und übertriebener Waghalsigkeit, Mäßigung die zwischen totaler Askese und völliger Grenzenlosigkeit, um nur die ersten beiden Tugenden aufzuführen (ebenda, III, 9-15). In diesem Sinne sind alle diejenigen Regeln und Übungen für ein ganzheitliches Selbstverständnis förderlich, die uns von den Extremen in die Mitte bringen, wodurch wir letzten Endes unsere eigene Mitte finden.

Ein Beispiel für eine derartige Übung habe ich früher beschrieben (Kolb, 2017a, S. 272 ff.). Es ist eine Partnermeditation, wodurch das Gemeinschaftliche allein schon durch dieses Setting betont wird. Dem anderen dabei die ungeteilte und nicht-wertende Aufmerksamkeit zu schenken, fördert die „Brüderlichkeit" bzw. die kommunikative Solidarität noch mehr, zumal auch die Wechselseitigkeit gegeben ist. Die vier Fragen „Wer bin ich?", „Was ist Leben?", „Wer oder was ist ein anderer?" und „Was ist Lieben?", mit denen man sich bei der Übung beschäftigt, können genug Interesse wecken, um so überzeugend zu wirken, dass man sich gern der Mühe unterwirft mitzumachen, sodass die Autonomie bzw. die Eigenverantwortlichkeit sich ohne Probleme ergibt. Allein die erste Frage zielt auf das Selbstverständnis, welches durch die anderen Fragen immer ganzheitlicher wird, da die erste Frage unsere Herkunft beleuchtet, die zweite unsere Zukunft, die dritte unsere Ankunft in der gegenwärtigen Situation und die vierte die Auskunft über alles zusammen, die wir geben und bekommen und wodurch das Erleben unserer ganzen Existenz im Hier und Jetzt abgerundet werden kann.

Eine weitere Übung, bei der ich mehr mit mir selbst ohne Partner, aber in Gemeinschaft mit anderen arbeiten kann, sieht so aus, dass ich mich auf eine Affirmation konzentriere, einen Einstellungssatz, der das Selbstwertgefühl stärkt wie z.B.: „Ich bin KönigIn in meinem Reich." Dann, wenn ich ausreichend ergriffen bin von dieser Aussage, überlege ich mir, auf welche Art und Weise ich im Handeln diesen Satz inhaltlich ausdrücken kann, und trainiere die dazu wichtigen Fähigkeiten und Fertigkeiten. Über meine Trainingsfortschritte tausche ich mich mit anderen Gleichgesinnten aus, welche Erfahrungen wir jeweils beim Üben gemacht haben. So begreife ich auch immer mehr von der Bedeutung meiner Affirmation und meine Ergriffenheit ändert sich entsprechend, ich kann mir immer bessere Ausdrucksweisen überlegen und entsprechende Fähigkeiten und Fertigkeiten lernen und mich darüber dann ebenfalls mit den anderen austauschen usw. Wie man leicht ersehen kann, entwickelt sich dabei immer mehr unser ganzheitliches Selbstverständnis, unsere Autonomie bzw. Eigenverantwortlichkeit und unsere kommunikative Solidarität bzw. Brüderlichkeit, d.h. alle, die wir geübt und uns auf diese Weise ausgetauscht haben, entwickeln unsere Liebesfähigkeit immer weiter und füllen unser KönigIn-Sein immer mehr aus.

Jede Art von Disziplin erfordert Anstrengung, und so kann es immer wieder vorkommen, dass wir uns dabei körperlich unwohl fühlen, die Motivation verlieren und der Sinn uns nicht mehr ersichtlich ist. Meistens geht dieser Prozess vom körperlichen Aspekt unseres Daseins aus, unserem Leib, sodass oft behauptet wird, der Geist sei willig, aber das Fleisch schwach. Meiner Meinung nach lässt sich das in der Regel nicht so einfach trennen, denn jeder Aspekt unseres Daseins, der leibliche, der seelische und der geistige, trägt etwas zu einem Mangel an Disziplin bei. Mit der Aufteilung von Leib und Seele, dem Leib-Seele-Problem wie es in der so genannten Philosophie des Geistes bezeichnet wird, kommen wir zum nächsten grundlegenden Problem der Philosophie und damit zu einem weiteren wichtigen Thema in Bezug auf Liebe, Macht und Sexualität.

7. Das Leib-Seele-Problem

Ähnlich wie das Problem des freien Willens beruht auch das Leib-Seele-Problem m.E. darauf, dass etwas nicht im Ganzen gesehen wird, sondern Teilaspekte aus dem Zusammenhang gerissen und vergegenständlicht werden (Psyche, Geist und lebendiger Körper bzw. Leib sind Aspekte unseres Daseins und keine Substanzen oder gar Gegenstände – so zu denken, ist ein Kategorienfehler): Die Naturwissenschaften gehen davon aus, ohne es zu hinterfragen, dass man nur weit genug in die Einzelheiten gehen und deren Funktionen und Beziehungen zueinander ausreichend genau erforschen muss, damit dann das Ganze allein durch diese Erkenntnisse erklärt werden kann. Das erinnert an Wittgenstein, wenn er schreibt: „Wir reden von Vorgängen und Zuständen, und lassen ihre Natur unentschieden! Wir werden vielleicht einmal mehr über sie wissen – meinen wir. Aber eben dadurch haben wir uns auf eine bestimmte Betrachtungsweise festgelegt. Denn wir haben einen bestimmten Begriff davon, was es heißt: einen Vorgang näher kennen zu lernen. (Der entscheidende Schritt im Taschenspielerkunststück ist getan, und gerade er schien uns unschuldig.) – Und nun zerfällt der Vergleich, der uns unsere Gedanken hätte begreiflich machen sollen. Wir müssen also den noch unverstandenen Prozess im noch unerforschten Medium leugnen." (Wittgenstein, 2001, S. 892) Indem man immer mehr in die Einzelheiten geht und sie erforscht, lässt man ihre Natur unentschieden, hat sie aber unbemerkt schon verdinglicht und vergessen, dass es nur Aspekte sind („der Vergleich ist zerfallen"). Dies ist der <u>Taschenspielertrick</u>: Man müsse den Menschen bzw. seinen lebendigen Körper und insbesondere sein lebendiges Gehirn auf diese Weise nur intensiv genug analysieren und in Einzelteile zerlegen (das ist der bestimmte „Begriff davon, was es heißt: einen Vorgang näher kennen zu lernen"), dann könne man alle Phänomene des menschlichen Daseins einschließlich Geist und Seele erklären

Das Leib-Seele-Problem 181

und vielleicht sogar synthetisch zusammensetzen, sprich eine Maschine konstruieren, die in ihrer Funktion einen Menschen vollständig ersetzen kann. An dieser Stelle müssen wir dann den eigentlichen Prozess, das unverstanden Menschliche, leugnen. Dass es prinzipiell nicht möglich ist, einen Menschen zu ersetzen, dass eine Maschine einen Menschen noch nicht einmal simulieren kann, lege ich im übernächsten Kapitel dar.

Das Leib-Seele-Problem gibt es nach der naturwissenschaftlichen Auffassung nicht wirklich. Wenn aber eine Maschine einen Menschen noch nicht einmal simulieren kann, dann ist die bisherige naturwissenschaftliche Vorgehensweise nicht angemessen, um das menschliche Dasein vollständig zu erfassen und zu erforschen. Meine Daseinsanalyse geht daher phänomenal vom Ganzen des menschlichen Daseins aus und betrachtet dann dessen verschiedene Seinsweisen (Modus des Individuums, der Spezies und des Genus), Aspekte (Leib, Seele und Geist) und Strukturen (Zeitlichkeit, Räumlichkeit und Wirklichkeit), wobei es zwischen den drei Modi, den drei Aspekten und den drei Strukturen jeweils eine absolute dialektische Vermittlung gibt (Kolb, 2017a, S. 36 ff.), d.h. keine Seinsweise, kein Aspekt und keine Struktur hat irgendeinen Vorrang vor den anderen. Der Leib als Rezeption unseres physischen oder eigenwüchsigen, lebendigen Körpers ist der <u>materielle Aspekt</u> unseres Daseins und die Seele als Rezeption von etwas, was uns bewegt und antreibt, der <u>psychisch-motivationale</u>, und beides kann nicht ohne den <u>geistig-idealen Aspekt</u> des Planens und Entscheidens, der Leib und Seele miteinbezieht, betrachtet werden, sonst entsteht nur Verwirrung, z.B. das Leib-Seele-Problem.

Der Ursprung des philosophischen Leib-Seele-Problems liegt in der so genannten Zweisubstanzenlehre von Descartes, der damit alles in zwei voneinander grundsätzlich verschiedene Klassen einteilte, nämlich in die Klasse der ausgedehnten Gegenstände oder Körper („res extensa") und die denkenden Dinge wie Seele und Geist („res cogitantes"). Substanz ist nur die lateinische Übersetzung des griechischen Begriffs der Hypostase. Schon Kant verurteilte das Hypostasieren, dass man etwas, was nur in Gedanken existiere, dieselbe Qualität zuschreibe, die einem wirklichen Gegenstand außerhalb des denkenden Subjekts zukomme (Kant, Critik der reinen Vernunft, 1781 (A), zweite Auflage 1787 (B), S. A 386, A 392, A 395, A 402 u.a.). Insofern liegt also der Zweisubstanzenlehre ein Fehlschluss zu Grunde, dass ein Konstrukt plötzlich dingliche bzw. gegenständliche Qualitäten bekommt, was Dirk Hartmann den zweiten naturalistischen Fehlschluss nennt (Hartmann, 1998, S. 325). Dabei besteht der erste naturalistische Fehlschluss darin, dass aus einem Sein ein Sollen folge. Insofern ist auch die traditionelle Beschreibung des Leib-Seele-Problems in der Analytischen Philosophie als das Problem der Unverträglichkeit der drei Thesen

- Mentales Geschehen ist nicht physisches Geschehen
- Mentales Geschehen interagiert kausal mit physischem Geschehen
- Der Bereich physischen Geschehens ist kausal geschlossen (Hartmann, 1998, S. 259)

logischer Unsinn, denn es gibt weder mentales noch physisches Geschehen, jedes Geschehen kann nur mehrheitlich physische oder mehrheitlich mentale Aspekte besitzen bzw. in meiner Formulierung mehrheitlich materielle, psychische oder geistige Aspekte. Keiner dieser Aspekte besitzt einen Vorrang vor den anderen, was sich darin zeigt, dass sie im Verhältnis einer absoluten Dialektik zueinanderstehen, wie ich bereits explizit aufgezeigt habe (Kolb, 2017a, S. 36 ff., 2. Kapitel). Deswegen kann es auch keine Substanz im Sinne von Descartes geben, genauso wenig wie einen festen Punkt im All, mit dessen Hilfe Archimedes sonst die Welt aus den Angeln gehoben hätte. Eine Substanz ist etwas, was wir subjektiv (lat. subicere unterlegen, unterstellen) annehmen, ein Konstrukt, welches

Das Leib-Seele-Problem

wir nicht vergegenständlichen sollten. In gewisser Weise entspricht dies dem mosaischen Gebot, dass wir uns von Gott kein Bild machen sollen. Die Israelis machten dies mit dem goldenen Kalb, die Griechen mit dem Begriff der Hypostase und Descartes mit seiner Zweisubstanzenlehre.

Vom Psychologischen aus betrachtet stellt sich mir daher die Frage, weshalb wir Menschen offensichtlich immer wieder auf denselben Fehlschluss hereinfallen. Bei Descartes scheint der Grund die Furcht gewesen zu sein, dass mit dem Tod seine Existenz vollständig ausgelöscht sein könnte, und die Israelis befürchteten vielleicht, dass Gott und Moses sie verlassen hätten – Moses war ja schon so lange auf dem Berg Sinai verschwunden gewesen –, wodurch ihre Existenz ebenfalls infrage gestellt worden wäre. Ob dem zweiten naturalistischen Fehlschluss auch im Allgemeinen die Furcht vor der Auslöschung der eigenen Existenz zu Grunde liegt, soll das Folgende zeigen.

Unser menschliches Dasein mit seinen drei Aspekten Seele, Geist und Materie, den drei Modi Individuum, Spezies und Genus und den drei Daseinsstrukturen Räumlichkeit, Zeitlichkeit und Wirklichkeit bildet ein sogenanntes <u>emergentes System</u>, d.h. aus einer winzigen befruchteten Eizelle entwickelt sich bei entsprechender „Zufuhr von außen" (von daher ist es doch nicht ein rein emergentes System, sondern auf die Interaktion mit seiner Umwelt angewiesen – in diesem Sinne ist das Dasein interexistential bzw. ein <u>interexistenziales System</u>) jeweils unser Dasein, und es tauchen u.a. die oben aufgezählten Aspekte, Modi und Daseinsstrukturen auf, bzw. sie werden auf bestimmten Entwicklungsstufen plötzlich phänomenal erkennbar, wie hier im zweiten Kapitel beschrieben, wobei das spezifisch Menschliche sich erst auf der Entwicklungsebene des repräsentationalen Selbst zeigt, wenn bei den Gedächtnisfunktionen parallel zum Kreis des klugen Handelns der des verantwortlich-reflektierten menschlichen Handelns auftaucht.

Erst dann ist der Aspekt der menschlichen Seele, die von etwas ergriffen sein und dies sowohl begreifen als auch verantwortlich-reflektiert ertragen kann, voll entwickelt, aber auch erst dann der des menschlichen Geistes, der planend sich auf etwas verstehen und sowohl verbindlich auf die Ergriffenheit des menschlichen Daseins reagierend sich entscheiden als auch verantwortlich-reflektiert diese Entscheidung tragen, aufrecht erhalten oder revidieren kann, und der des menschlichen Körpers bzw. des menschlichen Leibes, der die Entscheidungen eigenverantwortlich und geschickt bzw. kunstfertig umsetzen und die entsprechenden Auswirkungen seiner Handlungen affektiv-sinnlich wahrnehmen kann, sodass das Dasein vom seelischen Aspekt her verantwortlich-reflektiert die sich daraus ergebenden Konsequenzen tragen, begreifen und annehmen kann.

Beim klugen Handeln setzen wir bei jedem der drei grundlegenden Aspekte Objektives, also uns Vorgesetztes (vgl. lat. obicere, vorsetzen), was uns widerfährt, und Subjektives, was wir dem Vorgesetzten aktiv unterlegen (vgl. lat. subicere, etwas unter etwas legen), in Beziehung: (1) beim Aspekt der Seele machen wir uns subjektiv begreifend einen Begriff von unserer Ergriffenheit, wir unterlegen unserer objektiven Ergriffenheit einen subjektiven Begriff; (2) beim Aspekt des Geistes treffen wir erwartungsvoll und mehr oder weniger entschlossen Entscheidungen, deren Objekt wir werden, da wir uns verpflichten, danach zu handeln, und wählen aus einem Pool unserer Möglichkeiten des Seinkönnens, aus unserem Erfahrungs- und Erinnerungsschatz Möglichkeiten aus, von denen wir subjektiv glauben, darüber verfügen zu können, wir unterlegen unserer in diesem Sinne objektiven mehr oder weniger großen Entschlossenheit, dass und wie wir bestimmte Möglichkeiten unseres Seinkönnens ausgewählt haben, bestimmte Erwartungen, die wir subjektiv diesen Möglichkeiten zuordnen; (3) und beim Aspekt des Leibes bzw. Körpers nehmen wir objektiv wahr bzw. richten unsere Aufmerksamkeit darauf, was wir subjektiv mit unseren Handlungen glauben bewirkt zu haben, wir unterlegen unserer objektiven Aufmerksamkeit unsere subjektiv als wirksam angenommenen Handlungen oder nehmen subjektiv an, dass wir unsere objektive Wahrnehmung dadurch beeinflusst haben, dass wir nichts ausgeführt haben.

Gleichzeitig stellen wir beim verantwortlich-reflektierten Handeln noch andere Beziehungen zwischen Objektivem und Subjektivem her, und zwar dieses Mal bei jedem der drei grundlegenden Daseinsmodi: (1) beim Modus des Individuums zwischen dem seelisch Objektiven, der Ergriffenheit, und dem geistig Subjektiven, unseren subjektiv angenommenen Möglichkeiten unseres Seinkönnens, wenn man unsere Suche nach entsprechenden Möglichkeiten als eine Antwort auf unsere Ergriffenheit auffasst; (2) beim Modus der Spezies zwischen dem geistig Objektiven, unserer Entscheidung, unserem Vorsatz (vgl. lat. obicere, vorsetzen) aufgrund einer entsprechenden Erwartung, und dem körperlich Subjektiven, unserem Handeln oder dessen Enthaltung, welches ebenfalls eine Antwort auf unsere Entscheidung bzw. Erwartung ist, oder (3) beim Modus des Genus zwischen dem körperlich Objektiven, unserer Wahrnehmung, und dem seelisch Subjektiven, unserem Begreifen von dem, was wir wahrnehmen, welches auch eine Art von Antwort auf unsere Sinneseindrücke darstellt. <u>Einerseits</u> ist uns etwas vorgesetzt (objektiv) und wir unterlegen ihm etwas anderes (subjektiv), wir interpretieren das von uns auf kluge Weise unterlegte Rationale (Begriff, Erwartung, Handlung) als Verweis auf das uns vorgesetzte Emotionale (Ergriffenheit, Entschlossenheit, Aufmerksamkeit) und dieses objektiv uns Vorgesetzte als <u>Grund</u> für die subjektive Bildung dieses Verweises, <u>andererseits</u> ist das Objektive wie eine Frage, die uns vorgesetzt wird, welche Bedeutung dieses Objektive für uns besitzt und wie wir damit umgehen können oder sollen, um uns nicht zu täuschen bzw. enttäuscht zu sein, der wir uns als Subjekt unterwerfen (lat. subicere bedeutet auch unter etwas werfen), indem wir darauf eine Antwort geben, also verantwortlich-reflektiert sind, was der Sinn und die Bedeutung des Objektiven für uns darstellt, damit wir weise und menschlich handeln können. Das Objektive übt vermittelt durch das Subjektive unserer Begriffsbildung, Erwartungsbildung und Aufmerksamkeitslenkung einen <u>Einfluss</u> auf uns aus und ist damit eine <u>Ursache</u> für unsere Antworten als Genus, Individuum und Spezies. Einerseits fassen wir das Objektive als <u>Grund</u> für das Subjektive (Verweisbildung) auf, andererseits beeinflusst das Objektive uns über das Subjektive (Begriff, Erwartung, Aufmerksamkeit), welches für uns dann eine Reaktions<u>ursache</u> darstellt. Wenn wir diese beiden Relationen vermischen – das von unserer Umwelt abhängige und damit (subjektiv vermutete) relative Ursachenverhältnis und den (von uns sich subjektiv vorgestellten) absoluten Bedeutungszusammenhang, der nichts mit dieser Welt zu tun haben muss – und damit Relatives und Absolutes bzw. Ursache/Einfluss und Gründe, dann geraten wir in Verwirrung, werden abergläubisch und/oder bekommen das Leib-Seele-Problem. Im relativen Reich der Ursachen (Leib) sind wir relativ gleich und im absoluten Reich der Gründe (Seele/Geist) absolut frei, sodass sich das Leib-Seele-Problem auch als Problem der vollkommenen Einheit von Freiheit und Gleichheit darstellt, was nur in der vollkommenen Liebe lösbar wäre.

Bis zur Entwicklungsebene des intentionalen Selbst gibt es nur das Vorgesetzte (das Objektive), dem wir etwas Vorangegangenes (subjektiv) mehr oder weniger als Ursache unterlegen, der Ergriffenheit den Begriff bzw. das Begreifen, der Wahrnehmung die vorangegangene Handlung und der Entscheidung die zuvor geistig angenommenen Vorstellungen bzw. Erwartungen, und dabei entwickelt sich immer mehr die Klugheit, einer Not, die uns vorgesetzt ist, etwas als Ursache zu unterlegen, was wir dann klugerweise abwenden oder verwenden können, um die Not zu wenden, aber mit der Ebene des repräsentationalen Selbst fangen wir an zu reflektieren, drehen wir den Spieß um und unterlegen nicht nur auf kluge Weise Vorausgegangenes als Ursachen, sondern dem Vorgesetzten als Antwort auch Sinn und Bedeutung (was will uns das sagen?), sodass unsere verantwortlich-reflektierten nunmehr menschlichen Handlungen immer mehr an Weisheit gewinnen. Wir fassen das uns Vorgesetzte nicht nur als Aufforderung auf, eine Not auf kluge Weise zu wenden, indem wir seine vermutete Ursache verändern, sondern auch als Aufforderung, dem uns Vorgesetzten die Sinnfrage zu stellen bzw., was es in verschiedener Hinsicht für uns bedeutet, d.h. was es wirklich verändert, ohne dass wir uns bei unserer Vermutung täuschen, und nach entsprechenden weisen bzw. sinnvollen Antworten zu suchen. Dadurch ergeben sich u.U. ganz neue und andere Möglichkeiten, wie wir mit einer Situation umgehen können, auf die wir mit Klugheit allein nicht gekommen wären, denn wir nehmen das Objektive und uns Vorgesetzte nicht mehr kritiklos hin, sondern hinterfragen es und bezweifeln, ob ihm die beanspruchte Wirklichkeit überhaupt zusteht und wir dadurch nicht getäuscht werden. Wenn wir ergriffen sind, fragen wir uns, ob wir angemessen begriffen haben, wenn wir uns erwartungsvoll entschieden haben, ob wir ausreichend verstanden haben, und wenn wir wahrgenommen haben, ob das Wahrgenommene überhaupt etwas mit unserer Handlung zu tun hat, ob mit unserer Handlung selbst oder mit der Art und Weise, wie wir gehandelt haben.

Schließlich setzen wir bei jeder der drei grundlegenden Daseinsstrukturen ebenfalls Objektives und Subjektives in Relation: (1) bei der Daseinsstruktur der Wirklichkeit animiert uns das psychisch Objektive, unsere Ergriffenheit, lebendig und damit in jeder Hinsicht ekstatisch zu sein und möglichst wirkungsvoll zu handeln – das richtet sich an unsere körperliche bzw. materielle Subjektivität; (2) bei der Daseinsstruktur der Räumlichkeit fordert das geistig Objektive, unsere Entscheidung, uns auf, uns einzulassen und uns mit anderen über die Konsequenzen dieser Entscheidung auszutauschen, damit wir genug Auskunft geben und bekommen, also in die Ekstase der Auskunft versetzt werden, um angemessen zu begreifen – das betrifft dann unsere psychische Subjektivität; (3) bei der Daseinsstruktur der Zeitlichkeit stellt das materiell Objektive, unsere Wahrnehmung bzw. Unterscheidung, eine Aufforderung dar, uns in die drei zeitlichen Ekstasen hineinzuversetzen, damit wir uns immer besser darauf verstehen, wo das Wahrgenommene, entsprechende eigene Erfahrungen und für den Umgang damit eigene passende Fähigkeiten und Fertigkeiten herkommen (Ekstase der Herkunft), auf was wir je nachdem, wie wir damit umgehen, zukommen können (Ekstase der Zukunft), und wo wir insgesamt bei welcher Situation gerade angekommen bzw. womit wir zusammengekommen sind, was wir also im Moment insgesamt alles wahrnehmen bzw. unterscheiden können (Ekstase der Ankunft) – das hat alles mit unserem Verständnis und damit mit unserer geistigen Subjektivität zu tun.

Bis zu unserem Tod begegnet uns immer wieder etwas Vorgesetztes, welches uns immer wieder zu einer subjektiven Aktivität auffordert, auf welches wir immer wieder neue Varianten kluger Unterlegungen von Ursachen und weiser Antworten und Begründungen bezüglich seiner wirklichen Bedeutung für uns finden müssen (wobei »wirklich« ein relativer Begriff ist, der bedeutet, dass wir uns nicht täuschen und dann enttäuscht sind), sodass wir uns ständig verändern.

Man braucht sich nur einmal als Erwachsener vorzustellen, wir würden uns selbst als Kleinkind, Grundschulkind oder pubertierender Jugendlicher begegnen – wie würden wir aufeinander zugehen, was voneinander denken und halten, wären wir uns sympathisch usw.? Und wenn wir uns vorstellen, wir würden uns in der Zukunft weiterentwickeln, wie könnten sich die verschiedenen Aspekte unseres Daseins weiterentwickeln, unser Leib, unser Geist und unsere Seele?

Von unserem leiblichen Aspekt wissen wir, dass er mit dem Alter immer schwächer wird, unsere Handlungsmöglichkeiten werden immer mehr eingeschränkt, sodass wir immer weniger klug im Sinne von produktiv oder effektiv als körperliche Subjekte handeln können, und auch unsere Wahrnehmungsfähigkeit als Objekt der Materie nimmt ab. Was aber ist mit unserem Geist und unserer Seele, sind wir allmählich von immer weniger ergriffen und begreifen dadurch mehr, oder umgekehrt, begreifen wir immer weniger, sind aber von immer mehr ergriffen, und planen wir immer weniger und können uns daher immer besser entscheiden oder planen wir immer mehr und können uns immer weniger entscheiden? Geist und Seele können in gewissem Sinne immer reifer werden bzw. immer besser harmonieren, wenn wir von immer weniger ergriffen sind und immer weniger planen, sie können aber auch immer mehr zerfallen, wenn diese Aspekte sich nicht harmonisch miteinander und mit der Entwicklung unseres Körpers bzw. Leibes arrangieren, d.h. es geht beim Leib-Seele-Problem auch um das individuelle Problem der Sterblichkeit und des Zerfalls unseres Daseins, und wie wir mit den entsprechenden Emotionen von Schreck, Angst und Furcht am besten umgehen können. Dies gelang uns Menschen wie z.B. Descartes durch das Vertrauen in bzw. den Glauben an eine Höhere Macht. Damit ist die Behauptung bestätigt, dass das Leib-Seele-Problem nicht nur bei Descartes, sondern generell mit dem individuellen Problem der Sterblichkeit zu tun hat.

Was sich im Laufe des Lebens an Erfahrungen gesammelt hat, insbesondere die sinnvollen bzw. bedeutungsklärenden Antworten auf das, was einem im Leben vorgesetzt wurde, ist trotz der durchschnittlichen altersbedingten Vergesslichkeit der einzige Vorsprung, den ältere gegenüber jüngeren Menschen haben. Dies kommt in dem Schlagwort von der Weisheit des Alters zum Ausdruck: die Weisheit, zu begreifen, was einen „wirklich" ergriffen hat, ergreifen kann oder ergreift – das resultiert aus einer immer größeren kommunikativen Solidarität bzw. Brüderlichkeit –, die Weisheit, sich auf diejenigen Möglichkeiten des Seinkönnens zu verstehen, die man „wirklich" gehabt hat, haben kann oder hat – das resultiert aus einem immer größeren ganzheitlichen Selbstverständnis –, und die Weisheit zu erkennen, welche Handlungen „wirklich" welche Wirkung gehabt haben, haben können oder haben – das resultiert aus einer immer größeren Autonomie bzw. Eigenverantwortlichkeit und Effektivität unseres Handelns –, wobei „wirklich" bedeuten soll, dass man sich mit der Erfahrung immer weniger täuscht bzw. enttäuscht wird.

Jüngere Menschen mit weniger Erfahrung täuschen sich öfter in dem, was sie begreifen, was sie an Möglichkeiten zu erkennen meinen und was sie als Wirkungen ihrer Handlungen annehmen, und werden somit häufiger enttäuscht als ältere Menschen mit mehr Erfahrung. Je mehr älteren Menschen die Gelegenheit gegeben wird und sie auch entsprechende Gelegenheiten ergreifen, ihre Erfahrung und ihr Wissen bzw. ihre Weisheit weiterzugeben, desto verantwortlich-reflektierter und menschlicher kann es in einer Gemeinschaft zugehen, desto weniger Täuschungen und Enttäuschungen wird es geben, so dass die Harmonie und damit auch die Liebesfähigkeit in der Gemeinschaft immer mehr wachsen können.

Die biblische Geschichte vom Sündenfall lässt sich in diesem Zusammenhang ganz neu, wie ich finde, verstehen: Adam und Eva werden von der Schlange getäuscht, die ihnen vorgaukelt, sie könnten sein wie Gott, allmächtig, allgegenwärtig und unsterblich. Nach entsprechender Enttäuschung sind sie beschämt wegen ihrer Unzulänglichkeit, dass sie so dumm gewesen und auf so etwas Windiges wie die Schlange hereingefallen sind. Wenn sie nun den Rat bekommen: „Macht euch die Erde untertan!" (Gen 1,28), dann kann man das einerseits so verstehen, dass sie möglichst klug handeln und alle Ressourcen der Erde ausnutzen sollen, andererseits aber auch derart, dass sie im obigen Sinne subjektiv werden sollen, d.h. ihrem Dasein etwas Menschliches unterlegen, dem, was ihnen die Welt vorsetzt, einen Sinn und eine Bedeutung unterstellen und auf diese Art verantwortlich-reflexiv, weise und menschlich handeln sollen, inwieweit das Benutzen der Ressourcen der Erde sinnvoll und verantwortlich ist, statt mit der Erde Raubbau zu betreiben und sie möglichst produktiv und effektiv auszunutzen und sich schon wieder allmächtig, allgegenwärtig und unsterblich zu wähnen – das ist der alte Wahn in neuer Auflage.

Unter dem Leib-Seele-Problem liegt so betrachtet das Problem der Menschlichkeit, so möchte ich es einmal subjektiv-unterlegend interpretieren, nämlich die Aufforderung, nicht nur auf Produktivität und Effektivität, also in diesem Sinne auf kluges Handeln oder raffinierte Techniken, wie Heidegger es nennen würde, aus zu sein, sondern auch das Menschliche, die menschliche Weisheit zu berücksichtigen, wodurch sinnvolles und verantwortliches Handeln gefördert wird, sonst wird es keine dauerhafte Harmonie und keine Entwicklung unserer Liebesfähigkeit geben, also das, woraufhin unser Dasein „eigentlich" ausgerichtet ist, wie ich früher schon aufgezeigt habe (Kolb, 2017a). Das Problem der Menschlichkeit kann man auch als die Frage formulieren nach der Möglichkeit einer menschlichen Welt (Rentsch, 1999, S. 61), eine andere Fassung der Grundfrage der Philosophie, was eigentlich Sein ist, die berühmte Seinsfrage, und diese Seinsfrage kann umformuliert werden in die Frage danach, was Lieben ist (Kolb, 2017a, S. 276).

Von einer anderen Seite betrachtet müssten wir bei entsprechender Erfahrung einen vollkommen harmonischen Tod „erleben", wenn es keine Gegensätze in unserem Umgang mit der Realität mehr gäbe (d.h. wir akzeptierten voll und ganz ohne Widerspruch den materiellen Aspekt unseres Daseins in Form der Hingabe und Bedeutungslosigkeit unseres körperlichen Aspekts, hätten also alle Emotionen von Schreck, Angst und Furcht überwunden), wenn wir dann von nichts mehr ergriffen wären (d.h. der seelische Aspekt unseres Daseins wäre bedeutungslos), und nichts mehr planten bzw. geplant hätten (d.h. den geistige Aspekt unseres Daseins gäben wir vollkommen hin). Früher bin ich zu dem Ergebnis gekommen, dass beim Erreichen der Utopie der vollkommenen Liebe unsere frühere Existenz bedeutungslos geworden wäre, d.h. wir wären von nichts mehr ergriffen, dass wir unsere zukünftige Existenz hingeben würden, d.h. wir hätten keine Pläne mehr, und dass wir unsere momentane Existenz vollkommen annehmen würden, d.h. wir würden keine Gegensätze bei uns im Umgang mit der Realität mehr wahrnehmen (Kolb, 2017a, S. 29 f.), sodass wir einen harmonischen Tod „erlebten", wenn wir in der vollkommenen Liebe wären, und umgekehrt, wenn wir einen vollkommen harmonischen Tod „erlebten", wären wir in der vollkommenen Liebe.

Indem wir immer weniger planen, geben wir immer mehr unsere Macht auf, und je weniger wir von etwas ergriffen sind, desto weniger begehren wir, d.h. wir geben insbesondere unserer Sexualität bzw. unserem sexuellen Begehren immer weniger Bedeutung. In der vollkommenen Liebe und bei einem vollkommen harmonischen Tod würden wir also sowohl unsere Macht hingeben als auch unserer Sexualität keine Bedeutung mehr geben. Wir würden alles vollkommen begreifen, wovon wir ergriffen wären, weil wir von nichts mehr ergriffen wären, wir würden uns auf alle Möglichkeiten unseres Seinkönnens verstehen, weil wir alle diese Möglichkeiten hingegeben hätten, und wir würden vollkommen erkennen, welche Wirkungen unsere Handlungen haben, weil wir gar nicht mehr in dem Sinne handelten, dass unsere Handlungen irgendwelche Wirkungen haben sollten. In diesem Sinne hätten wir die vollkommene Weisheit bzw. die vollkommene Liebe erreicht, wir könnten uns in nichts mehr täuschen und wüssten daher echt und unmittelbar, was gerade mit und um uns herum geschieht. Damit hätten wir das erreicht, was man gemeinhin als vollkommenes Bewusstsein bezeichnet. An dieser Stelle sollten wir uns daher mit dem Thema und Problem des Bewusstseins auseinandersetzen, um die Thematik von Liebe, Macht und Sexualität noch tiefer zu ergründen.

8. Das Problem mit dem Bewusstsein

Ein wichtiges Problem bzw. ein wichtiger Begriff, der beim menschlichen Dasein und insbesondere bei Liebe, Macht und Sexualität eine große Rolle spielt, ist der Begriff des Bewusstseins. Auch hier sehe ich eine ähnliche Problematik wie bei der bisherigen Diskussion um die Willensfreiheit oder das Leib-Seele-Problem, weil m.E. eine umfassende und gründliche Betrachtung der damit zusammenhängenden Phänomene, wie sie mir mithilfe meiner Daseinsanalyse möglich ist, noch nicht geleistet wurde.

Wenn mir etwas bewusst ist, dann kann ich es wiedererkennen und von anderem unterscheiden. Bewusstsein als Phänomen liegt beim menschlichen Dasein immer dann vor, wenn wir darum „Bescheid wissen" bzw. begreifen, was gerade mit und um uns herum geschieht, geschehen ist und noch geschehen kann, oder uns überlegen, welche Möglichkeiten des Seinkönnens wir haben, oder uns darauf verstehen, wie wir diese Möglichkeiten durch Handlung oder Abwarten erreichen können, oder auch entsprechend planvoll handeln. Dazu brauchen wir ein Gedächtnis, d.h. Bewusstsein ist immer mit einem Gedächtnis verbunden, mit dem wir das vergleichen, was geschieht, geschehen ist und noch geschehen kann, sowie, was die Möglichkeiten unseres Seinkönnens sind oder sein könnten und wie wir sie in Handlung umsetzen können. <u>Bewusstsein ist der Prozess des Vergleichens und ein Zustand des ständigen Vergleichen-Könnens</u> von Gedächtnisinhalten mit anderen Gedächtnisinhalten, mit Vorstellungen und mit Geschehnissen, die wir wahrnehmen, wahrgenommen haben und die wir uns vorstellen oder vorgestellt haben. Erkenntnisse gewinnen wir nur über Vergleiche, und das ist der Zusammenhang zwischen Bewusstsein und Erkenntnisgewinn und zeigt die Bedeutung des Bewusstseins.

Zu den Gedächtnisinhalten beim Vergleichen gehören insbesondere unsere Repräsentationen (s.o.), die teilweise räumlich oder zeitlich unabhängig sind oder mit der Wirklichkeit nichts zu tun haben, also davon unabhängig sind wie z.B. Ideale. Wenn wir bei Bewusstsein sind und daher vergleichen können, aber nicht vergleichen, dann bezeichnet man dies als reine Aufmerksamkeit, wobei uns das in der Regel nur für kurze Momente gelingt. Ferner ist das Bewusstsein jeweils unseres, das jeweilige Vergleichen ist unsere Regung, die wir manchmal als Aktivität (also wählbar) betreiben, die manchmal aber auch automatisch abläuft und in diesem Sinne keine Aktivität, sondern nur ein Verhalten ist, und unser Bewusstsein ist von Anfang an, also ursprünglich mit unserem Dasein verknüpft. Um dies genauer zu analysieren, werde ich dazu die drei grundlegenden Modi bzw. Seinsarten des menschlichen Daseins heranziehen, unsere Seinsweisen als Gemeinschaftswesen bzw. als Genus, als Individuum und als aktive Person bzw. als Spezies.

Vorher möchte ich noch auf ein logisches Problem eingehen, welches bei der Diskussion um das Bewusstsein auftaucht, und zwar, dass jeder einzelne, der sich mit dem Thema seines eigenen Bewusstseins befasst, dies nur mit seinem eigenen Bewusstsein tun kann, so dass rein logisch ein Zirkelschluss entsteht und nichts Logisches gesagt werden kann. Ich betone hier extra „jeder einzelne", weil das Thema des eigenen Bewusstseins nur gemeinsam mit anderen erfasst und begriffen werden kann. Schließlich entsteht Bewusstsein niemals allein, es entwickelt sich, wie im 2. Kapitel aufgezeigt, nur im Kontakt mit anderen, anfangs mit der Mutter als der primären Bezugsperson und später in den verschiedenen Gemeinschaften, in denen ein Mensch Mitglied ist. Bewusstsein ist ein durch und durch interexistenzialer Begriff, der nur so verstanden werden kann. Der einzelne muss dabei über sich selbst hinausgehen, und wenn man ganz praktisch sich mit seinem eigenen Bewusstsein befassen will, kommt man allein meist nicht weit, sondern dreht sich im Kreis, kommt ins Grübeln und fühlt sich einsam (auf das Gefühl der Einsamkeit gehe ich weiter unten noch ein).

Eine Psychotherapie, das Trachten (griechisch Thera) nach dem Aufschluss (griechisch Peuthô) der Seele (griechisch Psyche), die sich mit der Art des Bewusstseins bei psychischen Störungen beschäftigt, hat allein mit sich selbst durchgeführt ebenfalls wenig Zweck. Wenn ich allein bin und mein Bewusstsein untersuche, vergleiche ich mein Vergleichen mit meinem Vergleichen – das ist logisch fragwürdig. Bin ich aber mit jemand anderem zusammen und vergleiche mein Vergleichen mit dem seinen, dann kann mir etwas Neues bewusstwerden, sogar, wenn der andere nicht vergleicht und mir nur still und aufmerksam zuhört, denn dann vergleiche ich sein Nicht-Vergleichen mit meinem Vergleichen. Insofern macht auch Meditation Sinn, denn dabei vergleiche ich mein Vergleichen mit meinem Nicht-Vergleichen, indem ich mich darauf konzentriere, nicht zu vergleichen, und dies mit meinem Verhalten vergleiche, doch zu vergleichen, denn früher oder später endet die reine Aufmerksamkeit. Ich vergleiche dann mein unwillkürliches Vergleichen aufgrund des ungewollten Abbruchs meines Nicht-Vergleichens mit diesem vorangegangenen Nicht-Vergleichen und konzentriere mich dann wieder auf die reine Aufmerksamkeit. Was Kant Transzendenz (lat. transcendere, überschreiten) genannt hat, ist ein Über-Sich-Hinausgehen zu anderen und bedeutet zumindest teilweise so viel wie Interexistenzialität. Da man über sich hinausgehen muss, um als einzelner sein eigenes Bewusstsein zu erforschen, möchte ich den Begriff des Bewusstseins zuerst anhand des Daseinsmodus der Gemeinschaftlichkeit, des Genus, analysieren.

In diesem Modus sind wir bewusst bzw. bei Bewusstsein, wenn andere z.B. feststellen, dass wir da sind und etwas begreifen und entsprechend reagieren. Wenn nicht, dann drücken andere dies häufig mit den Worten aus, wir hätten abgeschaltet oder seien gar nicht anwesend. Allgemein könnte man sagen, dass wir in Bezug auf bestimmte Wahrnehmungen bewusst sind, wenn wir sie mit anderen Wahrnehmungen und/oder Repräsentationen, auch von anderen, aus unserem Gedächtnis vergleichen und darauf reagieren, und zwar klug reagieren, indem wir unsere Gedächtnisfunktionen des klugen Handelns benutzen. Hier ergibt sich nun das Problem der materiellen Verankerung, wer erkennt oder erkennen kann, ob ich in diesem Modus des Genus bei Bewusstsein bin oder nicht, andere Menschen oder ich selbst. Wenn ich nicht bewusst bin, dann können dies nur die anderen erkennen, wenn überhaupt. Ich selbst kann es höchstens im Nachhinein entdecken, wenn ich merke, dass mir bestimmte Geschehnisse entgangen sind. Wenn ich dagegen bei Bewusstsein bin, kann ich dies unter Umständen vor anderen verbergen, sodass nur ich erkenne, dass ich bewusst bin. Andererseits kann es sein, dass etwas von mir Wahrgenommenes so alltäglich und selbstverständlich ist, dass ich diese Wahrnehmung und das entsprechend kluge Reagieren sofort wieder vergesse, sodass im Nachhinein nur andere noch wissen, dass ich in Bezug auf diese Wahrnehmung bewusst gewesen bin. Diese Art des Bewusstseins im Modus des Genus können auch Tiere haben, denn sie spielt sich im Kreis des klugen Handelns ab.

Wir Menschen können im Modus des Genus noch eine andere Art von Bewusstsein haben, die mit dem Kreis des weisen Handelns zu tun hat. Uns kann nämlich auch bewusst sein bzw. wir können vergleichen, wie wir bestimmte Wahrnehmungen subjektiv begreifen, begriffen haben oder begreifen können, was für Vorstellungen und Konzepte bzw. allgemein, welche zeitlich, räumlich oder von der Wirklichkeit unabhängigen Repräsentationen wir diesen Wahrnehmungen unterlegen, unterlegt haben oder unterlegen können (von lat. subicere etwas unterlegen). Diese Art des ausschließlich menschlichen Bewusstseins, die wesentlich vom Austausch mit anderen abhängig ist, möchte ich <u>Bewusstheit</u> im Modus des Genus nennen. Über diese Bewusstheit kann ich nachträglich ein traumatisches Erlebnis bzw. einen starken Affekt verarbeiten und dadurch mir so zusätzlich erschließen, dass ich in Bezug auf etwas Vergessenes bewusst gewesen bin, wenn das Vergessen auf einer Verdrängung bzw. auf dem <u>Abspalten von Affekten</u> beruht, weil ich nicht die Kraft hatte und mich nicht entsprechend anstrengen konnte, mich mit den wahrgenommenen Gegensätzlichkeiten auseinanderzusetzen und sie dadurch zu begreifen, wie im Kapitel 2.6, S. 83 ff. ausgeführt oder früher (Kolb, 2017a, S. 25 ff.). Die Abspaltung als solche ist mir in solchen Momenten nicht bewusst, ich kann sie nicht mit anderen Abspaltungen vergleichen, dann wäre der Gedächtnisinhalt der Affekte ja wieder verbunden über den Vergleich und nicht abgespalten. Über Bewusstheit kann ich mir die Abspaltung nur im Nachhinein bewusstmachen.

Im Modus der Spezies sind wir bei Bewusstsein, wenn wir wählen, tätig oder untätig zu sein, d.h. wenn wir eine Entscheidung, die wir aufgrund einer bestimmten Ergriffenheit getroffen haben, mit anderen Entscheidungen vergleichen, sie gegebenenfalls ändern und die getroffene Entscheidung erst dann ausführen. Hier besteht ebenfalls das Problem der materiellen Verankerung, wer jeweils erkennen kann, ob ich bewusst bzw. aufgrund einer reiflichen Entscheidung tätig oder untätig bin oder gewesen bin, andere Menschen oder ich selbst. Andere Menschen können niemals mit absoluter Sicherheit wissen, ob und welche Wahl ich getroffen habe, aber sie können mir subjektiv Entscheidungsgründe, Absichten und Motive unterstellen, mein Handeln und Tun also interpretieren. Selbst wenn ich meine Entscheidungsgründe öffentlich bekannt gebe, kann niemand absolut sicher sein, ob ich meine wahren Motive, meine tatsächlichen Absichten nicht doch verschwiegen habe. Auch mir selbst gegenüber muss ich kritisch sein, ob ich nicht zum Schutz eines positiven Selbstbildes mir falsche Motive und Absichten einrede, damit ich vor mir selbst und anderen nicht als dumm, inkompetent und unfähig oder als gemein, hinterhältig und unsozial dastehe. In diesem Zusammenhang steht auch der psychoanalytische Begriff der unbewussten Absicht, wobei jede Absicht zumindest irgendwann vor dem Augenblick des Handelns bewusst ist, sie kann nur im Nachhinein durch Sich-Einreden verdrängt werden, kann also nur mit der Zeit in diesem Sinne unbewusst werden. Jede Art von Bewusstsein hat eine Dauer, die davon abhängig ist, was sich hinterher noch alles ereignet. Auch bei dem gerade besprochenen Bewusstsein im Modus der Spezies befinden wir uns ganz im Kreis des klugen Handelns, so dass auch Tiere diese Art von Bewusstsein haben können.

Typisch menschlich wiederum, da im Kreis des weisen Handelns, ist es, wenn uns auch bewusst ist bzw. wenn wir vergleichen, wie wir unsere Entscheidungen möglichst geschickt in Handlungen umsetzen können, ohne dass unerwünschte Nebenwirkungen entstehen, kurz, wie wir uns jeweils mit der Realität möglichst ohne Täuschung bzw. Enttäuschung auseinandersetzen können, die durch unser Handeln erzeugt wird oder werden kann, weshalb ich dies analog zum vorigen Abschnitt Bewusstheit im Modus der Spezies nennen möchte. Über diese Bewusstheit kann ich ebenfalls nachträglich starke Gefühle verarbeiten und mir so zusätzlich erschließen, dass ich in Bezug auf etwas Vergessenes bewusst gewesen bin, wenn das Vergessen auf einer Verdrängung bzw. auf der Bewältigung von Gefühlen beruht, weil ich nicht ausreichend Mut hatte, mich mit den wahrgenommenen und/oder vorgestellten Gegensätzlichkeiten auseinanderzusetzen (die Gefahr unerwünschter Nebenwirkungen war zu groß) und mich zu entschließen, damit umzugehen, wie im Kapitel 2.6, S. 83 ff. ausgeführt oder früher (Kolb, 2017a, S. 25 ff.), und mich daher durch Aktionismus abgelenkt oder in Apathie habe versinken lassen. Der Aktionismus als solcher oder das entsprechende Sich-Versinken-Lassen in Apathie, d.h. die Absicht dahinter, bestimmte Gefühle, die mit den entsprechenden Entscheidungen verbunden sind, zu „bewältigen", ist mir in solchen Momenten nicht bewusst, ich kann dies nicht mit anderen „Bewältigungen" vergleichen, dann wäre der Gedächtnisinhalt der Gefühle ja wieder verbunden über den Vergleich und nicht verdrängt. Über Bewusstheit kann ich mir den Aktionismus als solchen oder die entsprechende Apathie jeweils als Bewältigung nur im Nachhinein bewusstmachen.

Im Modus des Individuums sind wir bei Bewusstsein, wenn wir von etwas ergriffen sind, von einer Repräsentation aus unserem Gedächtnis oder von etwas, was wir (affektiv) wahrgenommen und dann uns einen Begriff bzw. eine Repräsentation gemacht haben, und diese Repräsentation mit anderen Repräsentationen einer jeweiligen Ergriffenheit vergleichen. Dabei kann es sich um ein so genanntes Wachbewusstsein handeln, wenn unsere ursprüngliche Ergriffenheit vom Begreifen eines momentanen Reizes aus unserer Umwelt oder von unserem Körper resultiert oder um das Bewusstsein während eines Traumes oder eines Tagtraums bzw. einer Trance, wenn diese ursprüngliche Ergriffenheit auf einer früheren Wahrnehmung oder auf einer Vorstellung, die während des Schlafens oder während einer Trance aktiviert wurde. Als Trance bezeichne ich jeden Zustand, in welchem wir vom aktuellen Geschehen abgekoppelt, also im Modus des Genus oder der Spezies nicht bewusst sind, wobei dieser Zustand einen erkennbaren Moment anhält und wir hinterher z.B. sagen, wir hätten etwas länger an etwas gedacht, uns erinnert oder uns etwas vorgestellt oder überlegt. Ob ich als Individuum bewusst bin, kann prinzipiell nur ich selbst erkennen, wobei hier das Problem der materiellen Verankerung mehr darin besteht, wie lange ich mir dessen bewusst sein kann bzw. mich erinnern kann, ob ich bewusst gewesen bin und was die Inhalte meines Bewusstseins, also meines Vergleichens gewesen sind, oder ob ich es vergessen habe. Im Wachbewusstsein ist dieses Vergessen eher selten der Fall, die Geschehnisse werden normalerweise im autobiographischen Gedächtnis gespeichert, bei einer Trance kommt Vergessen schon öfter vor und am häufigsten bei Träumen, besonders dann, wenn ich, ohne aufzuwachen, nach dem Traum noch einmal in eine tiefere Schlafphase komme.

Wenn ich erkenne, wohin das Vergleichen meiner Repräsentationen über die entsprechende Ergriffenheit mich führt, geführt hat oder führen kann bzw. zu welchen Vorstellungen der Möglichkeiten meines Seinkönnens, zwischen denen ich dann wählen kann, dann möchte ich dies wiederum <u>Bewusstheit</u> nennen, und zwar jetzt im Modus des Individuums. Ich benutze dann nämlich wieder die Funktionen des Kreises des weisen Handelns. Über die Bewusstheit im Modus des Individuums kann ich nachträglich heftige Empfindungen verarbeiten und mir so zusätzlich erschließen, dass ich in Bezug auf etwas Vergessenes bewusst gewesen bin, wenn das Vergessen auf einer Verdrängung bzw. auf der Abwehr meiner Empfindungen beruht, weil ich nicht ausreichend Kraft hatte, mir eine entsprechend katastrophale oder ideale Realität vorzustellen bzw. mich mit den vorgestellten Gegensätzlichkeiten auseinanderzusetzen und mich darauf zu verstehen, welche Möglichkeiten des Seinkönnens mir zur Verfügung stehen, wie im Kapitel 2.6, S. 83 ff. ausgeführt oder früher (Kolb, 2017a, S. 25 ff.), und mich daher z.B. dadurch beruhigt habe, dass ich mir eingeredet habe, alles im Griff zu haben. Die Abwehr als solche ist mir in solchen Momenten nicht bewusst, ich kann sie nicht mit anderen Abwehrreaktionen vergleichen, dann wäre der Gedächtnisinhalt der Empfindungen ja wieder verbunden über den Vergleich und nicht abgewehrt. Über Bewusstheit kann ich mir die Abwehr nur im Nachhinein bewusstmachen.

Wie man hier sowohl im Modus des Genus, als auch im Modus der Spezies und des Individuums sehen kann, kann ich bei der typisch menschlichen Bewusstheit im Unterschied zum einfachen Bewusstsein, welches auch Tiere haben können, in die drei zeitlichen Ekstasen der Herkunft (Bewusstheit als Genus), der Zukunft (Bewusstheit als Individuum) und der Ankunft (Bewusstheit als Spezies) entrückt werden, aber auch in die räumliche Ekstase der Auskunft, wenn ich mir z.B. bestimmte vergessene bzw. verdrängte Gedächtnisinhalte wieder zurückhole.

Bei der Betrachtung der Entwicklung des Bewusstseins und der Bewusstheit anhand der verschiedenen Entwicklungsebenen (Kolb, 2017a, S. 66 ff., 3. Kapitel) entfaltet sich zuerst das Bewusstsein bis zur Stufe des intentionalen Selbst, und zwar im Modus der Spezies zuerst als physischer Akteur mit einfachen für ihn einsichtigen Aktivitäten und später auch als teleologischer Akteur, vorausschauend mit Aktivitätsreihen und komplexen Verhaltensmustern, im Modus des Genus als sozialer Akteur, der auf Bedingungen achtet und Regeln mit anderen aushandelt und beachtet, und im Modus des Individuums als teleologischer Akteur, der Möglichkeiten erkennt, und als intentionaler Akteur, der aufgrund seiner Absichten seine Aussichten überprüft.

Erst auf der Ebene des repräsentationalen Selbst beginnt die Entwicklung der Bewusstheit, zuerst bestimmt durch den alltäglichen Gegensatz von Raum und Zeit, dass wir räumliche und zeitliche Gegebenheiten in Übereinklang zu bringen haben, wenn wir verstanden werden und nicht scheitern wollen aufgrund unserer Unzulänglichkeiten und insgesamt ein immer besseres Selbstverständnis erreichen möchten. Unser Zeitverständnis ist linear, der Raum dreidimensional, beides wie in der klassischen Physik mit voneinander getrennten Objekten, die Kausalgesetzen unterworfen sind, wir sehen uns und andere vornehmlich als einzelne Individuen, die sich selbst organisieren müssen.

Auf der Ebene des geschlechtlichen Selbst (ebenda, S.136 ff.) entwickelt sich die Bewusstheit weiter, denn wenn wir uns jetzt nützlich machen und andere unterstützen wollen, um dazuzugehören, statt alleingelassen zu werden, müssen wir uns in andere hineinversetzen können, unsere Bewusstheit muss immer empathischer werden. Wir gewinnen dadurch immer mehr Auskunft über die Herkunft, die Zukunft und die Ankunft bei der jeweiligen Situation, in der wir uns befinden, nähern uns also immer mehr der vollkommenen Liebe an bzw. steigern unsere Liebesfähigkeit.

Auf der Ebene des gesellschaftlichen Selbst (ebenda, S. 149 ff., 4. Kapitel), wenn es um den Gegensatz öffentlich-privat und dessen Überwindung geht, tritt der Druck, sich selbst individuell organisieren zu müssen, noch weiter zurück als auf der Ebene des geschlechtlichen Selbst, und unsere Bewusstheit, der Vergleich verschiedener Wahrnehmungsarten, Formen von Ergriffenheit und Inhalten von Erwartungen von anderen und von uns selbst, bekommt immer „reinere", von immer mehr Bewertungen befreite Qualitäten wie Weite, Klarheit und Verbundenheit. Die Offenheit der Horizonte aller Ekstasen (Herkunft, Zukunft, Ankunft und Auskunft) nimmt sprunghaft zu, und wir nähern uns der vollkommen Liebe noch mehr, als dies vorher möglich war. Im utopischen Zustand der vollkommenen Liebe hätten wir eine derart unvorstellbar erweiterte Bewusstheit der Nondualität, in der alles absolut vereint wäre.

Um noch einmal zurück auf das Thema des Träumens zu kommen, so mag man sich hier fragen, welchen evolutionären Fortschritt dies gebracht hat. Wozu soll es gut sein, dass wir nachts beim Schlafen träumen und nicht einfach nur tief und fest schlafen? Was bringt uns ein derartiges Bewusstsein (normales Träumen) oder eine derartige Bewusstheit (Klarträume)? Neurobiologen haben herausgefunden, dass während des Schlafens vom Hirnstamm Aktivitäten ausgehen (z.B., wenn unsere Körpertemperatur zu sehr absinkt), die scheinbar chaotisch zu Aktivitäten im gesamten thalamokortikalen System führen, wodurch wir ein Traumbewusstsein bekommen, welches durch das limbische System, welches ebenfalls dabei aktiviert wird, jeweils eine bestimmte Ergriffenheit der verschiedenen Reize im thalamokortikalen System erhält. Um diesen verschiedenen Reizen als sich selbst organisierendes System einen Sinn zu geben, so meint Thomas Metzinger, erzählt das Gehirn sich selbst ein irgendwie passendes Märchen (Metzinger, 2014, S. 211). Den einzig gesicherten Anpassungsvorteil, den biologisch betrachtet Säugetiere durch das Träumen bzw. durch die Aktivierung des Hirnstammes hätten, sei der, dass dadurch auch während des Schlafes die Körpertemperatur geregelt werde (ebenda).

Dass es noch einen weiteren gesicherten Anpassungsvorteil gibt, zeigen folgende empirische Befunde: (1) als man bei einem Experiment Versuchspersonen am Träumen aber nicht am Schlafen hinderte, indem man sie dann und nur dann konsequent weckte, wenn sich bei ihnen eine REM-Schlafphase zeigte, bekamen sie nach drei oder vier Nächten Halluzinationen und Wahnvorstellungen, so dass man den Versuch abbrechen musste; (2) wenn man die Gehirnstruktur von Tieren ohne REM-Schlaf wie z.B. vom Ameisenbär mit der von uns Menschen vergleicht, dann zeigt sich, dass wir von den Proportionen her ein so großes Volumen an Front- und Schläfenlappen bräuchten, dass wir es kaum in einer Schubkarre vor uns her schieben könnten. Da in den Front- und Schläfenlappen die so genannten Tagesreste gespeichert sind, also alle möglichen Informationen, die wir zwar aufgenommen, aber nicht weiterverarbeitet haben, passt dieser Befund zu Freuds Feststellung, dass derartige Tagesreste den Anstoß zu Träumen geben, so dass diese Informationen verarbeitet werden und der Speicherplatz in den Front- und Schläfenlappen wieder frei wird. Der Anpassungsfortschritt besteht also darin, dass Hardware (Front- und Schläfenlappen) eingespart und dafür eine Software (die Möglichkeit des Träumens) entwickelt wurde. Wenn in den Front- und Schläfenlappen nichts mehr gespeichert werden kann und diese Bereiche dadurch überreizt werden, bekommt man Halluzinationen und Wahnvorstellungen.

Durch die Erforschung dieser Software haben wir die Möglichkeit, bestimmte Varianten der Informationsverarbeitung unseres Gehirns zu entdecken, die während des Wachbewusstseins meistens verdeckt, also nicht bewusst ablaufen und höchstens noch während des Tagträumens erkannt werden können. Freud nannte diese Forschung den Königsweg zum Unbewussten. Was Freud das Unbewusste nannte, und ich „bestimmte unbewusste Varianten der Informationsverarbeitung", die uns während des Wachbewusstseins nicht auffallen, diese Varianten benutzen nicht den Vergleich mit irgendwelchen Repräsentationen, die wir von unserer Umwelt, von anderen und von uns selbst gebildet haben, sondern nur unseren Kontingenzentdeckungsmechanismus, den schon kleine Säuglinge praktisch von Geburt an haben (Fonagy, Gergely, Jurist, & Target, 2008, S. 225). Das Gehirn hat ja von Anfang an die Tendenz, verschiedene gleichzeitige Reize zu einem Gesamteindruck zusammenzufassen (Metzinger bezeichnet dies beim Träumen als „Märchen erzählen"), worin ich die Grundlage des Kontingenzentdeckungsmechanismus gesehen habe (s. Seite 40). Unbewusst ist also jede Art der Verarbeitung (von Informationen, die uns als Reize unserer Sinne vorliegen), die nicht den Vergleich mit Repräsentationen aus unserem Gedächtnis benutzen.

Daher ist Freuds Methode der freien Assoziation, bei der nichts anderes als dieser Kontingenzentdeckungsmechanismus verwendet wird, so erfolgreich bei der Erforschung unserer Träume. Man kann die entsprechende Ebene der Informationsverarbeitung auch subpersonal statt unbewusst nennen, wenn man davon ausgeht, dass eine Person sich dadurch auszeichnet, dass sie eine Hülle von Repräsentationen bildlich gesprochen um sich herum besitzt, durch die sie hindurchtönt (von lat. personare) (Kolb, 2017b, S. 94), so dass subpersonal bedeutet, dass diese Hülle von Repräsentationen nicht benutzt wird und daher auch keine Person hindurch tönen kann. Was dann durch die „Hülle" der freien Assoziationen hindurchtönt, können wir wieder als Ausdruck der Person interpretieren und so uns zunutze machen. Bei Klarträumen gelingt dies direkt und ohne Assoziationen. Wenn Metzinger das Üben von Klarträumen empfiehlt (Metzinger, 2014), so scheint er wenigstens dieser Art des Träumens einen gewissen Nutzen zu unterstellen.

Ein weiteres Phänomen, welches man durch unbewusste oder subpersonale Informationsverarbeitung erklären kann, ist der so genannte Ammenschlaf. Indem eine Amme auf der subpersonalen Ebene eine feste Assoziation herstellt zwischen der Lautäußerung ihres zu betreuenden Kindes und ihrem eigenen Weckimpuls, kann sie einerseits fest schlafen, andererseits aber sofort aufwachen, sobald das betreffende Kind aufwacht und unruhig wird. Möglicherweise wird unser gesamter Wach-Schlaf-Rhythmus und evtl. noch andere Rhythmen, z.B. der Atemrhythmus, durch bestimmte Assoziationen und damit zu einem hohen Prozentsatz subpersonal geregelt. Insofern kann auch das bewusste Beobachten unseres Atmens ähnliche Aufschlüsse geben wie Freuds Traumanalyse.

Insbesondere bei der Bewusstheit als Individuum, wenn ich beim Verstehen bewusst mit der Wahl zwischen den verschiedenen Möglichkeiten meines Seinkönnens konfrontiert bin, aber auch bei der Bewusstheit als Spezies, wenn ich nach einer Entscheidung mir eine möglichst verantwortungsvolle Umsetzung in Handlungsweisen überlegen muss unter Berücksichtigung von Neben- und Wechselwirkungen, und bei der Bewusstheit als Genus, wenn ich beim Begreifen mir meiner eigenen Repräsentationen von der Welt, von anderen und von mir selbst bewusst werde, die ich meinen Wahrnehmungen unterlege, sodass ich die Last meiner Ergriffenheit ertragen muss – sobald ich mir jeweils bewusst mache, dass ich Subjekt bin, und zwar geistiges, materielles und psychisches, bin ich ganz auf mich allein gestellt, bekomme die Vorstellung von Einsamkeit und erlebe diese <u>Einsamkeit</u>, die mit entsprechenden Emotionen von Schmerz, Leid und Trauer verbunden ist. Die Einsamkeit überschattet sozusagen die ganze Beziehung zu meinem Sein. In dieser Einsamkeit als Subjekt bin ich daher ganz auf mein eigenes Selbst zurückgeworfen, aber was ist eigentlich mein Selbst?

9. Die Existenz des Selbst

Damit sind wir bei dem Problem des Selbst: Phänomenal enthalten ist das Selbst in der Ergriffenheit bzw. dem Psychisch-Motivationalen, in der Erwartung bzw. dem Geistig-Idealen und in der Täuschung bzw. dem Körperlich-Materiellen, also in der Leiblichkeit bzw. in der Rezeption unseres Körpers, insbesondere in der Aktivität unseres Gehirns, in welchem alle Sinnesreize, also alle Informationen, verarbeitet und gespeichert werden. Dabei müssen wir uns immer wieder mit den fünf grundlegenden Gegensätzen im Umgang mit der Realität auseinandersetzen, welche die Basis des Daseinsaspekts der Materie bilden, aus denen sich unsere gesamte Lebenspraxis ableiten lässt, und zwar mit den Gegensätzen aktiv-passiv, objektiv-subjektiv, kontinuierlich-diskontinuierlich, linear-zirkulär und räumlich-zeitlich (Kolb, 2017a, S. 66 ff.; Nishida, 2011).

Andererseits gibt es das Phänomen des Ich, etwas Bewusstes bzw. Personales, was jeder durch Vergleich mit anderem unterscheiden kann (bewusste Wahrnehmung) als das, was sich gewöhnlich lautstark und direkt meldet und durch die Hülle der Repräsentationen von der Welt, von anderen und von sich selbst hindurchtönt. Zum Teil gehört das Ich zum Selbst, zum Teil täuscht sich das Dasein aber auch darin, wenn es bestimmte Ich-Anteile für einen Teil seines Selbst hält. Das Ich hat einen psychischen Aspekt, inwiefern das Dasein meint, über sich selbst Bescheid zu wissen, was es z.B. durch Erzählungen über sich selbst und seine bisherige Entwicklung ausdrückt, einen geistigen Aspekt, für welche Möglichkeiten des Seinkönnens das Dasein glaubt, sich entscheiden zu können, welche Rollen und Funktionen dem Dasein zur Verfügung stehen, und einen materiellen Aspekt, inwieweit das Dasein räumlich und zeitlich zwischen seinem eigenen Körper und allem anderen unterscheiden kann.

Die Existenz des Selbst

Im Unterschied zum Ich ist das Phänomen des Selbst in seiner ganzen Fülle ein ausgezeichnetes Phänomen im Sinne Heideggers (s.u.), es ist zum großen Teil ein unbewusster bzw. subpersonaler Anteil, den wir nur näherungsweise und sehr schwer erkennen können, am besten durch die Erforschung von Träumen oder durch das bewusste Erleben von Trancezuständen, sodass die derart erkannten Teile des Selbst dann zum Ich dazukommen. In der Utopie der vollkommenen Liebe wären Ich und Selbst dasselbe. Phänomen in einem ausgezeichneten Sinne bedeutet nach Heidegger, dass sich hier etwas sehr indirekt meldet, nämlich „solches, was sich zunächst und zumeist gerade *nicht* zeigt, was gegenüber dem, was sich zunächst und zumeist zeigt, *verborgen* ist, aber zugleich etwas ist, was wesenhaft zu dem, was sich zunächst und zumeist zeigt, gehört, so zwar, dass es seinen Sinn und Grund ausmacht" (Heidegger, 2006, S. 35).

Die Existenz des Phänomens des Selbst, welches über das Phänomen des Ichs hinausgeht, steht und fällt damit, ob das menschliche Dasein einen Sinn und Grund hat oder nicht. Früher habe ich gezeigt, dass Sinn und Grund unseres Daseins die Entwicklung unserer Liebesfähigkeit in Richtung der vollkommenen Liebe ist. Dies ist nicht nur sinnvoll, sondern wird von unserem Dasein bezeugt, und diese Entwicklung liegt im Bereich des Möglichen (Kolb, 2017a), sodass diese Entwicklung der Liebesfähigkeit, auch wenn wir die Utopie der vollkommenen Liebe nicht erreichen, nicht nur den Sinn, sondern auch den Grund unseres Daseins ausmacht. Von unserem Selbst her ist daher bei den Erzählungen über uns selbst und die eigene Entwicklung nur die Betrachtung der bisherigen Entwicklung unserer Liebesfähigkeit wichtig, was uns dann positiv motivieren kann. Nur diejenigen Ich-Funktionen haben eine Bedeutung bzw. machen Sinn und konstituieren den Grund unseres Daseins, die uns immer mehr dahingehend befähigen, so zu handeln, dass wir uns idealerweise nicht täuschen. Bezüglich des Körperlich-Materiellen geht es immer mehr darum, anderen und uns selbst gleich viel Raum und Zeit zu geben und zu nehmen, sodass alle Gegensätzlichkeiten im Umgang mit der Realität immer mehr überwunden werden. Weil unser Dasein also Sinn und Grund besitzt, ist die Existenz unseres Selbst damit aufgezeigt.

Wenn unser Dasein sinnlos und grundlos wäre, dann wären wir Maschinen, wie z.B. Metzinger meint (Metzinger, 2014), Maschinen, die sich nur einbilden bzw. subjektiv unterstellen, dass sie ein Selbst haben, die aber ansonsten rein technisch konstruierbar wären. Wenn wir tatsächlich Maschinen wären, dann hätten wir wirklich kein Selbst, wenn aber nicht, dann gibt es einen Sinn und einen Grund unseres Daseins, also ein Selbst.

Wenn man zeigen kann, dass Maschinen uns noch nicht einmal simulieren können, was eine viel stärkere Aussage darstellt, dann sind wir erst recht keine Maschinen, und es wäre indirekt und auf andere Art und Weise gezeigt, dass es für jeden Menschen einen Sinn und einen Grund seines Daseins und damit ein Selbst gibt, auch wenn dieses dadurch noch lange nicht erkannt oder gar ergründet ist. Dies ist dann ein alternativer Beweis für die Sinnhaftigkeit unseres Daseins und damit für die Existenz des Selbst. Dass unsere bisherigen Computer, die im Prinzip nichts anderes als komplexe Turingmaschinen sind, einen Menschen niemals perfekt nachahmen können, hat Penrose meines Erachtens bewiesen, indem er zeigte, dass nach endlich vielen Fragen jede Turingmaschine als Maschine im Unterschied zu einem Menschen entlarvt und überführt werden kann (Penrose, Computerdenken: Die Debatte um künstliche Intelligenz, Bewusstsein und die Gesetze der Physik, 2002 (Original 1989)). Penrose äußerte später allerdings die Vermutung, dass es mithilfe von Quanteneffekten möglich sein könnte, einen Menschen erfolgreich zu simulieren (Penrose, Schatten des Geistes: Wege zu einer neuen Physik des Bewusstseins, 1995 (Original 1994)). Ich

Die Existenz des Selbst 211

denke, dass hier versucht wird, das Problem mengentheoretisch gesprochen nur um eine Mächtigkeitsstufe nach oben zu verschieben: Während wir uns bei einer Turingmaschine im Bereich der abzählbaren Mengen wie die der natürlichen Zahlen befinden, wären wir bei einem Quantencomputer eine Mächtigkeitsstufe höher im Bereich der überabzählbaren Mengen, nämlich die der komplexen Zahlen (das entspricht auch der Mächtigkeit der reellen Zahlen). Da wir uns hier allerdings im Bereich der „konstruktiven Mathematik" bewegen, denn solche Quantencomputer müssen ja konstruiert werden, gibt es hier keine Überabzählbarkeit, d.h. der Beweis für Turingmaschinen kann entsprechend auf Quantencomputer übertragen werden, und das funktioniert auch bei allen übrigen wie auch immer konstruierten Maschinen. Damit ist schlüssig aufgezeigt, dass keine Maschine konstruiert werden kann, die uns simulieren kann. Daher können wir keine Maschinen sein, und die phänomenale Existenz unseres Selbst ist damit indirekt bewiesen.

Diesen abstrakten mathematischen Beweis kann ich auch anschaulich plausibel machen: Wie ich früher schon ausgeführt habe, kann man unterscheiden zwischen einer grobstofflichen Wahrnehmung, bei der ein mehr oder weniger grobes Raster verwendet wird wie bei der Pixel-Darstellung auf einem Computerbildschirm, und einer feinstofflichen Wahrnehmung, bei der lebendige oder tote Gestalten affektiv wahrgenommen werden (Kolb, 2017b, S. 25 ff.), wobei „lebendig" hier bedeuten soll, dass diesen Gestalten eine Beziehung zu ihrem Sein (s.o., S. 13) von der wahrnehmenden Person unterlegt wird. In den Naturwissenschaften gibt es nur die grobstoffliche Wahrnehmung, alles wird mithilfe von Rastern in Einzelheiten und deren Konstellationen „heruntergebrochen" bis in die kleinsten Quanten in der Physik z.B., um dann die Gesetzmäßigkeiten dieser Konstellationen zu untersuchen, womit dann versucht wird, das Ganze zu erklären. Wirkungen und die

Wirklichkeit sind nur als lokaler Austausch denkbar bzw. werden stets auf etwas Derartiges zurückgeführt, was allerdings in der Quantenphysik nicht mehr zu gelten scheint (Physiker sind sich in der Interpretation quantenphysikalischer Experimente nicht ganz einig).

Als Menschen aber nehmen wir im Alltäglichen zunächst und zumeist nur feinstofflich wahr, die lebendigen Gestalten unserer Wahrnehmung wirken auch aus der Ferne, also nicht-lokal und nicht-materiell wie z.B. räumlich, zeitlich oder von der Wirklichkeit unabhängige Repräsentationen, und das Ganze erklärt die Einzelheiten statt umgekehrt die Konstellation der Einzelheiten das Ganze. Bei beiden Arten von Wahrnehmung überlagern sich lineare und zirkuläre Prozesse, bei der grobstofflichen ist die Ortsbestimmung ein linearer Prozess und die des physikalischen Impulses ein zirkulärer[7], denn für den Impuls gilt innerhalb eines geschlossenen Systems ein Erhaltungssatz, d.h. der Impuls zirkuliert innerhalb eines solchen Systems, er charakterisiert sozusagen den inneren Zustand des Systems, wie die Bewegungsmenge dort gerade verteilt ist, während der Ort eines Systems sich mehr oder weniger geradlinig und insofern linear ändert.

Bei der feinstofflichen Wahrnehmung ist der sinnliche Anteil der Wahrnehmung linear und die Affekte bzw. der emotionale Zustand des Wahrnehmenden von einem zirkulären Prozess abhängig. Je genauer man daher bei beiden Arten der Wahrnehmung nach Resultaten sucht, desto unschärfer ist das Ergebnis der jeweiligen Wahrnehmung. In der Physik gilt die Heisenbergsche Unschärferelation, und dass Emotionen und Wahrnehmung sich wechselseitig beeinflussen, sodass beides nicht gemeinsam exakt bestimmbar ist, lässt sich leicht durch

---

[7] Bei physikalischen Messungen vergeht immer etwas Zeit, währenddessen ein Körper sich mit einer Geschwindigkeit bewegt. Der Zusammenhang zwischen Ort und Geschwindigkeit ist linear, der zwischen Impuls und Geschwindigkeit dagegen nach der speziellen Relativitätstheorie nicht.

Die Existenz des Selbst 213

entsprechende empirische Untersuchungen nachweisen. Beide Arten der Wahrnehmung können sich gut ergänzen (ebenda, S. 30).

Von uns Menschen konstruierte Maschinen und unser menschliches Dasein müssen grundsätzlich verschieden sein, auch wenn sie auf der makroskopischen Ebene sehr ähnlich erscheinen: Der von Penrose angedachte Quantencomputer, der vielleicht etwas von unserer Unschärfe der Wahrnehmung simulieren kann, kann zwar über weite Strecken bei seinen Arbeitsprozessen jede Unschärfe vermeiden, aber spätestens dann, wenn es um ein konkretes Ergebnis geht, kann dieses auch hier niemals exakt sein, sondern es kann nur Wahrscheinlichkeiten geben, aufgrund derer der Quantencomputer eine Entscheidung treffen muss. Diese Entscheidung kann aber nur mithilfe eines Rasters gelingen, sodass wir wieder auf dem Niveau einer Turingmaschine sind. Quantencomputer können höchstens schneller sein als unsere bisherigen PCs. Alle von Menschen konstruierte Maschinen müssen mit Rastern arbeiten, aber die menschliche Art der Entscheidung, wenn sie sowohl klug als auch verantwortlich-reflektiert ist, kann nie vollständig mithilfe eines Rasters konstruiert werden, denn mit Hilfe eines Rasters kann man nur rekursive Entscheidungsprozesse simulieren, aber weil der Kreis des klugen und der des verantwortlich-reflektierten Handelns gegensinnig sind, sind menschliche Entscheidungsprozesse nicht rekursiv erfassbar.

Mit einem rekursiven bzw. rekursiv erfassbaren Prozess meine ich folgendes: (1) Es muss einen fest verankerten Beginn geben, der durch bestimmte Fakten charakterisiert ist, von denen ich meine, darüber Bescheid zu wissen. (2) Jeder weitere Schritt in dem betreffenden Prozess ist durch Regeln bestimmt, die nur auf Ergebnissen vorangegangener Schritte beruhen dürfen (lat. recurrere, zurücklaufen, wiederkehren). (3) Das Ende eines derartigen Prozesses muss durch ein Abbruchkriterium von vorneherein festgelegt sein. Solange wir uns nur auf dem Kreis des klugen Handelns bewegen, ist jeder

Entscheidungsprozess rekursiv, sobald wir aber in die entgegengesetzte Richtung gehen auf dem Kreis des verantwortlich-reflektierten Handelns und die Ergebnisse vorangegangener Schritte korrigieren, ist unser Entscheidungsprozess nicht mehr rekursiv. Maschinen brauchen Raster, jeder menschliche Entscheidungsprozess hat aber das Potenzial, jedes Raster zu sprengen.

Wenn wir Menschen den utopischen Zustand der vollkommenen Liebe erreichen würden, wären unsere Ergriffenheit und unsere Empfindungen vollkommen bedeutungslos aufgrund der vollkommenen Bedeutungslosigkeit unserer früheren Existenz, unsere Erwartungen und Gefühle wären vollkommen hingegeben aufgrund der vollkommenen Hingabe unserer zukünftigen Existenz und unsere Täuschungen und Affekte vollkommen angenommen aufgrund der vollkommenen Annahme unserer momentanen Existenz (Kolb, 2017a, S. 63), sodass unsere Emotionen bei der Wahrnehmung keine Rolle mehr spielten und diese daher genau bestimmbar wäre (erst dann könnten wir unser Selbst vollständig wahrnehmen). Wenn nun eine Maschine uns ersetzen könnte, dann wäre sie mithilfe geringfügiger Änderungen so konstruierbar, dass ihre Emotionen bei der Wahrnehmung abschaltbar wären, und damit könnte sie exakt wahrnehmen. Das ist aber quantenphysikalisch unmöglich.

Wir können zwar immer mehr Funktionen unseres Selbst, die im Körperlich-Materiellen liegen, durch von uns eigens dazu konstruierte Maschinen übernehmen lassen, und dazu gehören auch immer mehr Gehirnfunktionen, die in der Neurobiologie erforscht werden, angefangen mit den frühen Rechenmaschinen, denen wir das Rechnen überlassen können, bis hin zu den heutigen komplexen Computern, die sowohl auditive und visuelle Funktionen des Gehirns als auch alle möglichen anderen Denk- und Vorstellungsfunktionen übernehmen können. Es wird aber auch in Zukunft niemals möglich

Die Existenz des Selbst

sein, einen Menschen vollständig durch eine Maschine zu ersetzen.

Ähnlich wie mit uns Menschen bzw. unserem menschlichen Dasein verhält es sich mit der Natur bzw. der so genannten Schöpfung oder dem Kosmos, auch hier können wir viele Funktionen benutzen oder durch Konstruktionen nachahmen, aber dabei sind uns ähnliche Grenzen gesetzt wie bei der Nachahmung des menschlichen Daseins, denn die Natur oder der Kosmos ist ebenfalls keine Maschine. Daher meldet sich auch in der Natur ein ausgezeichnetes Phänomen im Sinne Heideggers, „was sich zunächst und zumeist gerade *nicht* zeigt, was gegenüber dem, was sich zunächst und zumeist zeigt, *verborgen* ist, aber zugleich etwas ist, was wesenhaft zu dem, was sich zunächst und zumeist zeigt, gehört, so zwar, dass es seinen Sinn und Grund ausmacht" (Heidegger, 2006, S. 35). Man kann dieses Phänomen „Gott" nennen oder „Höhere Macht", auch wenn dies damit genauso wenig wie das Selbst erkennbar oder gar ergründbar wird. In der Weise, in der unser menschliches Dasein ein Ebenbild der Natur ist, ist unser Selbst ein Ebenbild Gottes, und beides ist für uns persönlich, d.h. es tönt durch die jeweilige Erscheinung hindurch. Nur beim Erreichen der vollkommenen Liebe könnten wir das zugrundeliegende Wesen, was der Natur erst Sinn gibt – nennen wir es Gott –, wahrnehmen. Dabei ist es überhaupt die Frage, ob es ein Wesen ist, wie wir uns Wesen im Allgemeinen vorstellen. Es wird uns jedenfalls vermittelt durch ein Ziel, ein Telos, und entsprechend ist unser Selbst nur derart in unserem Dasein erreichbar, nämlich durch die vollkommene Liebe.

Wie im 7. Kapitel (S. 191) bereits ausgeführt, sollten wir vom Ethischen her beim Benutzen und Nachahmen der Natur keinen Raubbau treiben und nur auf Effektivität aus sein, sondern verantwortlich-reflexiv, weise und menschlich handeln, d.h. auf Nachhaltigkeit und darauf achten, dass wir möglichst keine für uns selbst und uns folgende Generationen irreversiblen Spuren der Zerstörung hinterlassen. Auch was die Übernahme von Funktionen des menschlichen Daseins durch Maschinen angeht, sollten wir entsprechend darauf achten, dass unsere Liebesfähigkeit in ihrer Entwicklung dadurch nicht gestört, sondern am besten dabei gefördert wird.

In letzter Zeit betrifft dies vor allem die Videospiele, die süchtig machen können, später auch die Neurotechnologie, wenn sie sich in eine neurophänomenologische Technologie hinein entwickelt hat (Metzinger, 2014, S. 315), sodass dadurch bei Menschen bestimmte phänomenale Erlebnisweisen technisch immer verfügbarer werden, d.h. dass wir diese immer systematischer und wirksamer manipulieren können (ebenda). Was unsere menschliche Natur betrifft, so habe ich bereits früher aufgezeigt, dass jede Ethik sich mit der Grundfrage auseinandersetzen muss, wie jeder Mensch bzw. jedes menschliche Dasein darin gefördert werden kann, seine Liebesfähigkeit immer weiter zu entwickeln und zu vervollkommnen (Kolb, 2017a, S. 216 ff.). Bei all diesen Problemen wird es auch in Zukunft immer wieder darum gehen, eine Gratwanderung zu bewältigen zwischen Totalitarismus und Anarchie, d.h. es sollte einerseits kein Zwang ausgeübt werden, andererseits aber sollte man auch nicht einfach alles geschehen lassen. Dies kann letztlich nur durch eine gute Überzeugungsarbeit und damit nur auf der Beziehungsebene gelingen.

Bei dem Problem der Willensfreiheit (s. S. 166 ff.), einem allgemein-sozialen, also gemeinschaftlichen Problem, ging es von der Gemeinschaft her um die Bewältigung entsprechender Emotionen wie Aggressionen und Widerwillen (Affekte), Wut und Ekel (Empfindungen), Zorn und Abscheu (Gefühle), denen man am besten mit Disziplin unseres Selbst begegnet, also mit einem uns selbst gegenüber toleranten und entschlossenen Herausarbeiten der tugendhaften Seiten bzw. der eigenen Mitte (s. S. 177) dessen, was sich in unserem menschlichen Dasein einerseits meldet und andererseits auch verbirgt.

Mit dem Leib-Seele-Problem und dem damit verbundenen Problem unserer Sterblichkeit (s. S. 180 ff.), einem individuellen Problem, welches in jedem von uns Emotionen hervorbringt wie Schreck (Affekt), Angst (Empfindung) und Furcht (Gefühl), gehen wir am besten auf die Art und Weise um, dass wir immer mehr Vertrauen in eine Höhere Macht bzw. in die Sinnhaftigkeit unseres Daseins aufbauen, also in das, was sich sowohl bei uns als auch in der Natur einerseits meldet und andererseits doch verbirgt, was sich entspricht, manchmal mit uns spricht, eine innere Stimme oder das Gewissen, wie wir es manchmal erleben, sodass wir allem, was geschieht, immer gelassener begegnen, wenn wir nichts daran ändern können, und immer mutiger entgegengehen, wenn wir etwas ändern können. Mit der Zeit und entsprechenden Erfahrungen werden wir dann immer weiser und damit menschlicher und verantwortungsvoll-reflektierter, sodass wir das eine, das Unabänderliche, vom anderen, vom Veränderbaren, immer besser unterscheiden können.

Das Problem des Bewusstsein und das damit verbundene unserer Einsamkeit (s.o. im vorigen Kapitel), ein spezifisches Problem, welches mit Emotionen wie Schmerz (Affekt), Leid (Empfindung) und Trauer (Gefühl) verknüpft ist, lösen wir am besten mit einer Art aktiven Geduld, bei der wir uns strebend immer mehr um ein ganzheitliches Verständnis unseres Selbst bemühen, um immer mehr Autonomie in unserem und Eigenverantwortlichkeit für unser Handeln und um immer mehr kommunikative Solidarität bzw. „Brüderlichkeit" mit immer mehr anderen Menschen. Diese aktive Geduld bzw. diese konsequente geistige Ausrichtung auf das utopische Idealziel der vollkommenen Liebe ist das, was meines Erachtens mit Spiritualität nur gemeint sein kann (diese von mir unterlegte Bedeutung von Spiritualität möchte ich der von Metzinger (Metzinger, 2014, S. 378 ff.) entgegenstellen), und was man auch den Heiligen Geist nennen kann.

Dies ist meine Interpretation der Trinität, der Dreieinigkeit im christlichen Glauben, die m.E. nicht nur wesenhaft, sondern auch teleologisch als drei Aspekte desselben Zieles zu betrachten sind, nämlich des Ziels der vollkommenen Liebe: Unser Selbst entspricht Jesus, dem Sohn Gottes – das Selbst ist ja ein Ebenbild Gottes, so wie jeder Sohn in irgendeiner Weise ein Ebenbild seines Vaters ist –, die Höhere Macht, der wir uns anvertrauen können, deckt sich mit Gott Vater und die Spiritualität als das Streben nach der vollkommene Liebe mit dem Heiligen Geist – die vollkommene Liebe würde uns das Verständnis für alle Menschen geben, und alle Menschen könnten uns verstehen, wir hätten dieselbe Sprache, ähnlich wie es beim Pfingstwunder beschrieben wurde (Apostelgeschichte des Lukas, 2, 1-41). Weil Geist auf Lateinisch Spiritus heißt, passt der Begriff Spiritualität in zweifacher Weise zu der „konsequenten geistigen Ausrichtung auf das utopische Idealziel der vollkommenen Liebe", also auf den Heiligen Geist. Dass unser Selbst Jesus entspricht, diesen Gedanken findet man auch in den Predigten von Meister Eckhart und seiner „Lehre von der Gottesgeburt in der Seele […,] [dass] Gott in einem permanenten Schöpfungsakt ohne Unterlass seinen Sohn im Menschen gebiert" (http://de.wikipedia.org/wiki/Portal:Philosophie, 22.07.2014), d.h. dass wir mit dem Ziel der vollkommenen Liebe immer wieder konfrontiert werden, immer wieder aufgefordert werden, es zu verfolgen.

Zuerst sind wir menschliche Wesen, die als solche ab etwa dem vierten oder fünften Lebensjahr voll entwickelt sind, nachdem wir die Entwicklungsebene des repräsentationalen Selbst erreicht haben (s. Kapitel 2.5), und machen dann im Laufe unseres Lebens spirituelle Erfahrungen, werden also immer wieder mit dem Ziel der vollkommenen Liebe konfrontiert. Dies bewirkt dann irgendwann ein mehr oder weniger sanftes „Erwachen", sodass wir dann spirituelle Wesen sind, die immer wieder mit dem menschlichen Alltag konfrontiert werden und menschliche Erfahrungen machen. Das bedeutet insbesondere, dass wir aufgefordert sind, verantwortungsvoll-reflektiert sowohl mit den spirituellen als auch mit den menschlichen Erfahrungen umzugehen, alle Erfahrungen zu hinterfragen (Was hat mich ergriffen, ergreift mich oder kann mich noch ergreifen? Was habe ich erwartet, erwarte ich oder kann ich noch erwarten? Worin habe ich mich getäuscht, täusche ich mich oder kann ich mich noch täuschen?) und nach entsprechenden Antworten zu suchen.

10. Ethische Konsequenzen für Macht und Sexualität

Obwohl ich nicht derselben Meinung bin wie Metzinger, was die Existenz des Selbst und die einer Höheren Macht betrifft, vermittelt durch Sinn und Ziel unseres Daseins, halte ich sein von mir zitiertes Buch (Metzinger, 2014) für sehr wichtig und wertvoll, weil es auf sehr wichtige Probleme von uns Menschen in der heutigen Zeit aufmerksam macht und uns herausfordert, nicht nur kluge, sondern auch weise und menschliche Lösungen zu finden.

Das Basisproblem des menschlichen Daseins, worin ich eine deutliche Parallele zur Erbsünde sehe, besteht darin, dass der technologische Fortschritt, der so betrachtet eine sehr windige Sache ist wie die Schlange im Paradies, und der u.a. von so zweifelhaften Dingen wie Geldgier und Geschäftemacherei angetrieben wird (Zweifel und Teufel sind wortverwandt), uns immer mehr dazu verführt hat, verführt und weiterhin verführen kann, dass wir glauben, gottähnliche Herren der Schöpfung werden zu können. Obwohl Metzinger auch dieser Täuschung unterliegt, lässt er sich nicht dazu verführen, unkritisch mit den bislang erreichten und noch möglichen technischen Fortschritten umzugehen, sondern er entwickelt sehr sinnvolle und grundlegende Ansätze für eine Ethik, wie wir mit dem technologischen Fortschritt umgehen, und welche vorbeugenden Maßnahmen wir ergreifen sollten (ebenda, S. 316 ff.). Er geht dabei allerdings hauptsächlich auf das allgemeine Problem des gesellschaftlichen Zerfalls ein, welches wie oben erwähnt mit dem Problem der Willensfreiheit und dem des Umgangs mit aggressiven Emotionen einhergeht. Dabei scheint er mit mir derselben Meinung zu sein, dass Selbstdisziplin ein probates Mittel zur Lösung dieser Problematik ist, denn alle seine Vorschläge laufen darauf hinaus. Für die Schule beispielsweise entwickelt er ein Lernpensum bestehend

Ethische Konsequenzen für Macht und Sexualität

„aus zwei Meditationstechniken [...]; zwei standardisierten Techniken für die Tiefenentspannung [...]; zwei Techniken zur Verbesserung der Traumerinnerung und zum Erlernen des Klarträumens und vielleicht auch aus einem Kurs in einem neuen Fach, das man »Medienhygiene« nennen könnte" (ebenda, S. 365). Komplementär zum Meditationsunterricht, „weil das eine auf dem anderen aufbaut", empfiehlt er außerdem ein Schulfach, welches er »Argumentationstheorie« nennt, um damit „systematisch die Fähigkeit zum kritischen Denken und die intellektuelle Konfliktfähigkeit" zu schulen (ebenda, S. 363).

Die Problematik der Verrohung unserer Gesellschaft, des zunehmenden Egoismus und unsozialen Verhaltens begegnet mir in meiner psychologischen Praxis als Psychotherapeut zum einen in der steigenden Anzahl von Mobbing-Opfern, zum anderen in der Tendenz, die eigene Vergangenheit bzw. die eigenen Eltern für die eigene momentane Misere allein verantwortlich zu machen. Der letzte Punkt hat mit der nicht akzeptierten Eigenverantwortlichkeit und Willensfreiheit zu tun, wenn jemand nämlich nicht einsehen will, „dass jeder ab 40 selbst für sein Gesicht verantwortlich ist" (ein Ausspruch, der Abraham Lincoln zugeschrieben wird). Unrealistische Omnipotenzgefühle, das scheinbare Gegenteil der verneinten Willensfreiheit, stellen nur eine Kompensation für jemanden dar, der sich eigentlich als hilfloses Opfer fühlt. Dies trifft häufig auf Suchtkranke zu, und daher ist es nur folgerichtig, dass der erste Schritt im 12-Schritte-Programm der Anonymen Alkoholiker lautet: „Wir geben zu, dass wir dem Alkohol gegenüber machtlos sind." Insgesamt bedeutet diese Herangehensweise (der Disziplin und Schulung) an das Problem der Willensfreiheit den freiwilligen Verzicht auf jegliche Machtausübung, die für andere oder einen selbst einen Nachteil bezüglich deren oder der eigenen Position und Möglichkeiten mit sich bringt, unabhängig davon, ob es sich um eine männliche oder eine weibliche Art der Machtausübung handelt. Entsprechend sollte bei der Ausübung von sexuellen Handlungen anderen und einem selbst kein Schaden zugefügt werden.

Die drei ethischen Ziele von Metzinger, nämlich die der Leidensverminderung für alle Lebewesen, die Leid empfinden können, der Selbsterkenntnis und der geistigen Autonomie (ebenda, S. 353) entsprechen meinen drei Zielen der kommunikativen Solidarität bzw. Brüderlichkeit, die ich an dieser Stelle auch auf alle Wesen ausdehnen möchte, mit denen wir irgendeine Verständigung herstellen können, des ganzheitlichen Selbstverständnisses und der Autonomie bzw. Eigenverantwortlichkeit. Insofern streben wir beide, in meiner Terminologie ausgedrückt, das wenn auch utopische Ziel der vollkommenen Liebe an bzw. eine stetige und ständige Steigerung unserer Liebesfähigkeit. Die kommunikative Solidarität ist insofern noch mehr als die Leidensverminderung, weil sie einem leidenden Wesen, dessen Leid nicht zu mindern ist, Kraft geben kann, mit dem Leid immer besser umzugehen bzw. es immer besser zu ertragen und vielleicht sogar in eine Erfahrung umzuwandeln, aus der man etwas Positives im Sinne eines Erfahrungsschatzes gewinnt, wobei der erste Schritt dazu darin besteht, das Leid und dessen Ursache nicht persönlich übel zu nehmen.

Was die von Metzinger geforderte „neue Praxis im Umgang mit unseren Gehirnen" (ebenda, S. 368) betrifft, so fehlt mir an dieser Stelle zum einen der Umgang mit dem Problem der Sterblichkeit, welches dem philosophischen Leib-Seele-Problem entspricht und in der Frage zum Ausdruck kommt, ob es abgesehen von unserem Körper bzw. Leib noch etwas anderes von uns gibt, was unvergänglich ist, in dessen Namen wir autonom bzw. eigenverantwortlich handeln und was mit dem Umgang unserer Emotionen von Angst und Furcht verknüpft ist, und zum anderen der Umgang mit dem Problem der Einsamkeit, die im Zusammenhang mit dem

Problem des Bewusstseins und der Bewusstheit bei dem Bemühen um ein ganzheitliches Selbstverständnis auftaucht und mit dem Umgang unserer Emotionen von Schmerz, Leid und Trauer zu tun hat. Als Psychotherapeut fallen mir diese beiden Problembereiche durch die wachsende Anzahl von Angsterkrankungen und depressiven psychischen Störungen immer stärker auf.

Entsprechende statistische Erhebungen weisen deutlich darauf hin, dass dies nicht nur eine individuelle Problematik ist, sondern aufgrund hoher volkswirtschaftlicher Kosten, weil die betreffenden Personen dann oft arbeitsunfähig sind, unsere ganze Gesellschaft betrifft. Neben dem individuellen Leid leidet auch das soziale Umfeld der psychisch erkrankten Person und letztlich die ganze menschliche Gemeinschaft. Was die Emotionen von Angst und Furcht beim Problem der Sterblichkeit betrifft, so weisen diese in die Zukunft und hängen damit zusammen, dass wir uns deswegen ängstigen, weil wir befürchten, nicht gut genug zu sein, damit etwas von uns unvergänglich ist. Als Christen fürchten wir uns z.B. vor etwas in der Art eines Jüngsten Gerichts, welches uns als nicht gut genug für ein ewiges Paradies befindet. Von daher hilft hier oft eine Affirmation wie „Ich weiß, dass ich gut bin" oder im Christentum die Botschaft, dass wir Kinder Gottes sind und daher gut genug. Die Emotionen von Schmerz, Leid und Trauer beim Problem der Einsamkeit weisen auf die Situation hin, in der wir gerade angekommen sind, wobei wir das Empfinden haben, alleingelassen worden zu sein und von niemandem geliebt zu werden. Von daher hilft hier oft eine Affirmation wie „Ich bin liebenswert" oder im Christentum die Botschaft, dass wir als Kinder Gottes wenigstens von Gott geliebt werden. Den meisten meiner Klienten hilft daher die Arbeit mit diesen beiden Affirmationen „Ich weiß, dass ich gut bin" und „Ich bin es wert, geliebt zu werden".

Alles, was wir durch Selbstdisziplin im sozialen Umgang miteinander, bezüglich unseres Selbstverständnisses und unserer Autonomie bzw. Eigenverantwortlichkeit vielleicht erreicht haben, kann dadurch wieder zunichtewerden, wenn wir nicht angemessen mit unseren Emotionen von Angst und Furcht umgehen können, d.h. wenn das individuelle Problem der Sterblichkeit für uns nicht gelöst ist. Die von mir im vorigen Kapitel umrissene Lösungsmöglichkeit des Vertrauens in eine Höhere Macht wird auch von den Anonymen Alkoholikern im zweiten und dritten Schritt vorgeschlagen, wenn es heißt: „Wir kamen zu dem Glauben, dass eine Macht, größer als wir selbst, uns unsere geistige Gesundheit wiedergeben kann" (Zweiter Schritt) und „Wir fassten den Entschluss, unseren Willen und unser Leben der Sorge Gottes - wie wir Ihn verstanden - anzuvertrauen" (Dritter Schritt). Diese Herangehensweise an das Problem der Sterblichkeit beinhaltet auch den Verzicht auf jegliche Machtausübung, die lediglich einen Vorteil bezüglich der eigenen Position oder Möglichkeiten mit sich bringt, unabhängig davon, ob es sich um eine männliche oder eine weibliche Art der Machtausübung handelt. Entsprechend sollte die Sexualität mit anderen nicht ausschließlich zur eigenen Lustbefriedigung ausgeübt werden.

Wenn wir nun durch Selbstdisziplin zum Finden der eigenen Mitte bzw. unseres Selbst und durch Vertrauen in eine Höhere Macht unsere Liebesfähigkeit immer weiter entwickelt haben, d.h. ein immer größeres ganzheitliches Selbstverständnis, immer mehr an Autonomie bzw. Eigenverantwortlichkeit und immer mehr an kommunikativer Solidarität bzw. Brüderlichkeit mit anderen Menschen erreicht haben, dann kann diese Entwicklung ebenfalls stagnieren oder sogar zerstört werden, wenn wir nicht angemessen mit dem Problem unserer Einsamkeit bzw. mit unseren Emotionen von Schmerz, Leid und Trauer umgehen können. Die von mir im vorigen Kapitel beschriebene Lösungsmöglichkeit der aktiven Geduld und konsequenten geistigen Ausrichtung auf das utopische Ziel der vollkommenen Liebe, was für mich die beste Definition von Spiritualität darstellt, hat zur Folge, dass wir nicht nur uns selbst sondern auch andere Menschen immer besser verstehen, sodass der Eindruck der Einsamkeit immer weniger wird und die Fremd-Liebe und die Selbst-Liebe sich Zug um Zug immer mehr gegenseitig verstärken und sich dabei immer mehr ähneln. In der vollkommenen Liebe sind ja beide Formen der Liebe identisch. Im Laufe dieser Entwicklung bedeutet Spiritualität immer mehr eine Machtausübung, die nur noch der Weiterentwicklung unserer Liebesfähigkeit dient. Entsprechend sollte auch unsere Sexualität immer mehr ausschließlich auf dieses Ziel ausgerichtet sein. Dies zeigt noch einmal deutlich, dass Macht und Sexualität ethisch betrachtet weder gut noch schlecht sind, es kommt immer nur auf die jeweilige Praxis an, ob diese die Entwicklung unserer Liebesfähigkeit fördert oder nicht.

Wie schon früher immer wieder betont, darf eine Einführung von Selbstdisziplin, von Vertrauen in eine Höhere Macht und von Spiritualität samt ihren Konsequenzen für eine Praxis der Machtausübung und der Sexualität nicht auf Zwang beruhen, weil das zu Totalitarismus führt. Eine zu große Unverbindlichkeit dagegen birgt die Gefahr der Anarchie in sich, wodurch ebenfalls eine Entwicklung der Liebesfähigkeit scheitern muss. Eine Gratwanderung zwischen diesen beiden Risiken kann letztlich nur mithilfe einer möglichst frühen Aufklärung und einer entsprechenden Überzeugungsarbeit, die schon bei Kindern einsetzen sollte, erfolgreich durchgeführt werden. Dazu ist ein möglichst großes Verständnis der betreffenden Menschen notwendig, d.h. eine entsprechend große Fähigkeit, sie zu lieben. Nur so können Menschen davon überzeugt werden, ihre Liebesfähigkeit immer weiter zu entwickeln. Hier zeigt sich der Grundsatz, dass Liebe nur durch Liebe vermittelt werden kann. Von daher ist eine Ethik ohne Liebe keine Ethik.

Eine Ethik einzuführen oder zu verändern, ist auch eine Machtausübung, denn andere Menschen werden dadurch beeinflusst, etwas zu tun oder nicht zu tun. Als Machtausübung, also in der Art der Vermittlung dieser Ethik, sollte das zur Weiterentwicklung der Liebesfähigkeit der betreffenden Menschen dienen, und vom Inhaltlichen der Ethik natürlich ebenfalls. Und dies gilt insbesondere für einen derart heiklen und sehr intimen Bereich des Zusammenlebens von Menschen wie der Sexualität. Liebe, Macht und Sexualität können nach den oben geschilderten Überlegungen nur dann weise und menschlich durch eine Ethik verbunden werden, wenn diese folgenden drei Bedingungen genügt: (1) sie sollte liebevoll psychisch motivierend mehrere Übungen als Disziplin empfehlen, deren Ziel es ist, die eigene Mitte zu finden, sodass alle Wut über vergangene Geschehnisse immer mehr an Kraft verliert und diese immer bedeutungsloser werden, wobei es in Bezug auf die Übungen zusätzlich wichtig ist, sich nach Möglichkeit immer wieder auch mit anderen darüber auszutauschen, welche Fortschritte man wie gemacht hat und wo es noch Schwierigkeiten beim Üben gibt (keine Ratschläge geben, sondern nur über eigene Erfahrungen berichten); (2) sie sollte liebevoll das geistige Verstehen vermitteln und fördern, dass es hilfreich ist, sich selbst und sein Leben (seine Beziehung zu seinem Sein) einer höheren Macht anzuvertrauen bzw. auf das Ziel der vollkommenen Liebe auszurichten, sodass alle Ängste und Sorgen, auf was für Möglichkeiten man noch zukommen kann, immer weniger Einfluss auf einen haben, weil man sowohl die Sorgen als auch die positiven Möglichkeiten seines Seinkönnens dieser höheren Macht bzw. der Entwicklung der Liebesfähigkeit bei sich und anderen immer mehr hingeben kann; (3) sie sollte liebevoll daran erinnern, dass jeder Mensch darauf ausgelegt ist, seine Unvollkommenheit zu verbessern bzw. mit ihr immer besser umzugehen, sodass es nur folgerichtig ist, sich und sein Handeln trotz aller Täuschungen und daraus resultierenden Enttäuschungen geistig darauf auszurichten, seine Liebesfähigkeit immer weiter zu entwickeln in Richtung auf das Ziel der vollkommenen Liebe, auch wenn dieses Ziel utopisch ist und nicht in unserer jetzigen Existenzform des menschlichen Daseins erreicht werden kann; aber jeder wird sich durch die dankbare Annahme der momentanen Situation anderen Menschen und auch der gesamten Natur immer näher und sich so immer mehr mit allem verbunden fühlen, so dass jegliche Traurigkeit immer geringer, das Hier und Jetzt immer erträglicher und mit immer mehr Freude erfüllt wird.

11. Vom Unglücklich-Sein zu einem geglückten Leben

Unser Selbst habe ich als ein Phänomen bezeichnet, „was sich zunächst und zumeist gerade *nicht* zeigt, was gegenüber dem, was sich zunächst und zumeist zeigt, *verborgen* ist, aber zugleich etwas ist, was wesenhaft zu dem, was sich zunächst und zumeist zeigt, gehört, so zwar, dass es seinen Sinn und Grund ausmacht" (Heidegger, 2006, S. 35). Wenn es kein Selbst gäbe, wie etwa Metzinger (Metzinger, 2014) meint, wenn es nur unsere Einbildung wäre, dann hätte unser Dasein weder Sinn noch Grund. Wir stellen uns allerdings unser Selbst nicht angemessen vor, denn es ist etwas Prozesshaftes, dessen Sinn auf ein utopisches nicht vorstellbares Ziel ausgerichtet ist. Wenn wir aber annehmen würden, es gäbe gar kein Selbst, dann wäre für uns alles sinnlos, wir wären absolut hoffnungslos, würden apathisch in Depressionen versinken und wären zu nichts mehr fähig wie viele Menschen, die ausgebrannt sind und depressiv, weil sie in ihrem Leben keinen Sinn mehr sehen können. Wir wären also ganz unglücklich, unser Leben könnte kein geglücktes sein.

Wie kann ein Mensch aus diesem Zustand des Unglücklichseins wieder herauskommen, wieder an Ideale glauben, darauf hoffen, in seiner Welt etwas bewirken zu können, und davon ergriffen sein, sich als Teil des Ganzen mit allen liebevoll verbunden zu fühlen? In „Dasein, um zu lieben" (Kolb, 2017a) habe ich aufgezeigt, dass es in unserem Dasein bezeugt ist, dass wir das Ziel der vollkommenen Liebe erreichen wollen, und wir können uns nur dann glücklich fühlen bzw. von einem geglückten Leben sprechen, wenn wir merken, dass wir uns diesem Ziel annähern. Dazu ist es wichtig, dass wir daran glauben, dies zu können. Dieser Glaube kann nur dadurch unterstützt werden, wenn wir in unserer Welt etwas bewirken können, angefangen bei uns selbst, sonst verschwindet dieser Glaube. Und schließlich konnten wir beim Thema Freundschaft auf Seite 115 ff. die Bedeutung der liebevollen Verbundenheit aufzeigen, nämlich immer mehr vom Wohlbefinden wenigstens eines anderen Menschen ergriffen zu sein, dem es genauso geht und mit dem wir uns darüber austauschen, weil wir uns dadurch immer mehr der vollkommenen Liebe annähern.

Der erste Schritt, um wieder zu dem Glauben zu finden, dass wir uns der vollkommenen Liebe annähern können, muss deswegen darin bestehen, dass wir etwas tun, womit wir etwas bewirken können, am besten zuerst einmal bei uns selbst. Mit der entsprechenden Einsicht, Rücksicht, Vorsicht, Aussicht und Umsicht (s. 2. Kapitel) können wir lernen und üben und uns auf diese Weise neue Fähigkeiten und Fertigkeiten erwerben. Dazu bedarf es entsprechender Selbstdisziplin, die wir mit Affirmationen wie z.B. „Ich bin KönigIn in meinem Reich" stärken können, wobei wir unsere Erfahrungen stets im Austausch mit anderen evaluieren sollten, zum einen, um einer Selbsttäuschung vorzubeugen, zum andern aber auch, um von anderen Unterstützung zu bekommen, indem uns, wenn wir Fortschritte machen, diese von ihnen u.U. freudig zurückgemeldet werden.

Bei diesem Prozess merken wir in der Regel schnell, dass es Grenzen unserer Wirkung in dieser Welt gibt. Damit wir dann die Hoffnung nicht aufgeben, ist es wichtig einzusehen, dass wir Teil der Natur sind und dass es auch hier ein Phänomen gibt, „was sich zunächst und zumeist gerade *nicht* zeigt, was gegenüber dem, was sich zunächst und zumeist zeigt, *verborgen* ist, aber zugleich etwas ist, was wesenhaft zu dem, was sich zunächst und zumeist zeigt, gehört, so zwar, dass es seinen Sinn und Grund ausmacht" (Heidegger, 2006, S. 35), was ich als Gott oder Höhere Macht bezeichnet habe, etwas für uns Unvorstellbares und Unbegreifliches, dem wir uns vom Verständnis her nur im Prozess der Entwicklung unserer Liebesfähigkeit nähern können. Im Vertrauen darauf, dass nicht nur unser Selbst, sondern auch diese Höhere Macht unserem Dasein als Teil der Natur Sinn und Grund gibt, können wir dann immer mehr unsere Zweifel ab- und unsere Zuversicht aufbauen, was unsere Zukunft betrifft, sodass wir die Grenzen unseres Wirkens immer besser akzeptieren können, ohne unseren Glauben zu verlieren, dass wir uns der vollkommenen Liebe immer mehr annähern können.

In der immer stärkeren Ausrichtung auf das Ziel der vollkommenen Liebe erreichen wir ein immer größeres Verständnis und eine immer größere Ergriffenheit vom Wohlbefinden sowohl von anderen und der gesamten Natur als auch von uns selbst. Je mehr wir uns darüber austauschen und die entsprechende Verbundenheit dankbar empfinden können, desto glücklicher sind wir dadurch, und die Wahrscheinlichkeit steigt, dass wir am Ende von einem geglückten Leben sprechen können. Dazu brauchen wir (1) im Einzelnen Selbstdisziplin und –bekräftigung nebst Unterstützung durch andere, (2) im Allgemeinen Vertrauen in eine höhere Macht und (3) im Spezifischen eine immer stärkere Ausrichtung auf das Ziel der vollkommenen Liebe.

Bei all dem Streben nach Glücklichsein bzw. einem geglückten Leben und der Weiterentwicklung unserer Liebesfähigkeit stellt sich mir die Frage, was eigentlich von uns bzw. von mir übrigbleibt, wenn sich nach und nach sowohl der materielle als auch der psychische als auch der geistige Aspekt unseres bzw. meines Daseins auflösen, also alle Gegensätzlichkeiten und Täuschungen, jede Ergriffenheit von etwas und alle Erwartungen. Was ist das von einem selbst bzw. vom eigenen Selbst, was nie vergeht, weder im Leben noch im Tod? Die abstrakte Antwort darauf lautet: Die vollkommene Liebe. Richtig bzw. vollständig zu beantworten, ist diese Frage genauso wenig wie ein Koan im Zen, etwa wie die Frage: Wenn zwei Hände zusammenklatschen und ein bestimmtes Geräusch machen, wie hört sich das mit nur einer Hand an?

Nachwort

Nachdem ich diese Zeilen geschrieben habe, habe ich die Tagebücher der Etty Hillesum gelesen (Hillesum, Juli 1985), die mich sehr bewegt haben, und dabei insofern viele Parallelen entdecken können, als dass sie vieles von dem, was ich hier lediglich theoretisch entwickelt habe, praktisch umgesetzt hat und auf diese Weise vorbildhaft und erschütternd menschenwürdig, wie ich es nennen möchte, ins Konzentrationslager und in den Tod gegangen ist.

Ihre Tagebücher beschreiben nachvollziehbar und beispielhaft, wie sie durch Disziplin einerseits ihre Tagesstruktur immer besser in den Griff bekam, andererseits aber auch ihre Gedanken und Emotionen, sodass beispielsweise ihr ursprünglicher Vorwurf an ihre Eltern, sie hätten ihr in der Vergangenheit zwar viel Freiheit gegeben, aber dafür auch ein großes Chaos in vielen Bereichen hinterlassen, immer bedeutungsloser wurde und sie auch generell immer mehr aggressive Emotionen anderen Menschen gegenüber überwand und immer mehr Solidarität empfand, sogar mit den deutschen Soldaten, die einem unmenschlichen Regime gehorchen mussten. Dadurch wurde sie auch immer weniger vorwurfsvoll sich selbst gegenüber, hatte immer weniger Hemmungen, anderen gegenüber eigene Schwächen einzugestehen, z.B. dass sie nicht so weite Strecken laufen konnte, und damit wurde ihr Selbstverständnis immer ganzheitlicher, sie konnte sich immer mehr auf ihre Fähigkeiten und Fertigkeiten konzentrieren und immer eigenverantwortlicher handeln.

Ihre Angst vor dem bevorstehenden Tod, den sie für ziemlich wahrscheinlich hielt, war aufgrund ihres schon bestehenden Glaubens an Gott im Verhältnis zu anderen Menschen relativ gering und wurde dann dadurch immer kleiner, dass sie immer häufiger betete, Zwiesprache mit Gott führte und dabei sich selbst und ihr Leben immer mehr an diese Höhere Macht hingab. Wenn eine bestimmte Anzahl niederländischer Juden

Nachwort

deportiert und ermordet werden sollte, warum sollte sie sich verstecken, um sich so davor zu drücken, dachte sie, dann würde doch jemand anderes an ihrer Stelle sterben müssen – ebenfalls ein Zeichen für ihre große Solidarität mit anderen, die in diesem Fall ihrer Hingabe an Gott entsprang. Also gab sie sich selbst, ihr Leben und alle ihre zukünftigen Möglichkeiten hin und legte sie in Gottes Hand. Dadurch akzeptierte sie ihre momentane Situation immer mehr und übernahm immer mehr die Verantwortung, wie sie damit gerade praktisch handelnd umging, z.B. auch, dass sie sich ihren verschiedenen Studien hingab und andere für ihr leibliches Wohl sorgen ließ, solange sie noch in Amsterdam lebte.

Am Anfang der Tagebücher fühlte sie sich noch oft einsam, war traurig und depressiv, weswegen sie sich u.a. in die psychotherapeutische Behandlung und Beziehung mit Julius Spier begab. Seine menschliche Wärme und seine Liebe regten sie an, ihr Leben immer mehr geistig auszurichten auf die Entwicklung ihrer eigenen Liebesfähigkeit, dass sie ihn z.B. nicht mehr besitzen wollte, ihre Eifersucht gegenüber seiner Freundin, die in London lebte, immer mehr überwand, und sich ihn in der Hinsicht zum Vorbild nahm, dass er seine Liebe auf so viele Menschen gleichzeitig verteilen konnte. So verblassten ihre Einsamkeitsgefühle immer mehr, und sie war kaum noch depressiv, sondern fühlte sich immer mehr mit anderen Menschen, aber auch mit der Natur, dem weiten Himmel über allem, den Bäumen vor ihrem Fenster und dem blühenden Jasmin hinter ihrem Haus verbunden.

Die Veränderungen, die sie dabei an sich entdeckte, förderten das Verständnis von ihr selbst immer mehr, und schließlich verstand sie auch alle anderen Menschen immer mehr, die ihr in dem Zwischenlager Westerbork in Drenthe begegneten. Sie half anderen, setzte sich konkret ein für sie und war vor allem für die Jüngeren da, um ihnen diese schwere Zeit so erträglich wie möglich zu machen, ihnen Orientierung und moralische Unterstützung zu geben usw. Dieses immer mehr eigenverantwortliche Handeln setzte sie bis zu ihrem Tod konsequent und erfolgreich um.

Wie hieraus ersichtlich wird, setzte Etty Hillesum eine Ethik und menschliche Einstellung um, die den zum Schluss von mir aufgestellten drei Bedingungen voll und ganz genügte. Und diese Ethik, diese so menschliche Haltung sich selbst, anderen und dem ganzen Leben gegenüber, wurde ihr sehr liebevoll vermittelt durch Julius Spier, sodass wir auch darin eine beispielhafte Praxis erkennen können, wie eine solche Ethik und Lebenshaltung erfolgreich und liebevoll weitergegeben wurde. Dies kann letztlich nur dann geschehen, wenn der betreffende Vermittler, wie hier Julius Spier, seine eigene Liebesfähigkeit schon ziemlich weit entwickelt hat. Liebe kann eben nur durch Liebe vermittelt und weitergegeben werden.

Abbildungen und Tabellen

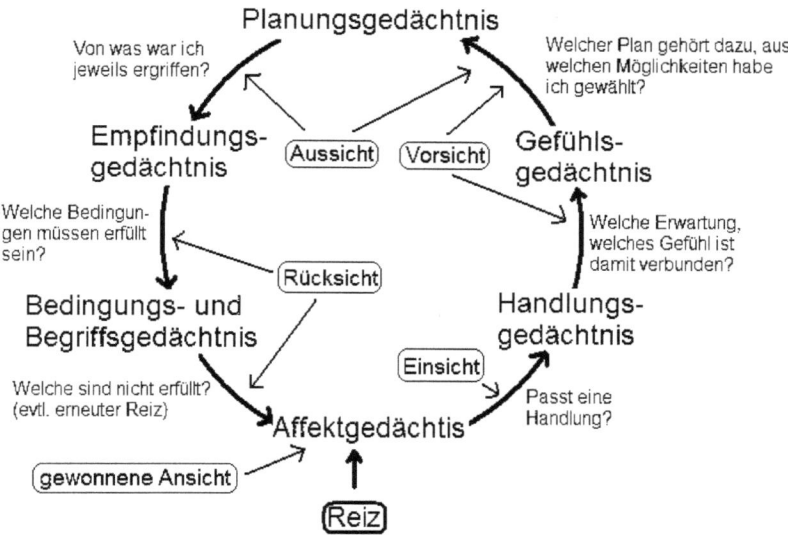

Abbildung 1: Der Kreis des klugen Handelns

Auf der Entwicklungsebene des physischen Selbst lernt ein Kind durch gemeinsame Einsicht, auf der des sozialen Selbst durch gemeinsame Rücksicht, auf der des teleologischen Selbst durch gemeinsame Vorsicht und auf der des intentionalen Selbst durch gemeinsame Aussicht. Es kann so neue und kluge Ansichten gewinnen.

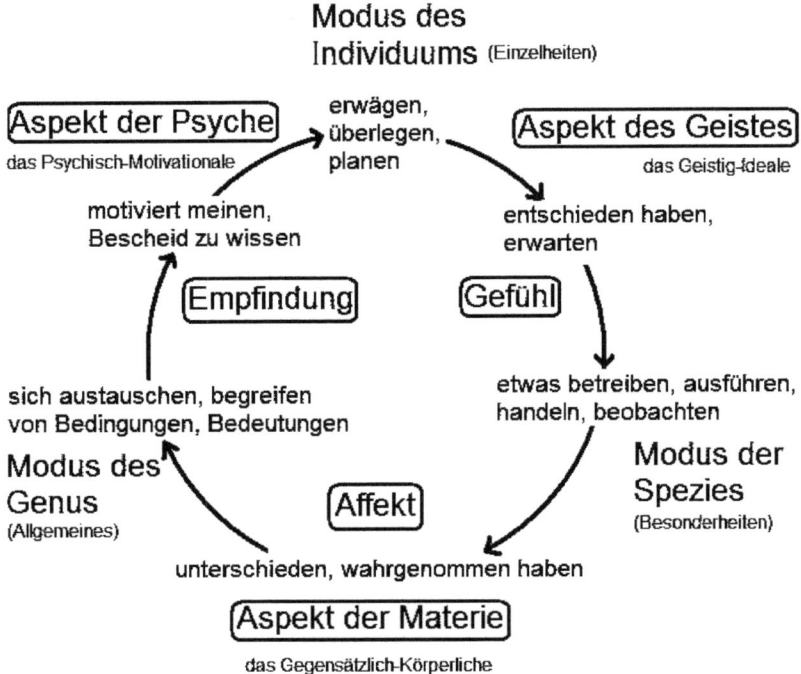

Abbildung 2: Menschliches Handeln, möglich aufgrund Lernens durch Umsicht

Die Umsicht beginnt damit, dass wir nicht gleich handeln, sondern erst einmal zu begreifen versuchen, wo etwas herkommt, und uns eventuell mit anderen darüber auszutauschen. Beim Wahrnehmen sind wir Objekt der Materie, beim Begreifen psychische Subjekte, beim Motiviert-Sein Objekt der Psyche, beim Planen geistige Subjekte, beim Erwarten Objekt des Geistes und beim Handeln materielle Subjekte.

Abbildung 3: Der Kreis des verantwortlich-reflektierten Handelns

Ist die geistige Vorstellungskraft für die Realität zu gering, die affektiv wahrgenommenen Gegensätzlichkeiten der Materie zu groß, so dass wir uns nicht als psychische Subjekte mit dem Aspekt der Materie auseinandersetzen und diesen nicht affektiv begreifen können, kommt es zur Verdrängung der Affekte durch deren Abspalten (Trauma, Wahn, Psychose), sind die begriffenen materiellen Gegensätzlichkeiten von Katastrophen und Idealen zu gewaltig, so dass wir uns nicht auf passende Möglichkeiten unseres Seinkönnens befindlich verstehen können, kommt es zur Verdrängung der Empfindungen durch Abwehrstrategien (Suchtgefahr), und ist der Mut bzw. die psychische Motivation, sich mit den erwarteten Gegensätzlichkeiten der Materie gefühlsmäßig auseinanderzusetzen, zu gering, so dass wir uns nicht trauen, unsere praktischen Fähigkeiten und Fertigkeiten einzusetzen, um uns praktisch bzw. als materielle Subjekte mit dem Aspekt der Materie auseinanderzusetzen, kommt es zur Verdrängung der Gefühle durch Bewältigungsstrategien wie Aktionismus oder Apathie (Ängste, Depressionen, Neurose).

Tabelle 1: Grundlegende Begriffe der Daseinsanalyse

Zwischen den drei Begriffen jeder Tabellenzeile besteht eine absolute Dialektik, d.h. jeweils zwei vermitteln den dritten und dieser vermittelt zwischen den beiden ersten. Es gibt keinen Vorrang eines Begriffs.

Daseinsaspekte	Materie (Unterscheidbarkeit, Täuschung), das Gegensätzlich-Materielle	Psyche (Ergriffenheit), das Psychisch-Motivationale	Geist (Erwartung), das Geistig-Ideale
Aspekte der vollkommenen Liebe	Materie als der Aspekt der Entfremdung von der vollkommenen Liebe	Psyche als der Aspekt der Dynamik der vollkommenen Liebe	Geist als der Aspekt der Rückkehr zur vollkommenen Liebe
Wahrnehmungsstrukturen, Beziehungsmuster, materielle Verankerung	Rhythmik (akzentuierter Wechsel der Gegensätze), Ähnlichkeit, lebendig-tot	Zeit (Beginn, Dauer und Ende der Ergriffenheit von Gegensätzen), Entwicklung, werden-vergehen	Raum (Entfernung zwischen Gegensätzen), Geordnetheit, nah-fern bzw. innen-außen
Rezeption	Unterschieden-, Wahrgenommen-Haben	Begriffen-Haben, Meinen, Bescheid zu wissen	Entschieden-Haben, Erwarten
Emotionen	Affekt	Empfindung	Gefühl
Dispositionen	Haltung	Einstellung	Stimmung

Daseinsmodi		Genus (Gemeinschaftswesen) Objekt der Materie u. psychisches Subjekt	Individuum (Einzelwesen) Objekt der Psyche u. geistiges Subjekt	Spezies (besonderes Wesen) Objekt des Geistes u. materielles Subjekt
Daseinsstrukturen (Wirkung der grundlegenden Wahrnehmungsstrukturen auf das Dasein)		Räumlichkeit (Raum): Man muss wählen, sich einzulassen und wird versetzt oder versetzt sich in die Ekstase der Auskunft, Aufforderung, sich einzulassen, sich mit anderen auszutauschen und zu begreifen	Zeitlichkeit (Zeit): Man wird versetzt oder versetzt sich in die drei Ekstasen der Herkunft, der Zukunft und der Ankunft, Aufforderung, zu verstehen und zu planen	Wirklichkeit (Rhythmik): Konfrontation mit Bedingungen, Zusammenhängen und dem lebendigen Zustand von Gegensätzen, Aufforderung, lebendig zu sein und zu handeln
Aktivitäten (gemeinschaftlich, individuell, spezifisch)		mit anderen sich austauschen, zu begreifen suchen, um Bescheid zu wissen	erwägen, überlegen, verstehen, entwerfen, planen, zu entscheiden suchen	handeln, umsetzen, beobachten, zu unterscheiden suchen

Tabelle 2: Die Entwicklung des Kindes bis zur Pubertät

Die fünf Entwicklungsebenen (Fonagy, Gergely, Jurist, & Target, 2008) in Bezug gesetzt zu den dianoietischen Tugenden nach Aristoteles (Aristoteles, 1985), zu den Gegensätzen bei Nishida (Nishida, 2011) und zur Entwicklung der leiblichen Sinne, wie diese symbolisch in der Alltagssprache verankert sind.

Entwicklungsebene (spezifische Aktivität)	Dianoietische Tugend	Gegensatz, materielle Verankerung (Gefahren)	Leibliche Sinne (Redewendungen)
Physisches Selbst (Treiben, Beobachten)	Verstand	aktiv-passiv (mangelnde Einsicht, unangemessene Ansicht)	Geschmackssinn (an etwas Geschmack finden)
Soziales Selbst (Machen, Sich-Fügen)	Wissenschaft	subjektiv-objektiv (mangelnde Rücksicht, Überforderung)	Geruchssinn (es stinkt einem, etwas nicht riechen können)
Teleologisches Selbst (Fertigen)	Kunstfertigkeit	kontinuierlich-diskontinuierlich (zu wenig Vorsicht, Hilflosigkeit)	Tastsinn (sich ängstlich an etwas herantasten)
Intentionales Selbst (Ausführen)	Klugheit	linear-zirkulär (zu viel in Aussicht, Hoffnungslosigkeit)	Gehörsinn (wer nicht hören will, muss fühlen)
Repräsentationales Selbst (verantwortliches Handeln)	Weisheit	zeitlich-räumlich (zu viel Umsicht, Unzulänglichkeit)	Gesichtssinn (alles in Betracht ziehen)

Tabelle 3: Die Entwicklung des Zahlen-, Raum- und Zeitverständnisses

Die fünf Entwicklungsebenen (Fonagy, Gergely, Jurist, & Target, 2008) und das jeweils mögliche Verständnis von Zahlen bzw. Logik, Raum und Zeit, wobei das jeweilige Verständnis auf der entsprechenden Entwicklungsstufe erst beginnen kann, also dort noch lange nicht voll entwickelt ist.

Entwicklungsebene, primäre Lernformen	Zahlen, Logik	Raum (Geometrie)	Zeit
Physisches Selbst, *Einsicht* und Habituation	0 und 1, Ja und Nein	isolierte, bedeutungsvolle Ortpunkte	isolierte, bedeutungsvolle Zeitpunkte
Soziales Selbst, *Rücksicht* und Prägung	natürliche Zahlen, induktives Schlussfolgern	Ortpunktmengen mit klassifizierten Teilmengen	teilweise zusammenhängende und diskret aneinandergereihte Zeitpunkte
Teleologisches Selbst, *Vorsicht* und klassische Konditionierung	Ring der ganzen Zahlen, deduktives Schlussfolgern	Strahlenraum	teilweise voneinander abhängige Zeitpunkte (Vorher, Jetzt und Nachher)
Intentionales Selbst, *Aussicht* und operante Konditionierung	rationale und reelle Zahlen, conduktives Schlussfolgern, Einteilen und Messen	Vektorraum	verschiedene Zeitpunkte, verbunden durch eine gewisse Zeitdauer
Repräsentationales Selbst, *Umsicht* und Modelllernen	komplexe Zahlen, Wechselwirkungen	Affiner Raum, Ähnlichkeitsraum	sich überlagernde Zeitwahrnehmungen (allgemeingültige, individuelle, spezifische)

Tabelle 4: Die grundlegenden philosophischen, menschlichen und emotionalen Probleme

Die wichtigsten philosophischen Probleme und ihre analogen Daseins- und emotionalen Probleme, sowie entsprechende praktische Lösungsmöglichkeiten.

Philosophisches Problem	Menschliches Daseinsproblem	Emotionales Problem	Lösungsmöglichkeit
Freiheit des Willens	Generelles Problem des Zerfalls der Gemeinschaft	der Aggression, der Wut, des Zorns	Disziplin und Affirmation bzw. Selbstdisziplin und Selbstaffirmation
Leib-Seele-Problem	Individuelles Problem der Sterblichkeit	des Schrecks, der Angst, der Furcht	Vertrauen in und Hingabe an eine Höhere Macht
Problem des Bewusstseins	Spezifisches Problem der Einsamkeit	des Schmerzes, des Leids, der Trauer	Aktive Geduld im Streben nach der vollkommenen Liebe

Literaturverzeichnis

Aristoteles. (1985). *Philosophische Bibliothek, Bd. 5, Nikomachische Ethik*. (G. Bien, Hrsg.) Hamburg: Felix Meiner Verlag.

Balint, M. (1988). *Die Urformen der Liebe*. München: dtv/Klett-Cotta.

Boessmann, U. (2013). *Bewusstsein Unbewusstes* (Bd. I: Bewusstsein). Berlin: Deutscher Psychologen Verlag GmbH.

Fonagy, P., Gergely, G., Jurist, E. L., & Target, M. (2008). *Affektregulierung, Mentalisierung und die Entwicklung des Selbst*. Stuttgart: Klett-Cotta.

Foucault, M. (2008). *Die Hauptwerke*. Frankfurt am Main: Suhrkamp Verlag.

Hartmann, D. (1998). *Philosophische Grundlagen der Psychologie*. Darmstadt: Wissenschaftliche Buchgesellschaft.

Heidegger, M. (2006). *Sein und Zeit*. Tübingen: Max Niemeyer Verlag.

Hillesum, E. (Juli 1985). *Das denkende Herz. Die Tagebücher von Etty Hillesum 1941-1943* (24. Auflage 2013 Ausg.). (J. G. Gaarlandt, Hrsg., & M. Csollány, Übers.) Reinbek bei Hamburg: Rowohlt Taschenbuch Verlag.

Hoyningen-Huene, P. (1989). *Die Wissenschaftsphilosophie Thomas S. Kuhns*. Braunschweig: Friedrich Vieweg & Sohn Verlagsgesellschaft mbH.

Kant, I. (1781 (A), zweite Auflage 1787 (B)). *Critik der reinen Vernunft*. Riga: Johann Friedrich Hartknoch.

Kant, I. (1799 (3. Auflage)). *Critik der praktischen Vernunft*. Berlin: F.T. Lagarde.

Kolb, H.-P. (2017a). *Dasein, um zu lieben. Daseinsanalytische Grundlagen für Psychologie und Psychotherapie (2018 überarbeitete Fassung)*. Norderstedt: BoD - Books on Demand.

Kolb, H.-P. (2017b). *Rhythmus, Intuition und Liebe. Die Rolle der Körperlichkeit und das Problem des Mensch-Seins (2018 überarbeitete Fassung)*. Norderstedt: BoD - Books on Demand.

McClelland, D. C. (2006). The Harlequin Complex. In R. W. White, *The Study of Lives: Essays on Personality in Honor of Henry A. Murray* (S. 94 - 119). New Brunswick (U.S.A.) and London (U.K.): Aldine Transaction, A Division of Transaction Publishers.

Metzinger, T. (2014). *Der Ego-Tunnel. Eine neue Philosophie des Selbst: Von der Hirnforschung zur Bewusstseinsethik.* München: Piper Verlag GmbH.

Nishida, K. (2011). Selbstidentität und Kontinuität der Welt. In R. Ohashi (Hrsg.), *Die Philosophie der Kyôto-Schule* (E. Weinmayr, Übers., S. 56 - 114). Freiburg im Breisgau: Verlag Karl Alber in der Verlag Herder GmbH.

Penrose, R. (1995 (Original 1994)). *Schatten des Geistes: Wege zu einer neuen Physik des Bewusstseins.* Heidelberg Berlin Oxford: Spektrum Akademischer Verlag.

Penrose, R. (2002 (Original 1989)). *Computerdenken: Die Debatte um künstliche Intelligenz, Bewusstsein und die Gesetze der Physik.* Heidelberg Berlin: Spektrum Akademischer Verlag.

Rentsch, T. (1999). *Die Konstitution der Moralität: transzendentale Anthropologie und praktische Philosophie.* Frankfurt am Main: Suhrkamp-Taschenbuch Wissenschaft.

Wittgenstein, L. (2001). *Philosophische Untersuchungen; Kritisch-genetische Edition.* (J. Schulte, Hrsg.) Frankfurt am Main: Suhrkamp Verlag.